MESTRES da ESCALA

MESTRES da ESCALA

As grandes ideias que transformaram
pequenos negócios em sucessos globais

MASTERS of SCALE

Cofundador e ex-CEO do LinkedIn

REID HOFFMAN

com JUNE COHEN e DERON TRIFF

SEXTANTE

Masters of Scale é uma obra de não ficção. Alguns nomes
e detalhes de identificação foram alterados.
No momento em que a obra foi publicada pela primeira vez, os endereços mencionados
neste livro estavam vinculados ou se referiam a sites existentes na internet.
Temas: Empreendedorismo. | Novos Produtos. |
Novos empreendimentos de negócios. | Sucesso nos negócios.

Título original: *Masters of Scale*

Copyright © 2021 por Wait What Inc.
Copyright da tradução © 2023 por GMT Editores Ltda.

Todos os direitos reservados. Nenhuma parte deste livro pode ser utilizada ou reproduzida
sob quaisquer meios existentes sem autorização por escrito dos editores.

tradução: Mayumi Aibe
preparo de originais: Patricia Vilar | Ab Aeterno
revisão: Priscila Cerqueira e Sheila Louzada
diagramação: Valéria Teixeira
capa: DuatDesign
impressão e acabamento: Santa Marta

CIP-BRASIL. CATALOGAÇÃO NA PUBLICAÇÃO
SINDICATO NACIONAL DOS EDITORES DE LIVROS, RJ

H648m

Hoffman, Reid
    Mestres da escala / Reid Hoffman , June Cohen e Deron Triff ; [tradução Mayumi Aibe]. - 1. ed. - Rio de Janeiro : Sextante, 2023.
    304 p. ; 23 cm.

Tradução de: Masters of scale
ISBN 978-65-5564-593-4

1. Empreendedorismo. 2. Novos empreendimentos comerciais. 3. Sucesso nos negócios. I. Cohen, June. II. Triff, Deron. III. Aibe, Mayumi. IV. Título.

22-81280   CDD: 658.11
                    CDU: 005.342

Gabriela Faray Ferreira Lopes - Bibliotecária - CRB-7/6643

Todos os direitos reservados, no Brasil, por
GMT Editores Ltda.
Rua Voluntários da Pátria, 45 – Gr. 1.404 – Botafogo
22270-000 – Rio de Janeiro – RJ
Tel.: (21) 2538-4100 – Fax: (21) 2286-9244
E-mail: atendimento@sextante.com.br
www.sextante.com.br

Para todos os empreendedores que já pularam de
um penhasco e construíram um avião durante a queda

SUMÁRIO

	Introdução	9
1	A conquista do "não"	15
2	Faça coisas que não escalam	43
3	Qual é a grande ideia?	69
4	O projeto sem fim: cultura	97
5	Crescimento rápido, crescimento lento	125
6	Aprenda a desaprender	157
7	Observe o que eles fazem, não o que dizem	183
8	A arte de pivotar	211
9	Não pare de liderar	237
10	O cavalo de Troia	269
	Agradecimentos	299
	Sobre os autores	301

INTRODUÇÃO

Todos nós, cada um a seu modo, desejamos causar algum impacto no mundo, sobretudo nas pessoas mais próximas: nossos parentes, amigos e colegas de trabalho. Alguns têm aspirações mais ambiciosas – esperam que suas ideias se espalhem para além das redes imediatas, alcancem as comunidades em que vivem e afetem inclusive pessoas que talvez jamais conheçam pessoalmente.

E há quem sonhe ainda mais alto. Alguns sonham mudar o mundo, fazer algo que ninguém conseguiu até hoje – ou pelo menos não *deste* jeito específico –, romper com modelos antigos e construir novos, levar sua visão de negócios e de mudança social ao tipo de crescimento rápido que perpetua a si mesmo.

Sonham ganhar *escala*.

Nós, do podcast **Masters of Scale**, consideramos que escalar não é apenas uma ciência, mas também um mindset: uma jornada que exige fé e disposição para fracassar em igual medida.

Por sermos fundadores, compreendemos o que está em jogo cada vez que alguém lança uma nova iniciativa de negócio – sobretudo em tempos de incerteza, quando não dá mais para se orientar pelo pensamento tradicional. Sabemos que o caminho para o sucesso como empreendedor costuma ser árduo, uma aventura arriscada, repleta de contradições e reviravoltas inesperadas. Mas acreditamos que cada um de nós tem dentro de si a capacidade de cultivar uma mentalidade empreendedora, que nos levará ao sucesso... e à escala.

Ao trocarmos ideias com pessoas que escalaram seu negócio – e tivemos conversas longas e profundas com muitas delas –, descobrimos algumas verdades pouco intuitivas sobre a escalabilidade:

- Em geral, as ideias melhores e mais escaláveis são as que parecem menos plausíveis.
- Encontrar resistência no começo da jornada é algo *positivo*.
- Receber feedback honesto das pessoas certas no começo da jornada vai ajudá-lo de modo inimaginável e aperfeiçoar sua ideia.
- Fazer coisas que *não* são escaláveis (sobretudo nos estágios iniciais) pode preparar você para um processo acentuado de escala mais à frente.
- Mesmo que você tenha achado que sabia muito mais do que sabia de fato, ainda é possível alcançar seus objetivos – desde que aceite a realidade e corrija o rumo.

As 70 pessoas extraordinárias cujas histórias estão neste livro aprenderam essas lições da maneira mais difícil. São empreendedores emblemáticos por trás de empresas inovadoras que moldaram o nosso cenário cultural, entre eles Bill Gates; Mark Cuban; Howard Schultz, da Starbucks; Reed Hastings, da Netflix; Angela Ahrendts, da Apple; Eric Schmidt, do Google; Marissa Mayer, do Yahoo; Brian Chesky, do Airbnb; Susan Wojcicki, do YouTube; Daniel Ek, do Spotify; Melanie Perkins, do Canva; Wences Casares, da Xapo; Sara Blakely, da Spanx; Franklin Leonard, da Black List; Payal Kadakia, da ClassPass; Luis von Ahn, do Duolingo; Mariam Naficy, do Minted; Danny Meyer, do Shake Shack; Tristan Walker, da Walker & Company; a estilista Tory Burch; o investidor e filantropo Robert F. Smith; e a sumidade em mídia Arianna Huffington.

Esses líderes representam diversos setores, inclusive o das organizações sem fins lucrativos. Eles vêm de várias partes do mundo; de cidades rurais a conjuntos habitacionais urbanos (e todos os demais tipos de moradia). Nas páginas a seguir, você vai conhecer não só as estratégias de sucesso deles, mas também os erros constrangedores e os momentos difíceis em que tiveram de encarar derrotas. Em algumas passagens, talvez tenha a sensação de estar escutando uma conversa particular entre eles e Reid Hoffman, o experiente comandante responsável por conduzir todas as entrevistas deste livro.

Reid sabe por experiência própria o que é necessário para escalar uma empresa, tanto como fundador quanto como investidor. Ele ajudou a lançar algumas das startups mais bem-sucedidas da atualidade, como o PayPal e o LinkedIn. Como investidor-anjo e, mais tarde, investidor na Greylock Partners, foi um dos primeiros a identificar o potencial de muitas empresas que quebraram paradigmas, como Airbnb, Facebook, Zynga, Aurora e Dropbox. Reid inclusive cunhou termos para falar do assunto, como "*blitzscaling*", a busca de crescimento agressivo, quando se prioriza a velocidade em detrimento da eficiência.

Assim, é natural que ele tenha ajudado a escalar o podcast que apresenta (*Masters of Scale*) e a transformá-lo em um dos mais populares e influentes do gênero, ou seja, em um programa confiável que transmite conhecimentos adquiridos com muito esforço; um recurso ao qual empreendedores e líderes de negócios recorrem tanto em épocas de oportunidades quanto nas crises.

Os admiradores da série sabem que *Masters of Scale* é único entre os podcasts sobre negócios, tanto pela narrativa envolvente como pela música original e pelo humor peculiar. Hoje, são milhões de fãs apaixonados em mais de 200 países, e o *listen through rate* (LTR, métrica de desempenho importante para anunciantes) de 75% comprova que esse público é um dos mais engajados do mundo entre os ouvintes de podcasts.

Desde 2017, foram produzidos mais de 80 episódios, a partir de centenas de horas de conversa com os empreendedores mais admirados do mundo. Em cada um deles tentamos provar uma teoria sobre como as empresas ganham escala a partir da história e da carreira de um fundador. O episódio então se desenrola como um conto policial, no qual Reid é um narrador onisciente, que conhece e verifica a nossa tese ao mesmo tempo que revela as percepções – e os contrapontos – dos convidados.

Parte do apelo do podcast vem do fato de Reid usar o próprio conhecimento dos bastidores para aprofundar as entrevistas. Por ter atuado pessoalmente nas trincheiras, ele consegue extrair percepções e ideias dos convidados, fazendo perguntas que não passariam pela cabeça de um apresentador tradicional. Ao mesmo tempo, Reid também mostra que essas lendas contemporâneas do mundo dos negócios são pessoas. Parte do material mais rico e fascinante vem das reflexões dele e de seus entrevistados sobre relações humanas, solução de problemas, propósito e sentido.

Mas este livro é muito mais do que uma coleção dessas entrevistas perspicazes. Ele é radicalmente diferente do podcast, em formato e abordagem. Cada capítulo define um dos 10 temas principais que vão conduzir o leitor ao longo da jornada do empreendedorismo. O percurso começa com maneiras surpreendentes de trazer à tona e reconhecer uma grande ideia e evolui para alguns dos desafios do estágio inicial de montagem e financiamento de um novo empreendimento, período no qual é preciso tomar medidas que não escalem naquele momento a fim de escalar mais tarde.

Parte do livro trata de questões práticas, como obtenção de financiamento e gestão dos desafios do crescimento rápido – incluindo as voltas e reviravoltas imprevisíveis que exigem aprendizado contínuo, um estado de prontidão permanente para pivotar e, às vezes, a disposição de deixar o circo pegar fogo.

Já os capítulos finais tratam do que acontece *depois* que você atinge um nível de escala, momento no qual tem a oportunidade de se tornar um verdadeiro líder e uma força do bem no mundo ao seu redor.

Você vai visualizar sua própria trajetória como empreendedor nas histórias inspiradoras presentes neste livro e encontrar semelhanças: os altos e baixos, as lutas e as glórias. Além de se identificar, vai se sentir estimulado por elas.

Ao costurarmos essas narrativas em conjunto, vemos como as percepções de um líder se conectam às ideias de outro – com os conselhos e a análise de Reid permeando todo esse processo. Além disso, ao longo do caminho temos a participação especial de criadores e pensadores fascinantes que operam *fora* do mundo dos negócios e que, com suas histórias e visões, oferecem perspectivas incomuns.

Acreditamos que hoje, mais do que nunca, este é um livro importante. Vivemos uma época dinâmica, um período muito turbulento. Nosso mundo precisa, com urgência, de pessoas com tenacidade e vontade para enfrentar desafios arrojados, adaptar-se a circunstâncias difíceis e voláteis e fornecer soluções novas.

Se quiser criar algo inovador neste mundo e escalar sua criação, você não precisa ser necessariamente um jovem de moletom com capuz. Não precisa ser engenheiro, programador ou morador do Vale do Silício. Nem precisa de muito dinheiro – aliás, várias das startups de sucesso citadas neste livro começaram com menos de 5 mil dólares. Você precisa é de conhecimento, discernimento e inspiração.

É aí que entra a experiência dos líderes. Aproveite as histórias contadas por eles e absorva os conselhos. Então dê o primeiro passo. Por fim, escale a sua ideia.

1

A conquista do "não"

Quando começou a apresentar aos investidores a ideia de um novo tipo de site para desenvolvimento de carreira, **Kathryn Minshew** foi rejeitada 148 vezes... Não que ela estivesse contando.

"Tinha dias em que eu literalmente ouvia um 'não' no café da manhã, outro no cafezinho das 10h30 e mais um no almoço", conta Kathryn. E não parava por aí. "Às 14 horas, um sinal de desinteresse. Às 16, alguém ia embora no meio da reunião. Depois, eu ia tomar uns drinques e sentia que estavam rindo da minha cara."

"Quando finalmente conseguimos o investimento inicial, fiz as contas dos 'nãos'. Foi ao mesmo tempo doloroso e gratificante olhar para todos aqueles nomes e pensar: *Eu me lembro desse* não. *Desse também. E desse aqui também*. E doem, todos eles doem", afirma ela.

Kathryn é cofundadora e CEO do **The Muse** e teve essa ideia após uma experiência pessoal – como ocorreu com vários projetos excelentes de empreendedorismo. Mais nova, ela sonhava fazer carreira em relações internacionais. A agente secreta Minshew! Depois de um período na embaixada americana em Chipre, ela percebeu que a fantasia associada ao serviço diplomático não correspondia à realidade. Então conseguiu um emprego como consultora na McKinsey & Company e trabalhou durante três anos no escritório deles em Nova York. Quando chegou a hora de avançar mais uma vez na carreira, achou a experiência decepcionante... e impessoal.

"Era comum digitar uma palavra-chave em um site de empregos como o Monster.com e ver 5.724 resultados, todos quase idênticos. Na minha opinião, precisava existir uma experiência melhor para quem está começando a carreira", comenta.

Assim, ela começou um brainstorming com Alex Cavoulacos, uma ex-colega da McKinsey – e futura cofundadora do The Muse. Elas se indagaram: "*E se a gente criasse um site de empregos para colocar o indivíduo no centro da experiência? E lhe desse a possibilidade de ver o escritório por dentro antes de se candidatar a uma vaga na empresa? E o conectasse com especialistas para ajudá-lo a entender como negociar o salário e como gerenciar pessoas pela primeira vez?* Ou seja, tirar aquelas dúvidas relativas à carreira que, quando se tem sorte, são esclarecidas por um mentor ou um chefe."

Quanto mais elas compartilhavam as próprias experiências e pensavam no que poderiam criar, mais nítida ficava essa brecha de mercado. "Depois de umas duas noites discutindo a ideia diante de um quadro-branco, tivemos certeza de que havia uma oportunidade para a criação de um ambiente confiável e personalizado para falar sobre carreira, com foco nos conselhos de que os profissionais iniciantes precisam", explica Kathryn.

Kathryn e Alex tinham uma visão clara do papel que o The Muse poderia desempenhar na vida dos usuários, mas nem todos tinham a mesma visão.

"Quando comecei a mostrar a proposta para investidores, me deparei com alguns problemas sérios", conta Kathryn. "O primeiro era que a maioria deles não combinava com o arquétipo do usuário para o qual nosso produto fora elaborado. Tradicionalmente, o investidor de risco costuma ser um profissional que obtém sucesso na carreira do modo convencional, ou seja, é formado em uma faculdade que está no topo do ranking e trabalha no setor bancário ou em um fundo de *private equity*. Na maioria das vezes, ele consegue emprego por ter cultivado uma boa rede de contatos. E isso é excelente. Mas não é a realidade de todos. Assim, estávamos apresentando o site e o conceito para um grupo demográfico que me olhava sem entender nada."

O segundo problema foi a complacência com o status quo. "Encontramos muitas pessoas que não conseguiam ver além do paradigma vigente e da maneira como as coisas sempre foram feitas", observa Kathryn. "Um investidor de risco – que provavelmente não tinha procurado emprego nos últimos 20 anos – acessou o Monster.com no escritório após eu concluir a minha apresentação inicial e falou: 'Não estou entendendo, isto aqui me parece ótimo.' Fiquei pensando: *Faz duas décadas que você não usa esse produto. Como vai saber se ele atende ou não às necessidades de uma mulher de 31 anos que está avançando na carreira da fase inicial para a intermediária?*"

E os "nãos" continuavam. Estes são alguns dos quais Kathryn se recorda:

"Para nós, está um pouco prematuro, mas permaneça em contato." ("Não.")

"Não vejo o sentido disso." ("Não.")

"É caro demais." ("Não.")

"Não é muito tecnológico... tampouco uma plataforma escalável." ("Não.")

"Você não teme perder todas as suas usuárias assim que elas fizerem 30 anos e tiverem filhos?" ("Não.")

"Entendo que mulheres de Nova York e de São Francisco adorariam esse produto, mas acho que você vai ter muita dificuldade para achar usuárias que se importem com a carreira fora dos grandes centros urbanos." ("Não.")

Quando a pessoa está bem no começo da carreira e ainda tem muito a provar – e está recebendo "nãos" de alguns dos investidores mais inteligentes e bem-sucedidos do Vale do Silício e de Nova York –, talvez seja difícil não se questionar: *E se os céticos estiverem certos?* Mas, no fim das contas, precisamos confiar na nossa intuição. E foi isso que Kathryn fez. Ela se lembra de olhar para aqueles sujeitos distribuindo "nãos" e pensar: *Quantas mulheres vocês conhecem?*

Kathryn estava certa em se fazer essa pergunta. Sem dúvida, ela sabia bem mais sobre as mulheres da geração Y do que os investidores com os quais conversava – um grupo formado majoritariamente por homens brancos de meia-idade. E também sabia mais sobre o setor. Ela então se agarrou aos conhecimentos que havia adquirido durante o árduo processo de apresentar propostas... e valeu a pena. A reação após o lançamento do site confirmou todas as suas intuições: "Recebemos um feedback incrivelmente positivo dos usuários, em geral mulheres e homens entre 22 e 35 anos, que diziam: 'Adorei. Resolveu o meu problema. Eu precisava exatamente disso.'"

Conforme o The Muse ganhava força entre candidatos e empregadores, Kathryn passou a receber muitas ligações. "De repente, as mesmas pessoas que tinham me ridicularizado dois anos antes diziam: 'Bem, é claro que um conteúdo relacionado à carreira pode ser uma ótima maneira de atrair profissionais.'"

Atualmente, o The Muse atende a quase 100 milhões de usuários. Kathryn arrecadou mais de 28 milhões de dólares e tem uma equipe de 200 pessoas. É tentador concluir que ela conseguiu tudo isso *apesar* dos "nãos". Mas, na verdade, cada um desses 148 "nãos" acabou fortalecendo ainda mais a empresa dela. Alguns aguçaram sua visão sobre quem era o seu usuário – e também sobre quem não era. Outros a ajudaram a compreender o raciocínio dos concorrentes. E ainda houve aqueles que a alertaram sobre possíveis caminhos para o fracasso. Ao fim do processo de captação de recursos, Kathryn tinha mapeado todas as potenciais armadilhas a serem evitadas... e o território inexplorado no qual poderia se aventurar antes de seus competidores.

A experiência de Kathryn exemplifica de diversas maneiras a história da maioria das startups que se tornaram grandes e, aliás, de boa parte das grandes ideias. Somos ensinados a chegar ao "sim" o mais rápido possível – mas há muito mais a ganhar buscando e celebrando os "nãos".

Este capítulo inteiro é sobre o "não"– e explica por que essa palavra tão temida nem sempre tem o significado que você imagina.

Aliás, a oportunidade mais subestimada pelos empreendedores no estágio inicial é a informação que pode ser coletada a partir dos diferentes tipos de "não". Um "não" pode transformar uma boa ideia em algo revolucionário. Um "não" pode indicar a dimensão da sua ideia. Um "não" pode ajudá-lo a aprimorar a sua estratégia e os seus objetivos. Ou seja, o ouro está escondido nos "nãos".

A seguir veremos alguns exemplos das várias formas de "não" ouvidas pelos fundadores quando ousaram desafiar o mundo com uma ideia. Observe a disposição deles para pedir mais feedback e ouvir o que seus interlocutores tinham a dizer, bem como a forma de acolher os céticos a fim de aperfeiçoar o produto e se aproximar da escalabilidade.

O "não" preguiçoso: simplesmente não entender a proposta

Em 1904, um homem chamado King Gillette teve uma ideia. Fazia séculos que os barbeiros usavam navalha para remover os pelos faciais, e isso funcionava que era uma beleza. A lâmina única e afiada cortava o bigode e a barba rente à pele, sem puxar nem arrancar os fios. Só tinha um problema: era difícil usá-la em casa. Era preciso ir à barbearia para evitar o risco de cortar a própria garganta. Então King vislumbrou uma alternativa: e se uma única lâmina fosse inserida em um aparelho com uma cabeça firme, presa a um cabo, de modo que o sujeito pudesse se barbear em casa? Isso deu início à produção em massa dos aparelhos de barbear, como os que conhecemos hoje.

Algumas décadas depois, King Gillette enfrentava muita concorrência, em parte por ter perdido a patente dos aparelhos de barbear seguros. Para se destacar (e garantir as próprias patentes), os concorrentes foram acrescentando cada vez mais lâminas ao aparelho. Se antes eles vinham com uma lâmina descartável, passaram a ter duas, três, às vezes até cinco ou seis. A quantidade cada vez maior de lâminas melhorou, de fato, a experiência de barbear para muitos homens, mas para quem tem barba e bigode crespos – o tipo de pelo facial de vários homens negros –, é comum as lâminas múltiplas provocarem dolorosos pelos encravados, coceira e irritação cutânea. Na verdade, para eles a experiência de barbear tinha ficado pior. Essa foi a situação do mercado de aparelhos de barbear durante mais de 100 anos.

Aí entra na história **Tristan Walker**, fundador e CEO da **Walker & Company**, empresa dedicada a desenvolver produtos de saúde e beleza para pessoas não brancas. O carro-chefe da Walker & Co. é o Bevel, um aparelho de barbear de lâmina única, ideal para pelos grossos ou crespos.

Quando decidiu levar a proposta da Walker & Company ao Vale do Silício, Tristan foi contra a corrente de três maneiras, no mínimo: tratava-se de uma empresa de bens de consumo em um mercado que favorece a tecnologia; tinha como público-alvo consumidores não brancos, sendo que a maioria dos investidores são homens brancos; e ele não era engenheiro, em um ecossistema que favorece fortemente os CEOs conhecedores de tecnologia. A título de esclarecimento, para se dar bem no Vale do Silício você não precisa ser necessariamente um programador branco de 22 anos e usar um moletom com manchas de comida. Mas precisa ter uma curiosidade bastante aguçada – e a de Tristan Walker é excepcional.

"Gosto de dizer que a minha história é bem aquela da flor que nasceu no asfalto", comenta Tristan. Ele se descreve como um "garoto dos conjuntos habitacionais" do Queens, em Nova York, vindo de uma família que dependeu de auxílios sociais durante um tempo. "Eu tinha um objetivo na vida, que era ficar o mais rico possível no menor tempo possível."

Tristan via três maneiras de atingir seu objetivo. "A primeira era ser ator ou atleta, o que não deu certo para mim", conta. A segunda era trabalhar em Wall Street, mas ele fez isso por um tempo e detestou. "Aí disse a mim mesmo: *Já esgotei duas das três possibilidades. A última é o empreendedorismo...* E, no dia em que me dei conta disso, me candidatei a uma vaga na Escola de Negócios de Stanford."

Tristan ingressou em Stanford em 2008 e em pouco tempo absorveu as informações desse ecossistema próspero do Vale do Silício. "Eu tinha 24 anos e vi outros jovens da mesma idade não apenas ganharem milhões de dólares, mas essencialmente mudarem o mundo. Aí pensei: *Caramba. Por que eu nunca tinha ouvido falar desse lugar?*"

Ele logo se tornou um estudante não só de administração, mas também de todas as mudanças tecnológicas que aconteciam à sua volta. Não era o tipo de cara que chamaríamos de geek, mas era bem nerd quando se tratava de ideias novas. E começou a se aprofundar no Twitter, na época em que a plataforma tinha uma comunidade relativamente acolhedora de 500 mil usuários por mês. Tristan tinha um dos perfis mais ativos do Twitter. E o que pensavam os seus colegas de classe? "Para eles, não fazia sentido", comentou. Pelo menos até um episódio decisivo com o rapper MC Hammer.

"Eu estava na aula de contabilidade e lembro que o MC Hammer ia falar no campus. Rolava uma agitação... as pessoas queriam saber se ele realmente iria. Então entrei no Twitter e perguntei ao MC Hammer: 'Você vem?' Ele respondeu em 30 segundos, e falei para os meus colegas de turma: 'É, ele está vindo. Viram só?'", conta Tristan.

Receber diretamente a resposta de um artista com vários discos de platina? Isso aumentou a confiança de Tristan em sua capacidade de detectar uma tendência. "Naquele momento, percebi a importância do Twitter nas inovações em comunicação. Pela primeira vez, entendi que uma ideia aparentemente ruim na verdade pode ser boa. Afinal, todo mundo naquela mesa estava tipo... 'Por que você tem Twitter? Esse negócio serve para quê? Não me interessa o que você comeu no café da manhã.' E isso me fez pensar que havia algo ali que eu precisava explorar melhor", reflete ele.

Tristan havia previsto o poder da mídia social e também aprendera uma primeira lição crucial ao confiar na sua intuição. Ele tem o dom de enxergar um espaço em aberto. Outras pessoas enxergariam um "não" onde Tristan via um "sim". **E quanto mais cedo você conseguir prever um "sim" em um mar de "nãos", maior será a sua oportunidade.**

Tristan não se sentia apenas um dos primeiros usuários do Twitter: ele queria ajudar a construir a empresa. Ele então começou a fazer tentativas no escuro, em busca da conexão mais próxima possível com um funcionário de lá. "Mandei e-mail para 20 caras que eu sabia que estavam a um ou dois contatos de distância da empresa. A última pessoa para quem escrevi foi David Hornik, porque ele era professor em Stanford e também sócio da August Capital."

Acontece que David era velho amigo do primeiro CEO do Twitter, Ev Williams. E, dois dias após encontrar David no escritório dele, Tristan recebeu um e-mail no qual Ev lhe oferecia um estágio. Não se esqueça, isso foi em 2008. Qual era o tamanho da equipe do Twitter na época? No total, havia 20 funcionários. Tristan não somente identificou o potencial da empresa antes dos colegas, mas também antes do mercado.

Assim que concluiu o estágio no Twitter, ele deu início a uma nova campanha por e-mail e bombardeou os fundadores de uma startup então incipiente, a Foursquare. Dessa vez, também recebeu uma resposta do CEO, Dennis Crowley.

"Mandei oito e-mails. Após o último, recebi um e-mail de Dennis no qual ele dizia – nunca vou esquecer, foi exatamente isto: 'Tristan, quer saber de uma coisa? De repente tenho alguma coisa para você aqui. Costuma vir para Nova York?' E assinava: 'Dennis'. E nada mais. Eu estava em Los Angeles naquele dia, sentado no sofá com a minha esposa, e falei: 'Que resposta eu devo dar a esse cara?' Dez minutos depois, escrevi: 'Na verdade, estou com planos de ir para Nova York amanhã.' Reservei o voo naquela noite, peguei o avião pela manhã, fiquei com eles durante uma semana e, um mês depois, eu estava cuidando do desenvolvimento de negócios para a empresa."

Fica a lição não apenas sobre a persistência de Tristan, mas também sobre a presciência dele. Algumas pessoas têm sorte e embarcam em um foguete por acaso. Mas em dois foguetes? Não é coincidência. É um sinal de que o sujeito sabe identificar uma ideia subvalorizada antes dos outros. É tipo aquela intuição do Homem-Aranha. Tristan tem o dom de enxergar lacunas. Ele diz "sim" quando o mundo ainda está dizendo um sonoro "não".

Tristan saiu do Foursquare em 2012, após montar, do zero, uma equipe de desenvolvimento de negócios. "Quando comecei a trabalhar lá, a empresa não tinha nenhum anunciante e nenhum estabelecimento na plataforma. Quando saí do Foursquare, alguns anos depois, tínhamos mais de 1 milhão de estabelecimentos. Quando entrei, éramos três pessoas. Quando saí, éramos 150. E, para ser bem sincero, queria ir embora e construir eu mesmo coisas ambiciosas."

Ele foi parar no lugar perfeito para planejar o passo seguinte. Ben Horowitz, sócio fundador da icônica firma de capital de risco Andreessen Horowitz, convidou Tristan para passar um tempo lá e pensar grande, atuando como empreendedor residente (EIR na sigla em inglês). Ele se dedicou durante meses a buscar uma grande ideia: "Eu queria criar um banco. Queria trabalhar com frete e transportadoras. Tenho vontade de acabar com a obesidade no país e no mundo..."

Aí veio a inspiração: "Eu simplesmente estava frustrado com a experiência de me barbear."

Talvez melhorar essa experiência não fosse uma proposta com escala à altura do transporte de cargas, do fim da obesidade ou de fundar um banco. No entanto, ideias escaláveis não precisam resolver problemas drásticos – e sim aqueles negligenciados. Quanto mais se aprofundava na história do ato de se barbear, mais Tristan percebia que havia um grupo demográfico quase completamente ignorado: o dos homens com pelos faciais grossos ou crespos. Eles já conviviam fazia tanto tempo com a maldição da irritação na pele causada pelo aparelho de barbear que tinham deixado de pensar naquilo como um problema.

Tristan concebeu não somente um produto para quem tem pelos crespos, resolvendo assim o problema da irritação cutânea após o barbear, mas também uma empresa de saúde e beleza no mesmo nível de marcas mundiais como a Procter & Gamble – só que dedicada a homens e mulheres não brancos. Para *ele*, não havia sombra de dúvida de que uma empresa assim deveria existir, mas, ao apresentar sua proposta em uma sala cheia de investidores (em sua maioria, homens brancos... e de pelos lisos), achou difícil explicar a urgência de uma ideia voltada para um mercado diferente. Era um obstáculo semelhante ao que Kathryn Minshew enfrentou com o The Muse: os investidores deixam passar, de forma sistemática, oportunidades que atendam a um grupo demográfico com o qual não estão familiarizados. Investidores de risco inteligentes se informam sobre a proposta que ouvem, mas muitos outros apenas respondem com o "não" da ignorância.

Por exemplo:

"É um nicho." ("Não.")
"Acho que ninguém sabe que precisa disso." ("Não.")
"Esse setor é dominado pelas lâminas múltiplas e tem bilhões e bilhões de dólares para atacar você com proteção de patente." ("Não.")
"É loucura fazer isso no Vale do Silício." ("Não.")

Como costuma acontecer com ideias ousadas, só uma pessoa apoiou Tristan no começo. Nesse caso, foi Ben Horowitz, da Andreessen Horowitz, aquele investidor de risco que o convidou para passar uns meses no escritório dele e sonhar alto.

"Eu sabia que, se as minhas ideias fossem péssimas, Ben me diria a verdade. E foi isso que ele fez. Acabou que a expliquei para ele, e a reação foi: 'É isso.'" (É importante salientar que Ben tem parentes negros.) "Naquele momento, eu soube que estava diante de algo", diz Tristan.

Talvez pareça uma reação estranhamente otimista. Por que um único endosso deveria ser mais importante do que o coro de "nãos" de uma multidão de investidores?

Em resumo, porque alguns "nãos" contam mais do que outros. Os "nãos" significativos podem fazer um empreendedor reformular a sua ideia. Os "nãos" céticos podem forçá-lo a repensar o tamanho da oportunidade. Vale a pena ouvir e aprender com esses "nãos". Mas também existem os "nãos" preguiçosos, que você precisa descartar e seguir em frente... sem perder tempo.

Tristan possui um ouvido atento para distingui-los. Ele sabe identificar o momento exato – inclusive o número do slide no PowerPoint – em que o público para de prestar atenção na sua fala.

"Em um slide, acho que no 14, eu explicava sobre o Proactiv, o sistema de tratamento da acne, como uma boa analogia para o que estávamos tentando fazer. É a diferença entre a Gillette e o Bevel, assim como a Neutrogena e o Proactiv; é um sistema que resolve um problema muito importante. Aí um investidor olhou para mim... nunca vou esquecer isso... e falou: 'Tristan, tenho dúvidas se os problemas relacionados a aparelhos de barbear, pelos encravados e irritação afetam tanto as pessoas quanto a acne'", relata ele.

"Eu retruquei: 'Entendo o seu ponto de vista, mas basta você ligar para dez homens negros, e oito deles lhe dirão: 'Isso sempre acontece comigo.' É só conversar por telefone com dez homens brancos, e quatro deles falarão a mesma coisa. Isso também vale para as mulheres, as porcentagens são iguais.'" Naquela hora, Tristan sabia que o comentário do investidor não tinha nada a ver com a qualidade da ideia apresentada: o sujeito simplesmente não estava disposto a se informar sobre o que era necessário para compreendê-la. "É só preguiça... e quanto a isso não posso fazer nada. Então vou em frente até encontrar alguém que entenda a proposta", diz ele.

Repare na rapidez com que a mente de Tristan passa para o próximo investidor assim que detecta um "não" preguiçoso nas perguntas sem entusiasmo. Quando a qualidade dos questionamentos decai no meio da apresentação, ele sabe que a conversa pra valer já acabou – o que resta é papo furado. "Os investidores do Vale do Silício vão lhe dizer a todo momento: 'Queremos investir em pessoas que realizem algo com legitimidade e que estejam em busca de um espaço significativo ainda não ocupado e de uma grande oportunidade.' A gente achava que preenchia todos esses requisitos… e ouvimos 'não' em 99% das vezes", conta Tristan. Os investidores de risco não enxergavam o panorama geral.

Uma das coisas que os empreendedores de primeira viagem nem sempre percebem é que, no final, não importa a quantidade de "nãos" recebidos. Você só precisa de um "sim" ideal.

Para Tristan, esse "sim" veio de uma estrela do rap, o também investidor Nas.

"Graças à Andreessen Horowitz, eu me encontrei pessoalmente com o Nas", conta Tristan. "Nós dois somos do Queens, e sempre o admirei. Ele é um dos caras mais conhecidos pelo corte de cabelo, e o Bevel era mesmo perfeito para ele. Assim, comecei a argumentar com autenticidade total. Depois de cinco minutos, ele falou: 'Eu topo, qual é o próximo passo?'"

Quando o aparelho Bevel ficou pronto para ser lançado, após a fase de desenvolvimento de produto, Tristan enviou a Nas um SMS com uma foto do rosto do rapper na caixa. Ele respondeu: "Tristan, sempre quis estampar a embalagem de um aparelho assim. Obrigado." Tristan comenta: "Foi um momento surreal para mim."

Em seguida, em 2016, Nas promoveu o nome do Bevel no refrão de um hit de verão, o que triplicou as porcentagens de venda dos distribuidores do aparelho.

De todos os "nãos" recebidos por Tristan, os mais constrangedores para a comunidade de investidores talvez tenham sido os que classificaram equivocadamente a ideia dele como "pequena". Como Tristan afirmou em 2017: "Muita gente diz que estamos tentando construir a Procter & Gamble para pessoas não brancas. Tem gente que fala como se isso fosse um nicho. Mas esse grupo representa a maioria da população mundial. Ou seja, se somos a Procter & Gamble para pessoas não brancas, o que afinal seria a Procter & Gamble?"

Em 2018, a Walker & Company foi adquirida e Tristan permaneceu como CEO. Quem comprou a empresa? Justamente a Procter & Gamble.

Cinquenta tons de "não"

Se as histórias de Tristan e Kathryn levaram você a concluir que ser um homem branco com experiência vai lhe garantir um "sim" fácil dos investidores, tem uma pessoa aqui para lhe dizer que não é bem assim: **John Foley**, o fundador da **Peloton**, a empresa de equipamentos e mídias para fazer exercícios físicos em casa.

O que John considerava seu maior trunfo para atrair os investidores – 15 anos de experiência em liderança de importantes empresas de tecnologia – era, na verdade, um risco. "Aos 40, já tinha passado 20 anos trabalhando como executivo, experiência de vida que me dava confiança para começar a minha própria empresa. Mas descobri que, naquela altura, eu já estava 'velho'", explica.

Foi uma surpresa para ele. Afinal, John possuía o tipo de currículo que deveria chamar a atenção dos investidores: graduação em Engenharia pela Georgia Tech, MBA pela Escola de Negócios de Harvard, experiência como CEO de dois sites famosos e bem-sucedidos: Evite.com e Barnes & Noble Online. Ele estava certo de que os investidores de risco iriam encher os bolsos dele de dinheiro. Achava que tinha nas mãos uma ideia de negócio nota 10, servida de bandeja para eles. "Os dados, as vendas, a retenção, os grupos demográficos... estava tudo lá. E eu me achava um excelente vendedor, mas estava claro que não era, porque me dava bem em apenas uma de cada 100 reuniões dessas", conta.

Não somente John estava "velho" aos 40 anos (segundo os critérios do Vale do Silício), como também logo percebeu que sua grande ideia se enquadrava na categoria de venda direta, que era pouco atraente e facilmente atraía "nãos" logo de cara.

Após ter apresentado a Peloton a centenas de investidores de risco e a milhares de investidores-anjo ao longo de três anos, John relata o seguinte: "Eu não tinha arrecadado um centavo sequer de uma empresa de capital de risco ou de uma instituição. Foram muitos dias de ventos desfavoráveis, e cada um por um motivo específico. Foi bem frustrante..."

John se tornou um especialista em "nãos". Ele os classificou assim:

"Você está muito velho." ("Não.")

"Hardware é difícil e exige muito capital." ("Não.")

"Fitness é uma categoria besta, sem capital e sem software, tampouco mídia e inovação." (Ao que John respondia: "Exatamente! Vamos inovar totalmente a tecnologia do setor.") Mas ainda assim: "Não."

Alguns dos "nãos" preguiçosos deviam-se a questões geográficas.

"Ah, você tem uma empresa em Nova York. Prometi à minha família que só vou participar de conselhos na Califórnia." ("Não.")

Muitos profissionais do Vale do Silício não compreendiam as aulas de ciclismo especializado e focado em fitness, porque eram, em grande parte, um fenômeno da Costa Leste americana.

"Aqui existem dois tipos de ciclismo: de montanha e de estrada." ("Não.")

Uma das principais categorias de "não" preguiçoso era expressa pela seguinte frase, com suas variantes: "É uma ideia ótima, mas não serve para *nós*." Em algumas ocasiões, a equipe de investimentos inteira tinha adorado John e o projeto da Peloton... mas acabava por rejeitá-lo porque seu foco era em serviços on-line ou na área de saúde e não podiam dizer aos sócios investidores que iriam apostar naquele negócio estranho, que não se encaixava na lógica de investimento. ("Desculpe, mas é não.")

É verdade: investidores de risco tradicionais, como os interlocutores de John, podem ser desconfiados em relação a empresas que lidam diretamente com o consumidor, sobretudo quando se trata de novas áreas – desconhecidas e, portanto, bastante imprevisíveis. Embora jamais digam isso às claras, se o produto que está sendo oferecido não se parecer com algo que já tenha se provado rentável no passado, eles simplesmente não se interessam.

Por fim, John superou todos os "nãos" de investidores de risco e instituições graças a outro meio de financiamento: "100 cheques de 100 anjos", como definiu. E acabou descobrindo um investidor com uma visão contrária, Lee Fixel, ex-sócio da Tiger Global Management, sediada em

Nova York. Lee gostou do fato de a Peloton se basear na premissa e na promessa de revolucionar o mercado e rapidamente disse "sim".

Após percorrer esse labirinto épico de "nãos", John aprendeu que poderia ter economizado muito tempo – e uma boa dose de rejeição – concentrando esforços e apresentando a proposta somente para investidores mais excêntricos, com uma visão disruptiva. Em vez de perder tempo com os investidores habituais, ele poderia ter procurado no mundo inteiro pessoas como Lee, que buscam ativamente ideias não convencionais e fundadoras de novas categorias.

Como John perseverou diante de uma rejeição tão implacável? "Meus pais me ensinaram a ter confiança e, além disso, eu realmente acreditava que tinha algo ali. Mas, durante anos e anos, não houve muito a que nos agarrarmos a não ser na nossa crença em nós mesmos", explica.

Uma boa notícia, talvez, para quem passa pelo desafio dos "nãos" dos investidores ao longo de vários anos: se eles não entenderem a sua ideia, é provável que também não financiem mais ninguém com um projeto parecido. Quando conseguir convencê-los, você terá uma larga vantagem sobre os concorrentes em potencial.

ANÁLISE DO REID | Grandes ideias contrariam o senso comum

Esta é a verdade número um do empreendedorismo e dos investimentos: as principais ideias inovadoras são tão profundamente contra as suposições do senso comum que parecem não apenas arriscadas, mas também totalmente ridículas. Elas são do tipo que atrai muitos "nãos".

E faz sentido. Provavelmente, grandes empresas e seus concorrentes ainda não testaram essa ideia porque ela contraria o senso comum. Pelo mesmo motivo, outros empreendedores ainda não conseguiram executá-la com sucesso. Quando você tem uma ideia com uma visão contrária, do tipo que recebe um "não" de quase todo mundo, isso lhe dá espaço para criar algo. E, para criar algo grande, você *precisa* de muito espaço. Por essa razão, o Princípio de ser do contra é um dos quatro princípios fundamentais do meu livro *Blitzscaling: O caminho mais rápido para construir negócios extremamente valiosos*. Ter uma visão contrária e estar certo lhe dá uma vantagem crucial para ganhar escala.

Vemos isso o tempo todo com as verdadeiras grandes ideias. No começo do Google, a ferramenta de busca era vista como uma péssima maneira de ganhar dinheiro com publicidade. O valor do inventário de publicidade (quantidade de espaço à venda para anúncios) tinha como base o número de visualizações da página e o tempo de permanência no site. E o que o mecanismo de busca faz? Leva o internauta para fora do site, o mais rápido possível. Ninguém considerava isso um bom modelo de negócios. Mas o Google, é claro, fincou pé... e reescreveu as regras da propaganda na internet.

Ou pense nas TED Talks. Quando minha colega do *Masters of Scale*, June Cohen, sugeriu que as TED Talks ficassem disponíveis na internet, quase todo mundo considerou a ideia terrível. Publicar na internet palestras gravadas? Quem veria isso? E distribuir o conteúdo de graça não afundaria o modelo de negócios baseado em conferências caras? É claro, aconteceu o oposto: as TED Talks viralizaram, fizeram um sucesso enorme e aumentaram tanto a demanda pelas conferências que o preço do ingresso subiu cinco vezes (para 10 mil dólares) nos anos seguintes.

Ou veja o exemplo do Airbnb: no começo, o conceito parecia absurdo. Quem alugaria um quarto vago de sua casa para um desconhecido... por uma noite? E quem dormiria no quarto de alguém que nunca viu na vida? Quem seriam os doidos de cada lado dessa transação? Quando você tem uma ideia como essa – que está muito além do entendimento estabelecido de como as coisas funcionam –, pessoas muito inteligentes vão lhe dizer: "Isso não vai dar em nada." Mas existe uma grande chance de elas estarem erradas.

Portanto, se você está apresentando uma ideia desse tipo – que questiona o status quo e imagina um modo diferente e melhor de fazer as coisas –, prepare-se para aguentar uma sequência de rejeições e para aprender com elas. Quando ouvir aquele coro de "nãos", comece a buscar outros sinais de que está no caminho certo.

O "não" constrangido: ou a magia do "sim, mas..."

O "não" chega de muitas formas, cada uma com o seu próprio tipo de informação útil. Só é necessário saber reconhecer qual é a informação útil por trás de cada "não" – mesmo quando as pessoas dizem "sim" e "não" ao mesmo tempo.

Todo empresário se baseia em uma teoria sobre a natureza humana para desenvolver seu trabalho. Esta é a do **Reid**: o que mais traz sentido e alegria à nossa vida são *as outras pessoas*. Somos animais sociais. Claro, alguns são introvertidos e outros, extrovertidos (aliás, Reid se considera um "extrovertido que tolera no máximo seis pessoas"), mas a maioria de nós extrai significado profundo e alegria da interação com pessoas às quais estamos conectados.

Ao planejar o lançamento do LinkedIn, em 2002, Reid sabia que queria construir uma plataforma para alavancar conexões entre as pessoas, levando mais satisfação e sentido à vida delas. E ele tinha certeza de que a nossa identidade real – e a nossa rede de contatos real – iria se tornar a plataforma pela qual encontraríamos oportunidades. Entre os motivos para se conectar com pessoas na internet, a vida profissional – e, em específico, a busca por emprego – parecia ser o mais urgente, pois, quando estão em busca de trabalho, as pessoas têm motivação suficiente para tentar algo novo.

Reid desejava a maior e mais transformadora versão jamais imaginada dessa proposta: aquele tipo de ideia que traz em si uma perspectiva contrária e gera uma reação polarizada por parte dos investidores. Nesses casos, alguns dizem: "Entendi!", mas muitos falam: "Você pirou."

O LinkedIn acabou se tornando exatamente isso. O valor da plataforma estava bastante evidente para Reid, mas, quando ele começou a falar sobre ela para a sua rede de contatos, ninguém a entendeu. Todos diziam: "Não faço ideia do que você está falando." Assim, ele recebeu um número estarrecedor de "nãos". Acontece que, para muitas pessoas, toda essa ideia de rede era desagradável, o que em si já era uma questão. Ele escutava comentários do tipo: "É um serviço para pessoas que necessariamente gostam de fazer networking? Se for, estou fora. Para mim, é igual a passar fio dental: sei que é importante, mas não gosto de fazer, quero fazer o mínimo possível, e pronto."

Em 2002, ninguém entendia exatamente como o LinkedIn iria melhorar a temida experiência de fazer networking, ao facilitar a criação de conexões na vida real. Mesmo assim, ao que parecia, todo mundo achava que o método de networking do LinkedIn era uma ótima ideia... *para outra pessoa*. A ideia da plataforma foi recebida inúmeras vezes com um sonoro "estou fora". Quem era jovem pensava que poderia ser um serviço valioso para profissionais experientes – os quais, por sua vez, diziam: "Talvez seja um bom serviço para os jovens." O pessoal da tecnologia encarava como algo útil para os setores tradicionais; já os profissionais dessas áreas achavam que era voltado para quem trabalhava com tecnologias inovadoras.

Reid e seus cofundadores tiveram que decidir como agir pensando nas reações que ouviram, que iam de neutras a negativas. E, enquanto escutavam atentamente as várias objeções e opiniões divergentes, questionavam-se: "Devemos desistir dessa mão ou jogar com as cartas que temos?"

A própria equipe do LinkedIn teve um debate acalorado sobre se deveriam abrir a inscrição na rede somente para *quem fosse indicado*, de modo a facilitar as conexões (e assim, ao menos no começo, a equipe fundadora conheceria, de alguma forma, todos os usuários), ou para *todos*, permitindo que cada um criasse um perfil e depois enviasse convites para se conectar. Um feedback ambíguo demonstrou certo equilíbrio entre prós e contras, sinal de que não havia uma visão clara sobre o valor do LinkedIn. Isso encorajou os criadores a tentarem o caminho mais radical: criar uma rede aberta.

Com essa estratégia, perde-se a exclusividade inicial de um clube, mas fica a vantagem de trilhar o caminho mais rápido possível para convencer o grupo que diria "Acho que essa rede pode ser valiosa... para outra pessoa" e, em seguida, compartilha a plataforma com essa "outra pessoa".

Reid e sua equipe se empenharam na elaboração de um serviço no qual os usuários compartilhassem abertamente detalhes sobre a própria carreira e expandissem sua rede de contatos profissionais. Ao fazer isso, o LinkedIn criou um circuito que viralizou e fez com que as pessoas voltassem sempre, e trazendo novos amigos. Quando esse processo estava a todo vapor, o LinkedIn chegou a meio bilhão de usuários e a mais de 6 bilhões de dólares em receita. Em 2016, a plataforma foi adquirida pela Microsoft por 26,2 bilhões de dólares.

ANÁLISE DO REID — Busque uma reação polarizada e o "não" constrangido

Quando apresento uma ideia aos meus sócios na Greylock e todos dizem "Isso é ótimo! Temos que fazer!", respondo com um: "Ih..." Se temos um grupo de investidores extremamente inteligentes e sofisticados e nenhum deles diz "Cuidado!", é aí que sei que está fácil demais. A ideia é boa, mas tão óbvia que já dá para ouvir a aproximação dos concorrentes atropelando a minha pequena aspirante a startup. Por isso, uma aprovação unânime sempre é um sinal preocupante.

Por outro lado, se todo mundo na sala disser "Reid, você está louco", também não é bem isso que eu quero. Caso os meus interlocutores achem, sem exceção, que a ideia é terrível, vou começar a me questionar: *Será que estou acreditando totalmente numa ideia que, na verdade, é ruim?*

O que eu quero é que algumas pessoas digam: "Você está doido", e outras digam: "Entendi." Quero uma reação polarizada.

Minha decisão de investir no Airbnb é um exemplo disso. Um sócio meu na Greylock Partners, o David Sze, achou que esse investimento seria um erro monumental. Lembro que ele disse: "Bom, Reid, todo investidor de risco faz um negócio que não dá certo e aprende com ele. Talvez o Airbnb seja a sua vez." Quero esclarecer uma coisa: David Sze é um investidor inteligente pra caramba. Investiu no LinkedIn, no Facebook e na plataforma de streaming Pandora. Só ele trouxe um retorno de 2,5 bilhões de dólares para os fundos da Greylock. Sendo assim, ponderei suas objeções com cautela, porque obviamente fico preocupado quando alguém sagaz como David discorda de mim. Mas, ao mesmo tempo, isso me anima... porque talvez eu esteja certo.

Tem outra coisa que busco com uma grande ideia: o "não" constrangido. Quando mostrar seu projeto aos potenciais investidores, é importante que pelo menos alguns deles fiquem sem graça. Não é necessário que você force um "sim", mas é bom notar certa dificuldade enquanto eles pensam sobre como dizer "não". Esse "não" constrangido – no meio do caminho entre um "não" e um "sim" – é uma pista de que talvez você esteja perto de algo grande de verdade, pois, ao se depararem com as melhores ideias, as pessoas querem dizer "sim" e "não" a um só tempo. É uma montanha-russa de emoções para todos, inclusive para os investidores.

E quanto ao investimento no Airbnb? Bom, no fim das contas, até que não foi uma aposta ruim.

O "não" revelador: quando um "não" diz exatamente por que você está certo

"Eu era viciada em refrigerante diet", conta **Kara Goldin**. "Tomava bebidas sem açúcar e não conseguia perder peso. Malhava de 30 a 45 minutos todos os dias. Tinha muita acne e vivia sem energia." Quando Kara abandonou o hábito do refrigerante e começou a beber água pura, todos esses problemas melhoraram.

Após quase um ano seguindo essa rotina, ela se sentia melhor do que nunca, mas enjoou do gosto – ou melhor, da falta de gosto. Então, para se forçar a se hidratar bem, começou a colocar frutas frescas no copo d'água. E se perguntava: *Será que ninguém poderia oferecer isso já pronto?* Procurou um produto assim nas prateleiras de supermercado e não achou nada.

Então decidiu: *Eu mesma vou desenvolver esse produto e ver no que vai dar.*

Kara começou a trabalhar na receita de uma bebida aromatizada sem açúcar nem conservantes e também a se reunir com possíveis sócios e investidores. Durante uma reunião decisiva, um figurão do setor de bebidas lhe deu um "não" definitivo e desdenhoso. Porém, sem que ele soubesse, esse também foi o melhor feedback que Kara já tinha recebido.

Quando ela sugeriu uma bebida 100% natural, com um leve toque de sabor, o executivo respondeu assim: "Queridinha, os americanos adoram *doce*." Sem contar o quanto é inapropriado chamar alguém de "queridinha" em uma situação de negócios, essas palavras descuidadas proporcionaram a Kara um momento de revelação. Ela percebeu que esse executivo paternalista de uma grande empresa de refrigerantes supunha – fosse verdade ou não – que os americanos não tinham interesse em uma bebida engarrafada que não fosse doce.

Alguns podem ver isso como uma simples recusa ou uma rejeição total, mas Kara considerou esse "não" como um presente – pois transmitia uma informação vital: a empresa dele iria permanecer na lógica do "doce", e isso dava *a ela* a oportunidade de assumir a categoria do "não doce". "Vi que estavam indo em uma direção e que *eu* precisava botar o pé no acelerador para expandir esse negócio na direção contrária antes que eles resolvessem me seguir", explica Kara.

O executivo que a criticou se equivocou em cerca de 100 milhões de dólares por ano. Essa é a receita anual da **Hint Water**, à disposição nas prateleiras de mercados e supermercados americanos para um público que *supostamente* tem uma queda incurável por doces. O jeito como aquele crítico rejeitou, de modo até descuidado, a ideia de Kara foi um "não" revelador: do tipo que diz exatamente por que você está certo. Fica a lição: nem sempre acredite nos céticos, mas escute-os com atenção, pois talvez eles possam facilitar seu caminho sem nem perceber.

"Encontro por aí uma quantidade impressionante de empreendedores que dizem: 'Estou bem frustrado. Falei com Fulano e Beltrano que atuam no meu setor, e eles acham mesmo que isso é má ideia.' Só porque uma grande empresa disse que você está errado ou que é uma ideia ruim, não significa que seja péssima. Na verdade, é possível inclusive obter informações desses executivos do setor para provar que você está fazendo algo diferente. Pegue esse conhecimento e siga em frente com a sua proposta", aconselha Kara.

Claro, não só empreendedores enfrentam esse tipo de ceticismo por parte dos especialistas. Acontece com qualquer pessoa que tenha uma ideia fora do comum. Veja o caso de **Andrés Ruzo**, explorador da *National Geographic* e geólogo estudioso de fontes naturais de energia.

Em 2010, Andrés começou a buscar uma lenda nunca antes documentada. Seu avô peruano lhe contava histórias da conquista do Peru pelos espanhóis: contos fantásticos sobre serpentes gigantes que conseguem engolir uma pessoa inteira, aranhas do tamanho de uma mão que devoram pássaros, guerreiros impetuosos que matam pessoas com uma única flechada envenenada. De todas as lendas que ouvira, a mais cativante para ele era a história de um rio.

"Eu sempre fazia essa pergunta nas empresas com as quais trabalhava, para todos os geólogos com que tivesse algum contato: 'Ei, você já ouviu falar de um grande rio fervilhante, termal, no meio da Amazônia?'" A maioria das pessoas respondia com ceticismo. Mas Andrés cresceu entre o Peru e a Nicarágua. Era fascinado pela Amazônia. Como cientista, acreditava que o rio de águas fervilhantes poderia existir... e que encontrá-lo significaria ter acesso a uma fonte limpa e naturalmente recorrente de energia, com emissão de carbono próxima a zero.

Após fazer uma palestra em uma empresa de mineração, ele procurou um geólogo mais velho que havia se sentado nos fundos da sala. "Perguntei se ele conhecia o rio fervilhante. A resposta foi: 'Andrés, seu trabalho geotérmico é muito interessante, bastante inovador, mas não faça perguntas idiotas.' Saí daquela reunião com o rabo entre as pernas", confessa ele.

Andrés passou exatamente dois anos fazendo a mesma pergunta a especialistas de várias áreas e ouviu todas as variações de "não" discutidas neste capítulo. *Isso é loucura. É besteira. É uma missão sem sentido. Não me faça perder tempo.* Mas não desistiu e, por fim, descobriu o lendário rio de águas em ebulição. (Você pode conhecer essa história no livro dele, *O rio fervilhante*.)

Hoje, Andrés estuda esse rio para entender o sistema hidrotérmico que o alimenta e os micróbios singulares existentes nele. Também participa intensamente dos esforços para preservar a floresta tropical peruana e as comunidades que dependem dela. A floresta está desaparecendo em um ritmo veloz, devido ao avanço do desmatamento por corte raso e para extração de madeira.

Entre as muitas coisas que qualquer empreendedor ou pessoa com uma ideia singular pode aprender com a história espetacular de Andrés está o seguinte: muita gente lhe dirá que você está louco e vai fazê-lo duvidar daquilo que você sabe, no seu íntimo, que é possível. Mas não deixe a rejeição comandar as suas ações. Ao contrário, permita-se ser impulsionado por ela. No caso do "não" revelador, os céticos estão falando mais sobre as próprias suposições do que sobre a verdade a respeito de como o mundo funciona. Para o seu ouvido atento, escute esses "nãos" como: "Pois é, o senso comum está deixando passar esta oportunidade."

O "não" honesto: quando um "não" diz exatamente o que você está fazendo de errado

É a jornada clássica do herói empreendedor: a pessoa tem uma ideia, esforça-se para tirá-la do papel, enfrenta uma série interminável de "nãos" e, por fim, consegue um financiamento, escala o negócio de sucesso e prova que os críticos estavam errados.

Mas e se você estiver propondo uma ideia de fato horrorosa? E se as pessoas que disseram "não" estiverem certas? Tipo, certas *mesmo*?

Em uma tarde de 1996, Mark Pincus e o sócio dele, Sunil Paul, estavam em frente a uma loja Tower Records, em Nova York, oferecendo computadores de graça aos transeuntes. Foi uma maneira inteligente, embora não convencional, de apresentar aos nova-iorquinos a ideia para a próxima startup deles: um computador com acesso integrado à internet.

Mark estava convencido de que a internet era algo "muito abstrato para os consumidores" e teve a ideia de um dispositivo completo para se navegar na rede sem complicações. Acesso rápido e fácil à internet por meio de um computador gratuito. Quem poderia recusar?

Como ele logo descobriu, *todo mundo* recusou. Mark não conseguiu convencer ninguém a levar o produto. Alguns recusaram o PC gratuito porque acharam que Mark era um charlatão, mas outros não quiseram por um motivo mais simples: não estavam nem um pouco interessados em ter um computador novo. "O principal fator que fazia as pessoas desistirem de trocar de computador era o medo de mudar de software e precisar reinstalar os jogos dos filhos e tudo mais", explica Mark. "Aí eu pensei: *Hum, dá para resolver esse problema.*"

Mas a solução exigia que Mark reconhecesse a inviabilidade da ideia de acesso integrado à internet e desistisse dela.

A primeira ideia podia ter morrido, mas seu pressentimento – de que o desejo dos usuários por uma experiência menos complicada gerava uma grande oportunidade – estava bem vivo. Assim, ele criou o software Move It, que ajudava as pessoas a trocar de computador de um jeito fácil e sem dor de cabeça. Depois, a principal tecnologia do Move It forneceu a base para a *próxima* grande ideia de Mark, o Support.com: um site pioneiro em suporte técnico e serviços em nuvem. Mas nada disso teria acontecido se ele não tivesse ouvido as críticas... e usado essas informações para perseverar rumo a uma ideia de sucesso.

Não foi a última vez que Mark aprendeu uma lição dura sobre o valor de se ouvir o "não". Isso aconteceu de novo com a startup que ele lançou em 2003 – mesmo ano em que o MySpace veio ao mundo e um ano antes do Facebook – após o Support.com: uma plataforma dos primórdios das redes sociais chamada Tribe.

"Eu tinha 30 e poucos anos e pensei: *Beleza, todos nós vivemos em tribos urbanas, então vamos transportar isso para a internet*", conta Mark. Ele se questionou: *Como seria se pudéssemos nos conectar com as nossas tribos e depois acioná-las para procurar coisas como apartamento, emprego, sofá e carro?*

Embora no começo o Tribe não fosse voltado para um segmento social específico, acabou se tornando muito popular em algumas subculturas – a mais famosa delas foi a dos participantes do Burning Man, o encontro anual no deserto de Black Rock, em Nevada, conhecido por exibir a criatividade da contracultura.

Apesar de ter sido um sucesso junto a essa base de usuários pequena porém leal, o Tribe não conseguiu atrair um público mais amplo. Olhando para trás, Mark sabe qual foi o momento exato em que ele poderia ter mudado esse destino, caso tivesse dado ouvidos a um "não" enfático e decisivo.

"Minha namorada na época não ficou nada entusiasmada com o Tribe. Quando usou a plataforma, ela recebeu atenção e muitas mensagens não solicitadas, se assustou e me falou: 'Isso não é pra mim'", conta Mark.

Um parceiro honesto é quase sempre a sua melhor fonte de ideias e críticas, mas Mark ignorou esse feedback e o descartou como um grupo focal composto por uma única pessoa. Não estava disposto a reestruturar o Tribe, e a rede social acabou não dando certo.

Essa amarga experiência com o Tribe ressaltou uma lição importante para Mark: "Parte da jornada vivida por nós, empreendedores, tem a ver com saber distinguir as intuições certeiras e as ideias que vão fracassar. Como princípio básico, na minha opinião, um bom empreendedor pode presumir que a sua intuição está certa em 95% das vezes e que talvez as ideias estejam certas em 25% dos casos."

Com base nessa constatação, Mark adotou a seguinte mentalidade: "Não sou casado com nenhuma ideia, seja minha, sua ou de outra pessoa. Vou tentar de tudo e eliminar o que for, sem hesitar. E, para mim, matar uma ideia nunca vai significar matar uma intuição certeira."

A capacidade de reconhecer uma intuição correta e a de matar ou aprimorar uma ideia fadada ao fracasso são parte essencial do sucesso como empreendedor. **O tempo é o seu recurso mais precioso; não o desperdice com uma ideia ruim.** Se você perceber que os céticos provavelmente estão certos, os "nãos" que eles disserem podem ajudá-lo a passar de um Plano A falido para um Plano B mais promissor.

> **ANÁLISE DO REID**
>
> **Quando eu disse "não", mas deveria ter dito "sim"**
>
> Todo investidor, por mais inteligente ou habilidoso que seja, tem um "antiportfólio": a lista de empresas nas quais não investiu e que depois atingiram um sucesso monumental. Situações em que disse "não" quando deveria ter dito "sim".
>
> A Etsy é um desses casos para mim. Caterina Fake, a cofundadora do Flickr, apresentou-a a mim como uma oportunidade de investimento-anjo, bem no começo do site, e me arrependo até hoje de ter recusado a oferta.
>
> Em minha defesa, digo que me falaram sobre vender artigos feitos à mão – os quais são totalmente avessos à escala. Na minha maneira de ver, a pessoa pode abrir uma livraria na esquina ou pode inventar a Amazon. Pode ser um *chocolatier* gourmet ou pode criar a nova Godiva ou a nova Nestlé. Então, minha reação foi falar: "Bom, a Etsy é legal, mas não é um investimento muito bom." Afinal, até podemos contratar um monte de pessoas para fazer artigos artesanais, mas depois ficam as questões: quantos elas vão conseguir produzir? Como expandir esse tipo de negócio? Qual é o grau de escalabilidade?
>
> Meu erro foi não ter percebido que, por se tratar de um mundo conectado em rede, a reserva de talentos era bem maior do que cogitei. Porque a Etsy não tinha nada a ver com uma loja de chocolates gourmet em São Francisco. Era mais uma espécie de mercado on-line no qual é possível fazer um pedido para lojas de chocolate gourmet ou para produtores de chocolate caseiro em qualquer cidade. Se tivesse compreendido isso, eu teria dito: "Ah, talvez seja ótimo investir na fase inicial desse negócio."
>
> Caterina acertou nessa porque buscava indicadores diferentes dos meus. Ela viu na Etsy o início de um movimento de contracultura... escalável e que valorizava os produtos caseiros, artesanais e locais.
>
> Além disso, quando Caterina analisou mais de perto os primeiros 2 mil vendedores da Etsy, viu não apenas comerciantes dispostos, mas também membros apaixonados de uma comunidade que dava todos os sinais de ser capaz de prosperar.
>
> Eu olhei para a Etsy e a enxerguei como... um monte de bugigangas. Não vi a rede por trás dela. É um dos meus arrependimentos.

O "não" desanimador: ou o "não" errado na hora errada

Para toda boa teoria, existe outra com uma lógica oposta.

Por mais que seja importante ouvir os "nãos" e aproveitar a crítica construtiva e honesta contida neles, sempre haverá exceções à regra.

A jornada de **Sara Blakely** como empreendedora começou ao cortar os pés de uma meia-calça. Quando mergulhou na ideia que se tornaria a **Spanx** – e cumpriu as etapas de fabricação, iteração, patenteamento e apresentação aos investidores –, houve apenas uma coisa que ela *não fez*.

Não contou aos amigos nem à família sobre a ideia que cultivara durante um ano inteiro.

E há uma sabedoria nisso. Embora seja verdade que aceitar feedbacks – em particular, os negativos – é um ingrediente essencial para escalar uma ideia com sucesso, nem todos são iguais. Às vezes, no começo, é melhor obter um feedback construtivo de especialistas externos, e não de pessoas do seu círculo íntimo, que podem, sem perceber, jogar um balde de água fria na ideia, no intuito de proteger o empreendedor do risco de fracassar.

"Eu não queria contar aos meus amigos e à minha família porque não queria lidar com egos numa fase tão inicial do processo", diz Sara. "Mantive isso em segredo de todos que faziam parte da minha vida e não busquei a validação deles, mas compartilhei a ideia com fabricantes, advogados de patentes e quem pudesse me ajudar a levá-la adiante. Assim, em vez de gastar o primeiro ano só para explicar a proposta e defendê-la, dediquei 100% desse tempo a correr atrás dela."

Não que Sara tenha se fechado a todas as opiniões. Ela apenas descobriu como obter as mais úteis – de pessoas que conheciam os meandros do negócio – e se protegeu do tipo de crítica que poderia ser prejudicial.

"A ideia fica mais vulnerável quando ainda está engatinhando", diz Sara. "Pela nossa natureza, esse também é o momento no qual queremos virar para alguém, seja um colega de trabalho, um amigo, o namorado ou o chefe, e dizer: 'Tive uma ideia.' Devido ao amor e à preocupação, ouvimos um monte de coisas que nos detêm: 'Olha, querida, se é tão boa assim, por que essa ideia ainda não existe?' Ou então: 'Mesmo que isso deslanche, os pesos-pesados desse setor vão te derrubar em seis meses.'"

Você também vai identificar isso na história de **Linda Rottenberg**.

Hoje, ela é CEO da Endeavor, uma organização extraordinária que fomenta comunidades empreendedoras no mundo todo. Vinte anos atrás, porém, Linda era uma profissional recém-formada com um sonho... prestes a ser destruído.

"Meus pais ficaram apavorados. Eles escutaram uma conversa minha com o meu cofundador sobre criar uma organização global para apoiar empreendedores de alto crescimento em mercados emergentes. Minha mãe olhou para o meu pai com uma cara tipo: *Você precisa impedir isso*. Ele se aproximou com calma e lembrou que eu precisava ser independente financeiramente, que não tinha ninguém a quem recorrer e que aquilo não me daria muita estabilidade", conta Linda.

Linda se refere a essa conversa com o pai como "aquele papo sério na hora do jantar". "É bem assustador dizer à família que vamos fazer algo não convencional", confessa. "E precisamos escolher: *Faço o que é seguro e esperado ou me jogo no desconhecido?*"

É claro que Linda escolheu a segunda opção. "Senti que nunca me perdoaria caso seguisse um caminho tradicional e ficasse infeliz 10 ou 20 anos depois." Ela permanece convicta de que o primeiro – e um dos mais importantes – obstáculo dos empreendedores é superar o "papo sério na hora do jantar".

TEORIAS DE REID SOBRE O "NÃO"

O "não" preguiçoso
Talvez os investidores em potencial não captem a sua ideia ou simplesmente desconheçam o contexto. De qualquer forma, se ficar claro que eles não estão tentando compreendê-la mais a fundo, você precisa deixar de lado esses céticos... e depressa. O "não" deles não vai lhe fornecer informações novas.

O "não" constrangido
Diante das melhores ideias, aquelas de maior potencial, os investidores querem dizer "sim" e "não" ao mesmo tempo. Isso sinaliza que talvez seja uma ótima ideia – embora, claro, possa ser apenas um desastre muito atraente.

O "não" revelador
Às vezes, o "não" de um especialista é a prova de que você está se encaminhando para algo grandioso e diferente. Eis o segredo: tenha uma teoria sobre por que você está certo e os especialistas, errados – mais do que pressentimento ou garra, é preciso ter pistas de por que aquela ideia tem excelente potencial.

O "não" honesto
Na maioria das vezes, os especialistas estão certos. Você precisa ser implacável e matar suas próprias ideias ruins ao longo do caminho. Um "não" honesto pode ser vital para transformar uma ideia ruim em algo positivo ou para ajudá-lo a partir para outra.

O "não" desanimador
Se você é o tipo de pessoa que desanima ou desiste de uma ideia com facilidade, precisa manter sua ideia longe de pessoas cujas opiniões afetam o seu emocional.

2

Faça coisas que não escalam

Definitivamente, a reunião não correu como ele esperava.

Em 2009, **Brian Chesky**, um jovem empreendedor com uma grande ideia, foi encontrar Paul Graham, cofundador da Y Combinator, a conceituada aceleradora de startups do Vale do Silício. A empresa de Brian, o **Airbnb**, participava do programa da Y Combinator, e ele tinha se preparado para impressionar Paul com a visão de um futuro brilhante para seu novo negócio não convencional, que permitia às pessoas alugar um quarto vago, ou somente um sofá-cama, para um total desconhecido.

O Airbnb já estava em pleno funcionamento, mas em fase inicial, e tudo indicava que quase ninguém conhecia o site. O número de anfitriões com um quarto ou um sofá disponível era muito pequeno. Mas isso não importava: Brian estava ansioso para compartilhar com Paul seus planos ambiciosos e suas projeções otimistas.

Paul não se encaixa na figura do típico investidor. No entanto, é um pensador instigante e autor de uma prolífica série de ensaios sobre temas que vão desde a desigualdade econômica até as razões para a impopularidade dos nerds (um jornalista o apelidou de "o filósofo hacker").

Quando conversa com empreendedores, Paul dá pouca importância a planilhas e projeções; ele confia, sobretudo, no faro e nas suas teorias contraintuitivas sobre escalar empresas. Ele é famoso no Vale do Silício pelo seu estilo socrático, pois faz perguntas incisivas, às vezes desconcertantes. Pelo que Brian se recorda, o diálogo com Paul se deu mais ou menos assim:

> PAUL: Então... Onde está a sua empresa?
> BRIAN: Como assim?
> PAUL: Estou falando da tração, onde está a sua tração?
> BRIAN (*timidamente*): Bem... Não temos muita tração.
> PAUL: Mas já deve ter gente usando o serviço.
> BRIAN: Ah, tem algumas pessoas em Nova York.
> PAUL: Então seus usuários estão em Nova York.
> BRIAN: É.
> PAUL: E você ainda está aqui em Mountain View.
> BRIAN: (*silêncio*)
> PAUL: O que você ainda está fazendo aqui?
> BRIAN: Como assim?
> PAUL: Vá ficar perto dos seus usuários. Conheça todos eles. Um por um.
> BRIAN: Mas isso não é escalável. Quem é grande e tem milhões de clientes não consegue conhecer cada um.
> PAUL: Por isso mesmo, você devia fazer isso agora.

Na opinião de Paul, as estimativas, as planilhas e os planos grandiosos de marketing eram todos secundários. A primeira coisa a fazer era criar algo que um pequeno grupo de usuários adorasse. Feito isso, provavelmente milhões de outras pessoas se juntariam a eles. Como o amor por algo tende a ser compartilhado, aquele produto ou serviço teria o melhor tipo de marketing, impossível de comprar com dinheiro – e iria se difundir cada vez mais.

O argumento era que, para construir algo que de fato cativasse o público-alvo, Brian precisava conhecer esses usuários no ambiente deles, falar com eles, ouvi-los, observá-los e se esforçar para compreendê-los. E, como Paul disse a Brian, *aquele* era o momento de aproveitar essa oportunidade. "Por enquanto você é pequeno o suficiente para atender a todos os seus clientes, conhecê-los... e fazer algo direcionado para eles", explicou Paul. Em 2013, ele transformou esse conselho no famoso ensaio "Implemente ações não escaláveis", do qual me apropriei como a sexta das Regras Controversas sobre as quais escrevi em meu livro *Blitzscaling*.

...

Neste capítulo, vamos examinar o que acontece – ou *deveria* acontecer – na fase inicial de lançamento do produto, um momento crítico, anterior à escala, e que só se vive uma vez. É uma oportunidade de definir e aprimorar o seu produto com base no feedback direto, até criar de modo artesanal algo que as pessoas vão adorar. Alguns dos empreendedores mais bem-sucedidos do mundo, entre eles Brian, relembram esse estágio de desenvolvimento como uma era de ouro, embora obviamente na época não parecesse.

Ao criar um produto ou lançar as bases para uma empresa escalável e bem-sucedida, é inevitável colocar a mão na massa. Você acabará fazendo coisas que, naquele momento, parecem insignificantes e trabalhosas: programação, desenvolvimento, atendimento ao cliente, *user onboarding*, suporte telefônico. Porém, podem ser exatamente essas as tarefas que vão determinar o sucesso da sua empresa nos anos seguintes. Como observa Reid: "Isso cria um enigma quase zen para os empreendedores: **o primeiro passo para escalar é renunciar ao desejo de escalar**."

Por que 100 é melhor do que 1 milhão?

O poder do "fazer artesanal" – o trabalho lento e meticuloso de acertar todos os detalhes – é algo que todos aqueles que produzem pequenas quantidades aprendem de maneira intuitiva. É precisamente o que distingue os doces do chef Dominique Ansel dos bolos e tortas disponíveis nos balcões dos supermercados. Os artesãos entendem por que precisam produzir à mão; os empreendedores de escala, não muito.

Quando pensam em escala, os empreendedores costumam raciocinar em termos de alto impacto e visibilidade: têm em mente uma blitz de marketing ou um crescimento viral. Há uma certa lógica nisso: para *ser* grande, é preciso *pensar* grande. Nessa perspectiva, os detalhes sutis de um produto ou da experiência do cliente são menos importantes do que encontrar uma forma de fazer barulho e entrar no radar. Produção artesanal? A maioria dos alunos de MBA vai lhe dizer: "Isso não escala."

Mas ignorar esses detalhes não adianta – pelo menos não a longo prazo, afirma **Sam Altman**, presidente da Y Combinator entre 2014 e 2019. Devoto de Paul Graham, Sam aderiu ao principal ditame da Y Combinator: É melhor ter 100 usuários que amam a empresa do que 1 milhão que só gosta mais ou menos dela.

É algo que vai contra a nossa intuição. Talvez você esteja pensando: *Se 1 milhão de pessoas "gosta mais ou menos" do meu produto a ponto de comprá-lo, isso não é melhor para os negócios do que uma centena de excêntricos obsessivos?*

Sam responderia que... com certeza, não.

A Y Combinator incubou mais de 50 empresas que atingiram ou até ultrapassaram o valor de 100 milhões de dólares – portanto, tem uma bagagem razoável para afirmar o que escala ou não. "Se examinarmos, veremos que as empresas que crescem e se tornam mais valiosas tendem a começar com usuários fanáticos", diz Sam. Esses fãs ardorosos chegam para ficar, apoiam a ideia e continuam com você – e, o mais importante, contam para os amigos.

Por outro lado, há uma infinidade de produtos novos que viram fogo de palha após receberem uma atenção inicial que não se sustenta. Você pode convencer muitas pessoas a experimentar o seu produto usando algum truque engenhoso, mas, a menos que elas se apaixonem, uma hora essa tática vai deixar de funcionar. É a "ilusão da escala": aquele milhão de usuários que aparece e some logo depois, simplesmente porque, conforme observa Sam, "as pessoas não se mantêm fiéis a produtos que não amam".

Por isso, faz sentido atender muito bem os seus primeiros usuários, para entender de fato o que eles querem e pelo que são *apaixonados*. Quando você constrói uma relação de lealdade com um núcleo de usuários iniciais, mesmo que seja um grupo pequeno, ele se torna uma base sólida para a expansão. Por exemplo, o Facebook estava disponível apenas para os alunos de Harvard quando foi lançado. Esses primeiros alunos convidaram os amigos, os quais fizeram a mesma coisa, até que todo o corpo discente passou a acompanhar as atualizações de status. Só então ele se expandiu de Harvard para Columbia, para Stanford, para outras universidades americanas e, por fim, para o resto do mundo. Se os primeiros usuários não tivessem se apaixonado, a rede social não teria obtido um alcance tão abrangente.

Sam lembra que, após o sucesso do Facebook e do Twitter, todo mundo tinha pressa em copiar esse acerto. Os empreendedores falavam: "É só eu fazer outro aplicativo de compartilhamento de fotos."

Já a Y Combinator se interessou por startups que tentavam algo mais ambicioso, chamadas por Sam de "empresas 'bits e átomos', nas quais havia um software, mas também era necessário alcançar algo muito complexo no mundo real". Como buscavam fazer algo difícil, com potencial de transformação, elas não enfrentavam tanta concorrência quanto todas essas startups imitadoras.

Uma dessas empresas foi o Airbnb.

Após a insistência de Paul Graham, da Y Combinator, Brian Chesky e seu sócio, Joe Gebbia, foram a Nova York com uma missão clara: se aproximar dos seus usuários. Entraram em contato com anfitriões da cidade e se ofereceram para enviar fotógrafos profissionais que fariam as imagens para o anúncio no Airbnb. Quem eram esses fotógrafos? Eles mesmos, Brian e Joe.

Uma visita em particular ficou marcada na memória de Brian.

"Era inverno. Estava nevando, e saímos com botas apropriadas. Subimos a escada até o apartamento e entramos para tirar as fotos. Falamos algo do tipo: 'Vamos fazer o upload das fotos no site. Você tem mais algum feedback para nos passar?'", conta ele.

O anfitrião foi para uma sala nos fundos e voltou com um fichário e um monte de anotações. A pasta tinha páginas e mais páginas de sugestões de mudança para o Airbnb. "Era como se ele tivesse criado um guia para nós", comenta Brian. Talvez outros empreendedores tivessem interpretado aquele mundo de sugestões como críticas de um *hater*. Mas para Brian foi um bom sinal. Esse tipo de feedback detalhado indica que alguém realmente tem paixão pelo seu produto e deseja se relacionar de maneira mais profunda e intensa com ele. "Acho que nunca nos esquecemos daquele dia. Muitas vezes, o guia já existe na cabeça dos usuários-alvo do seu projeto", diz Brian.

No fim das contas, essas visitas às casas se tornaram a arma secreta do Airbnb para descobrir o que os clientes amavam. "É muito difícil fazer com que as pessoas se apaixonem por alguma coisa, mesmo que sejam só 10 pessoas, mas passar bastante tempo com elas facilita. E também questionar o tempo todo: *E se eu fizer isso? E se eu fizer aquilo? E aquilo outro?*", diz Brian. As conversas foram longas e detalhadas, incluindo perguntas assim: *Como você gostaria que a revisão por pares funcionasse? Qual é a sua maior necessidade quanto ao suporte ao cliente? E em qual momento?* "Não apenas conhecemos os nossos usuários, mas também convivemos com eles", conta Brian. "Eu brincava que, quando alguém comprava um iPhone, o Steve Jobs não aparecia para dormir no sofá da pessoa, mas eu, sim."

Fazendo essas visitas, Brian desenvolveu um método inteligente para obter feedbacks valiosos. Em vez de só perguntar o que as pessoas achavam do formato vigente, ele questionava o que elas achavam do produto que ele *poderia* desenvolver. "Quando indago: 'O que posso fazer para melhorar isso?', as respostas são insignificantes", explica Brian. Por isso, ele fazia perguntas mais ousadas e grandiosas, como: "O que podemos fazer para surpreender você?" Ou: "Como posso desenvolver algo que você espalharia entre todos os seus amigos?" Isso funcionou como um convite para os usuários se juntarem a ele no processo de imaginar uma versão maior e mais audaciosa do Airbnb.

O segredo para um ótimo brainstorming: crie uma experiência "11 estrelas"

Para ter sucesso como empreendedor, você não precisa de um diploma nem de conhecimentos específicos, e sim da mentalidade certa. Apesar disso, a maioria dos CEOs de tecnologia tem graduação em Administração ou em Ciência da Computação. Já Brian é bacharel em Design (pela Escola de Design de Rhode Island). O *design thinking* é um dos superpoderes dele.

Caso você seja uma daquelas pessoas que acham que design significa "tornar uma coisa bonita", Brian tem algo a dizer: "Nossa definição de 'design' é diferente. Steve Jobs disse uma frase famosa: 'Muitas pessoas acreditam na falácia de que design é *aparência*. Design é *função*.' Em outras palavras: 'Design é o que o produto *é*.'"

E Brian sabe como usar o *design thinking* para reimaginar o que algo é... ou poderia ser. Durante uma reunião, por exemplo, ele consegue transformar um brainstorming comum em um exercício de invenção do futuro. Aliás, essa é uma das suas melhores técnicas. Nós do *Masters of Scale* já a utilizamos centenas de vezes, e não temos palavras para dizer quanto a recomendamos.

O primeiro passo é se forçar a imaginar coisas que você *jamais* poderia fazer de fato. Por quê? Porque é assim que se vence. "A tese central é de que, quando se deseja construir uma empresa de sucesso avassalador, é necessário construir algo de que as pessoas gostem a ponto de *contar umas às outras*. O que significa que você deve desenvolver algo sobre o qual valha a pena comentar. Para isso, precisará voltar às coisas que não escalam."

Para começar, é preciso deixar de lado o banal. "Se quiser construir algo que viralize de verdade, o jeito é criar uma experiência do c*&%#, sobre a qual as pessoas queiram falar para todo mundo. Então, como exercício, pegamos uma parte do nosso produto e a extrapolamos: como seria uma experiência 5 estrelas?" Ou seja: que tipo de produto ou serviço renderia uma avaliação com 5 estrelas? "Aí a gente enlouqueceu", comenta Brian. Vamos acompanhá-lo conforme ele passa por uma experiência decepcionante de 1 estrela ao fazer check-in em um Airbnb, vivencia a categoria atual de 5 estrelas, até ganhar uma recepção imaginária digna de 11 estrelas.

"Uma experiência de 1, 2 ou 3 estrelas é chegar ao seu Airbnb e não ter ninguém lá. Você bate à porta. Ninguém abre. Isso é 1 estrela. Talvez seja 3 estrelas se tiver que esperar 20 minutos. Se ninguém aparecer e você precisar pedir um reembolso, será uma experiência de 1 estrela. Você nunca mais vai usar o nosso serviço."

"Uma experiência 5 estrelas é assim: você bate à porta, abrem e deixam você entrar. Ótimo. Mas não acontece nada de mais. Não é algo que você vai contar para todos os seus amigos. Pode ser que você diga: 'Usei o Airbnb. Funcionou.'"

"Aí pensamos: *Como seria uma experiência 6 estrelas?* Você bate à porta, o anfitrião abre. 'Bem-vindo à minha casa.' Tem um presente de boas-vindas em cima da mesa: uma garrafa de vinho, talvez um chocolate. Você abre a geladeira. Tem água. Vai ao banheiro, encontra produtos de higiene pessoal. A coisa toda é muito boa. Aí você diria: 'Uau, isto aqui é melhor do que hotel. Com certeza, vou voltar a usar o Airbnb.'"

"Como seria uma experiência 7 estrelas? Você bate à porta. Reid Hoffman abre. 'Bem-vindo. Fiquei sabendo que gosta de surfar. Temos aqui uma prancha de surfe e já agendei umas aulas para você. Aliás, pode usar o meu carro. E também tenho uma surpresa: arranjei para você uma mesa no melhor restaurante de São Francisco.' Aí você fica tipo: 'Nossa. Muito acima das minhas expectativas.'"

"E como seria um check-in 8 estrelas? Ao pousar no aeroporto, haveria uma limusine esperando para me levar até a casa, e seria uma surpresa total."

"Um check-in 9 estrelas: depois de desembarcar no aeroporto, haveria um desfile em minha homenagem. E um elefante à minha espera, como na cerimônia tradicional indiana."

"Como seria um check-in 10 estrelas? Igual ao dos Beatles em 1964. Eu desceria do avião e haveria 5 mil adolescentes gritando o meu nome, com cartazes de boas-vindas ao país."

"Então, como seria uma experiência 11 estrelas? Eu chegaria no aeroporto e você estaria lá com o Elon Musk para me dizer: 'Você vai viajar para o espaço.'"

É óbvio que essas últimas categorias são extravagantes, pura viagem. Mas servem a um propósito sério. "A questão desse processo é que talvez os check-ins de 9, 10 e 11 estrelas não sejam viáveis. Porém, se você fizer esse exercício maluco até o final, perceberá um meio-termo entre 'alguém apareceu e abriu a porta' e 'viajei para o espaço'. É esse o ponto ideal. Você tem que praticamente projetar o extremo e depois ir voltando", explica Brian.

ANÁLISE DO REID — Feedback apaixonado é o alicerce da escala

Nos últimos 20 anos, trabalhei ou investi em muitas empresas que alcançaram 100 milhões de usuários ou mais. Mas o importante é que, no início, não são 100 milhões de usuários. No início são poucos. Então, na verdade, é preciso parar de pensar grande e começar a pensar pequeno. Atenda pessoalmente os seus clientes. Conquiste-os, um por um.

Talvez isso pareça um conselho estranho se você for um empreendedor com ambições globais. Sergey Brin e Larry Page não forneceram pessoalmente os resultados de pesquisa a 2 bilhões de pessoas. O que eles fizeram foi criar um ótimo produto, e os usuários apenas brotaram.

Certo? Não exatamente. Os empreendedores de maior sucesso, aqueles que criaram os produtos mais amados, prestam atenção nos usuários de maneira obsessiva – sobretudo nos primeiros. Observam o que eles fazem, escutam o que eles dizem, atendem a ligações de clientes e consertam o que está dando errado.

Vale a pena se deter nos primeiros momentos de trabalho artesanal porque a maioria dos empreendedores tende a reagir a essas experiências de um modo curioso. Mais tarde, podem rir disso tudo. Talvez considerem que é um trabalho sem glamour e comemorem o dia em que conseguirem contratar um ajudante ou automatizar essas tarefas para se livrar delas. Mas empreendedores ponderados nunca vão dizer: "Que perda de tempo!" Vão olhar para esse período como uma das fases mais criativas da carreira deles.

E é bom ficar atento ao fã entusiasmado que praticamente vai escrever o guia do seu produto para você. Na verdade, é comum obter um feedback muito detalhado de alguns dos primeiros usuários, aqueles que montam um fichário com sugestões, como o anfitrião que Brian Chesky conheceu em uma das primeiras visitas a um cliente. Aliás, se você *não* encontrar clientes que digam "Adorei este produto. É muito importante para mim. Preciso que funcione bem *de verdade*", em geral significa que está no caminho errado. Feedback apaixonado é uma pista de que o seu produto é realmente importante para alguém. E um usuário apaixonado pode se transformar em muitos usuários, se você o ouvir com atenção.

No entanto, é essencial obter esse tipo de feedback o mais cedo possível, enquanto você ainda está definindo o produto. É como o alicerce construído por um engenheiro. Você não levantaria um arranha-céu sem uma base sólida. O feedback do usuário garante que um edifício de dezenas de andares não seja construído sobre um terreno instável.

Talvez esse conselho pareça paradoxal para os leitores do meu livro *Blitzscaling*, no qual falo desta regra contraintuitiva: "Ignore os seus clientes." O ponto em comum entre "engajar-se cara a cara com clientes apaixonados" e "ignorar os seus clientes" é este aqui: encontre os que representam a sua oportunidade de escala, concentre-se neles e ignore os demais. Gastar tempo e recursos preciosos atendendo às solicitações de consumidores barulhentos pode desviá-lo do trabalho que vai conquistar milhões de futuros clientes, todos fiéis e apaixonados.

Escala e a cabeça de iniciante

Brian Chesky não bate mais à porta dos anfitriões nem dorme no sofá deles. Atualmente, o Airbnb é uma empresa de capital aberto que pouco se assemelha à pequena startup com problemas de organização das histórias contadas aqui. Mas o trabalho artesanal continua sendo importante para Brian, que usa o contato próximo com anfitriões e clientes de longa data para obter informações sobre design e estratégia. Sempre que pensa em seguir uma direção ousada para um novo produto, instintivamente imagina a situação da perspectiva de um único usuário.

Por exemplo, quando conceberam pela primeira vez o Airbnb Trips – uma extensão do negócio principal para oferecer experiências completas com curadoria –, Brian e sua equipe iniciaram o trabalho planejando uma viagem de férias para um único cliente. Literalmente. Eles anunciaram na internet: "Procuramos um viajante. Vamos fotografar a sua viagem para São Francisco se nos deixar acompanhá-lo." Ricardo, de Londres, voluntariou-se de bom grado.

A viagem que Ricardo tinha organizado para si não era exatamente as férias dos sonhos. Ele visitou todos os pontos turísticos tradicionais, mas não deu nenhum passo além disso. "Foi a Alcatraz sozinho e colocou os fones de ouvido. Comeu no Bubba Gump Shrimp, uma rede popular de restaurantes. Ficou em um hotel simples, com diária de 300 dólares. Foi sozinho a um bar de hotel e se sentou ao lado de um bando de caras no balcão. E, por ser introvertido, não falava com ninguém."

Durante toda a viagem, "ou ele estava numa fila ou estava sozinho, sempre fazendo coisas que um morador de São Francisco jamais faria".

Tempos depois, o Airbnb entrou em contato de novo com Ricardo e fez a seguinte proposta: "Queremos organizar para você a viagem perfeita para São Francisco." Nesse meio-tempo, a equipe de Brian trabalhou com um artista de *storyboard* da Pixar para elaborar um roteiro, cena por cena, de como seria uma viagem transformadora. E aqui vale a pena conhecer o processo criativo de Brian. O que gera viagens transformadoras? Criar conexão... e sair da zona de conforto.

"Ao visitar uma cidade pela primeira vez, precisamos de um evento de boas-vindas nas primeiras 24 ou 48 horas para nos aproximar das pessoas.

Lá pelo segundo ou terceiro dia, tem que acontecer algum desafio que nos faça sair da nossa zona de conforto. Se isso não acontecer, não vamos nos lembrar da viagem", afirma Brian.

"Se conseguirmos sair *mesmo* da zona de conforto e algo novo acontecer, vem uma transformação – a pessoa que a gente *era* de certo modo morre, dando lugar a uma versão melhor de nós mesmos. Todos os filmes que já vimos seguem essa estrutura: o personagem principal começa em um mundo comum. Aí deixa esse mundo, cruza o limiar. É o que se chama a jornada do herói."

Quando Ricardo retornou a São Francisco, havia uma espécie de jornada do herói à espera dele. A equipe reservou uma estadia com um superanfitrião do Airbnb, convidou-o para jantares, reservou mesas em alguns dos melhores restaurantes da cidade e até o levou para um passeio misterioso de bicicleta à meia-noite.

No final, Brian se encontrou com Ricardo para saber como tinha sido a viagem. Quando terminaram a conversa, Ricardo estava aos prantos. "Foi a melhor viagem que já fiz", ele disse a Brian.

Sem dúvida, a viagem transformadora de Ricardo não é escalável. O Airbnb não poderia criar uma viagem personalizada para cada cliente. Mas as lições aprendidas com experimentos desse tipo definiram o modelo do Airbnb Trips, mostrando à equipe os elementos mais importantes a serem enfatizados. "Aplicamos isso ao Trips e passamos os últimos dois anos pensando em como escalar."

Brian está determinado a continuar redesenhando a experiência do Airbnb com testes em escala individual e posterior incorporação dos aprendizados em programas maiores. No entanto, à medida que a empresa cresce, fica cada vez mais difícil fazer coisas artesanalmente. Brian costuma dizer aos empreendedores que têm negócios menores, ainda em fase de desenvolvimento: "Sinto falta dessa época. Sim, é ótimo ter uma empresa com tração... mas os maiores saltos e as principais inovações acontecem quando somos pequenos."

Onboarding, usuário por usuário

Como cresceu em Perth, na Austrália, o primeiro trabalho de **Melanie Perkins** foi, literalmente, a síntese do fazer artesanal. Aos 15 anos, ela começou a tricotar cachecóis. "Eu os vendia em pequenas lojas de artigos femininos em Perth, minha cidade natal, que, por acaso, é a mais isolada do mundo. Eu ligava para as lojas, algo que me deixava extremamente ansiosa, para tentar vender os cachecóis que eu tinha feito à mão."

A mãe de Melanie sempre a havia incentivado a seguir o caminho do empreendedorismo. "Minha mãe tinha uma ótima teoria. Ela encorajou os três filhos a abrir o próprio negócio, bem pequeno. Apesar de não ganhar muito dinheiro, a primeira coisa que aprendi foi que era capaz de enfrentar algo muito assustador e me sair bem. E também que eu podia montar um negócio sozinha, e não apenas trabalhar para outra pessoa."

Melanie também estava aprendendo uma lição mais sutil sobre como posicionar um produto imperfeito. "Coloquei umas etiquetinhas de *feito à mão* [em todos os cachecóis], porque pensei que, com isso, seria mais fácil perdoarem um ou outro ponto irregular."

Os artigos feitos à mão têm o charme da imperfeição – que os japoneses muitas vezes chamam de "*wabi-sabi*". Nós os valorizamos por sua individualidade e humanidade. Ironicamente, o tipo de "trabalho artesanal" de que estamos falando aqui significa quase o oposto disso. Tem menos a ver com oferecer aos usuários um produto que apresenta vários defeitinhos charmosos e mais com trabalhar com eles, de forma personalizada, para identificar e aparar essas arestas, minimizando pequenos tropeços e arranhões que os atrapalham.

Foi exatamente isso que Melanie se propôs a fazer quando lançou o **Canva**, uma plataforma de design on-line. A inspiração veio do seu segundo emprego, durante a faculdade: ensinar outros alunos a usarem programas de design como o Photoshop. Ela ficou surpresa ao perceber que essas ferramentas eram pouco amigáveis para o usuário. "Mais que isso, são complicadas mesmo", comenta Melanie. "A turma levava um semestre inteiro para aprender o básico do básico sobre como usar o software. Era necessário um número absurdo de cliques para fazer as coisas mais simples."

Então, Melanie se perguntou: *Por que é tão complicado criar um design? Por que as pessoas precisam estudar durante tanto tempo para conseguir fazer o básico?* O Facebook estava ganhando popularidade na época, e o contraste entre ele e as ferramentas de design era gritante. "As pessoas acessavam o Facebook e começavam a usá-lo na mesma hora, sem ter que passar por um longo período de aprendizado. A gente queria essa mesma simplicidade aplicada ao design, tornando-o acessível a todos, e não só a quem podia pagar ou tinha formação específica na área", diz ela.

Melanie conseguia vislumbrar o caminho para que essa ideia virasse uma empresa. "Bolei um grande plano de como enfrentar o universo do design e integrá-lo em uma página de modo que se tornasse acessível ao mundo inteiro. Mas, naquela época, eu tinha 19 anos e pouquíssima experiência em negócios além dos meus cachecóis."

Melanie e o sócio, Cliff Obrecht, lançaram a primeira empresa deles, a Fusion Books, que acabou se transformando no Canva. O objetivo das ferramentas on-line do Canva é criar um design digital atraente, que possa ser compartilhado e fácil de fazer, tão fácil quanto arrastar e soltar. Desde o início eles se empenharam em garantir pessoalmente que todo mundo conseguisse usar o produto com facilidade. *Todo mundo mesmo.*

"Sempre que uma nova conta era aberta, eu ou Cliff ligávamos para o cliente e dávamos um tutorial", diz Melanie. "Falamos com milhares de pessoas e com isso nos aprofundamos nas necessidades delas, nas questões que tinham, no botão que não tinha feito muito sentido quando bateram o olho nele pela primeira vez."

Eles testaram cada ferramenta e cada ação de clicar e arrastar enquanto observavam os erros dos usuários durante o *onboarding*. Encararam todos os grandes desafios de usabilidade que surgiram e, em seguida, outro obstáculo de *onboarding*: a timidez criativa.

"As pessoas ouviram a vida toda que não eram criativas, que não tinham 'o design correndo nas veias'. Quando acessaram a ferramenta, elas ficaram com medo de usá-la", diz Melanie.

Qual foi a resposta para isso? Transformar o *user onboarding* do Canva em um jogo. "Alguns minutos após o primeiro contato com o produto, as pessoas já estavam se divertindo, com vontade de brincar e confiantes de que realmente seriam capazes de usá-lo. Depois, o que é muito importante, elas o compartilhavam."

Essa abordagem lúdica revolucionou a experiência do desenvolvimento para os usuários do Canva, mas Melanie e Cliff só aprenderam quais partes precisavam de mais clareza ou de um toque de extravagância observando usuários individuais enfrentarem dificuldades, fazerem esforços e, por fim, conseguirem usá-lo. Ao aparar as arestas da experiência do usuário de modo individual, eles removeram qualquer atrito que pudesse impedir os internautas de testar, usar e compartilhar o serviço.

Deu certo. Hoje, a plataforma de design on-line atrai 50 milhões de usuários ativos por mês e nela já foram criados mais de 3 bilhões de designs – ou seja, 80 novos designs por segundo.

Crie a sua constituição

Se você já compartilhou uma foto, seguiu alguém em uma rede social ou escreveu a hashtag #selfie, significa que Caterina Fake moldou parte da sua vida.

Cofundadora do Flickr, a primeira plataforma de compartilhamento de fotos, Caterina foi pioneira em muitos dos recursos que mais tarde se tornaram convenções. Ela é tipo o Noé da mídia social: já estava lá um pouco antes do dilúvio. Além de ter sido rápida em anunciar muito do que as mídias sociais se tornaram, ela percebeu desde cedo, bem antes de o Flickr escalar, que o que sua empresa fez nos primórdios *gerou* boa parte do que se seguiu.

Na opinião de Caterina, os fundadores de empresas estão criando a sua própria civilização. Eles precisam definir as regras e os padrões que desejam promover – não apenas dentro da empresa, mas em toda a comunidade de clientes e usuários.

Como diz Caterina: "Você é o criador da sua própria constituição."

E essa constituição é escrita na fase *anterior* à escala.

Não se trata de redigir normas jurídicas em pergaminho, mas de expressá-las por meio de pequenas ações cotidianas por parte dos fundadores da empresa. Na fase inicial do Flickr, por exemplo, Caterina se ofereceu para cumprimentar todos os novos usuários da plataforma pessoalmente.

"O Flickr era uma comunidade na internet, e todos nós participávamos", conta. Mas, como líder, "você é a pessoa que dá o exemplo quanto aos valores, sejam quais forem os costumes da plataforma e da comunidade. Por exemplo: 'Nós dizemos isso e não dizemos aquilo.' Ou: 'Por aqui, temos o hábito de cumprimentar as pessoas.'"

A pequena equipe da startup era composta por apenas meia dúzia de profissionais que postavam 50 vezes por dia cada um, para se comunicar de forma direta com os primeiros usuários. Muitos fundadores de sucesso têm histórias semelhantes de contato pessoal intenso com os clientes durante a etapa de pré-escala – eles contam que recebiam ligações no celular pessoal, a qualquer hora do dia ou da noite. É trabalhoso (e, às vezes, pode atrapalhar a vida pessoal), mas também é uma vantagem importante das startups em relação a empresas maiores, que muitas vezes tentam automatizar o contato com os clientes.

Além disso, se você usar esse contato inicial para estabelecer certo tipo de relacionamento e um código de conduta com os primeiros 100 usuários, isso vai se propagar para os próximos 500, 5 mil e, depois, 500 mil usuários.

Como o criador do seu novo mundo, você pode ser desafiado e testado desde o começo. Aconteceu com Caterina e o Flickr. Como ocorre com muitos sites e serviços, o Flickr atraiu instantaneamente uma comunidade global, com usuários de diversas culturas, idiomas e expectativas, os quais nem sempre estavam alinhados com o produto. Por exemplo, muitos dos primeiros usuários do Flickr eram dos Emirados Árabes Unidos, um país predominantemente islâmico onde a norma são trajes bastante conservadores. Ao mesmo tempo, o Flickr estava abarrotado de imagens da estrela do pop Britney Spears, conhecida na época pelas roupas reveladoras e a barriga de fora. "Eram duas coisas incompatíveis", diz Caterina.

Quando surgiram reclamações sobre as fotos de Britney, o Flickr precisou tomar uma decisão, e isso lhe custou a perda de um número significativo de membros.

"Ficamos do lado da barriga de fora. Talvez essa questão pareça trivial, mas decisões como essas são a essência da comunidade. Não que a opinião de uma pessoa ou a de outra seja a correta. Mas é preciso conhecer os valores da empresa e decidir", diz Caterina.

Ela observa ainda que "quem não está em conflito com as decisões vive sob uma falsa neutralidade". Talvez isso signifique que os usuários mais radicais vão acabar tomando a decisão por você.

Hoje, essa falta de clareza continua sendo um problema para as plataformas de mídia social. "Elas não sabem quem são. Não têm crenças nem uma bússola moral definida."

A fase de pré-escala é a hora para descobrir tudo isso. Não existe um site ou plataforma que possa controlar 100% das ações dos usuários – sobretudo quando se opera na casa dos milhões ou bilhões. Alguns deles vão sair do controle. Mas esse é mais um motivo para se instalar grades de proteção, antes que seja tarde demais. Como diz Caterina – citando Heather Champ, que também trabalhou no Flickr: **"Você é o que você tolera."**

O conto do artesão

É difícil encontrar outro fundador cuja história comece deste jeito: "Eu queria que os meus alunos lessem *Uma casa na campina*."

Foi assim com **Charles Best**. O salário como professor do ensino fundamental no Bronx mal dava para o básico, quanto mais para livros. Ele conta: "Eu ia numa loja da Staples... tipo às cinco da manhã, todos os dias, e tirava uma xerox do trecho de *Uma casa na campina* para aquele dia e distribuía a todos os meus alunos."

Assim como vários professores comprometidos, Charles e seus colegas de trabalho estavam acostumados a tirar dinheiro do próprio bolso para fazer cópias e comprar material escolar – lápis, giz de cera, cartolina. Todos desejavam algo melhor para os seus alunos, e a lista era longa – coisas que são praxe em escolas de bairros ricos, mas que eram inalcançáveis no Bronx: "Minha colega queria levar a turma para fazer uma excursão no Museu de Arte Moderna. A professora de arte queria fazer com os alunos uma colcha que cobrisse toda a parede e, para isso, precisava de tecido, linha e agulhas de costura."

Numa manhã de 2000, bem cedinho, enquanto fazia fotocópias na Staples, Charles pensou: *Tudo bem, vou colocar a mão na massa e desenvolver um site para professores publicarem desejos para as suas turmas e doadores escolherem os projetos que querem apoiar.*

Assim nasceu a ideia do **DonorsChoose**. Foi o primeiro site a apoiar o que hoje chamamos de "financiamento coletivo" e funcionava da seguinte forma: todos os professores de escola pública podiam sugerir um projeto de classe para receber doações. Charles e sua equipe examinavam e aprovavam os projetos e, em seguida, publicavam as propostas no site para que os usuários as conhecessem e fizessem uma doação. Em vez de apenas enviar o valor para o professor, o DonorsChoose comprava os materiais ou pagava aos fornecedores e, então, entregava diretamente os materiais aos destinatários. "Mesmo que seja uma excursão, pagamos o museu e a empresa de ônibus para levá-los ao museu", explica.

Esse processo demanda muito trabalho, mas Charles acreditava que era fundamental para reforçar a integridade do site. Ele mostraria aos doadores exatamente para onde cada centavo iria e fortaleceria a confiança ao lhes enviar agradecimentos escritos à mão pelas crianças e um relatório financeiro completo.

Mas, primeiro, Charles tinha que encontrar doadores... e projetos. Para ter conteúdo no site antes do lançamento, ele pediu aos professores da escola onde trabalhava que incluíssem projetos para as suas próprias turmas. E fez algo que, sem dúvida, não escalou: ele os subornou.

"Minha mãe fazia uma sobremesa famosa com peras assadas", conta Charles. "Aí eu pedi a ela que preparasse 11 porções e as levei para o refeitório dos professores. Quando os meus colegas estavam prontos para atacá-las, falei: 'Calma aí, tem um pedágio. Quem comer vai ter que acessar um site novo chamado DonorsChoose e propor o projeto que sempre quis fazer com os alunos.' Eles devoraram o doce e, depois, publicaram os primeiros 11 projetos do nosso site."

O passo seguinte era encontrar doadores para financiá-los. Charles acabou bancando ele mesmo a maior parte da primeira leva, anonimamente ("Pude fazer isso porque morava com os meus pais e eles não me cobravam aluguel", diz).

Para que fique claro, autofinanciar o seu crescimento é algo que jamais vai escalar. Mas esse ato de generosidade no começo foi uma manobra engenhosa. Os colegas de Charles presumiram que havia doadores navegando pelo site, à espera de realizar os sonhos dos professores em sala de aula. Esse boato se espalhou pelo Bronx, levando os professores a publicar centenas de projetos.

Porém, com a chegada de mais professores ao site, Charles precisava de doadores *de verdade*. Para ajudá-lo, um grupo de alunos se ofereceu para dedicar um tempo depois das aulas, todos os dias, e escrever cartas para 2 mil possíveis doadores. "Acho que eles enxergaram que esse experimento tinha potencial de enriquecer a vida deles. E acho que ficaram com pena de mim", admite.

As cartas dos alunos vinham com um pedido modesto, porém específico: "Doe 10 dólares e vire um herói da sala de aula!" O professor e os alunos organizavam a correspondência e, depois, levavam esses lotes de cartas para o correio, torcendo para que a estratégia desse certo.

Todo esse esforço valeu a pena. Após os primeiros 30 mil dólares, a parte dos doadores estava em pleno funcionamento.

Em 2003, um artigo curto na *Newsweek* chamou a atenção dos produtores de Oprah Winfrey. Quando deu destaque ao DonorsChoose, "ela derrubou o site", conta Charles – e não se trata de uma reclamação. Isso os colocou no caminho certo para a escala.

Depois que o servidor caiu graças ao efeito Oprah, as coisas ficaram realmente interessantes. Conforme o DonorsChoose crescia, Charles optou repetidas vezes por manter os toques pessoais que o diferenciavam. A escala aconteceu não só apesar dos métodos de alta qualidade, mas também *por causa* deles.

Veja o exemplo da estratégia trabalhosa de Charles para comprar e distribuir todos os materiais para os projetos escolares. "Na fase inicial, enviamos para cada professor uma câmera descartável para tirarem fotos do projeto sendo realizado e um envelope selado para nos mandarem as cartas dos alunos. Os primeiros financiadores ficaram sabendo desse modelo e pensaram: *Isso é insano, ineficiente, impossível de escalar*", conta Charles.

Mas ele não queria fazer concessões quanto à integridade do sistema. Portanto, "durante a nossa primeira década de existência, analisamos todos esses fragmentos que representavam nossa garantia de integridade e tentamos torná-los escaláveis".

Uma grande contribuição foi a verificação prévia de todos os projetos do DonorsChoose. No início, a organização sem fins lucrativos pagava a estudantes universitários para revisar cada solicitação de projeto. Conforme a instituição crescia, Charles notou que precisava de um método mais econômico de fazer isso.

Se antes recorria aos alunos em busca de ajuda, dessa vez ele resolveu abordar os professores: pediu aos que tinham mais de 20 projetos financiados por meio do site que retribuíssem como voluntários na triagem das novas solicitações. Foi uma ideia genial. Fora o custo mais baixo, "descobrimos que os professores eram mais rigorosos e muito mais ágeis nessa tarefa", diz ele.

Charles admite que sempre foi difícil para o DonorsChoose escalar um dos aspectos mais valorizados e artesanais da experiência do doador: as cartas de agradecimento dos alunos. Simplesmente não há como substituir a emoção de se receber uma carta escrita à mão por uma criança.

Portanto, embora o DonorsChoose tenha se tornado um fenômeno global nas últimas duas décadas, a organização continua a estimular com orgulho algumas ações não escaláveis – como as cartas. Elas ainda são escritas, uma a uma, pelos alunos. E todas passam pelo escritório de Charles antes de chegarem aos doadores. "Isso faz a minha sala parecer a oficina do Papai Noel, pois tem sacos de estopa cheios de cartas espalhados por toda parte", diz, em tom de brincadeira.

É difícil imaginar sacos de estopa como ingrediente para qualquer coisa escalável. Mas as mensagens manuscritas, em particular, revelaram-se um golpe de mestre. Elas fortaleceram o vínculo entre as crianças e os doadores – de um modo que é difícil mensurar.

É como afirma o membro do conselho Stephen Colbert: "O conceito do DonorsChoose coloca o doador e as pessoas que ele está ajudando em contato direto. Isso é muito poderoso." Em especial, foram as cartas manuscritas que fizeram Stephen passar de apoiador pontual para um integrante comprometido do conselho. "As cartas das crianças e dos professores tornaram tudo muito real para mim. Eu não queria que isso acabasse."

Muitos líderes que almejam impacto e crescimento têm dificuldade com essa mentalidade do fazer artesanal... Em geral, carregam uma lista de objeções para justificar por que o processo não vai funcionar, tampouco escalar ou se tornar operacional. Mas os fundadores mais inteligentes jamais abandonam por completo essa mentalidade que demanda muito trabalho e mão na massa – ao menos em áreas específicas –, não importa o tamanho alcançado pela empresa.

Dormindo com o "animigo"

Quando lançou uma startup de compartilhamento de música pela internet, o **Spotify**, **Daniel Ek** não antecipou que haveria noites como estas: "Dormi na porta de salas de reunião, esperando que um executivo aparecesse. Dormi em espeluncas de 30 dólares a noite, daquelas em que o papel de parede descasca na nossa cabeça e tem coisas esquisitas no banheiro", conta Daniel. "Não foi uma fase muito agradável."

Nessa época, a pirataria desenfreada de músicas tinha arrasado a indústria fonográfica sueca, que perdera 80% de sua fonte de receita. Então Daniel fez uma jogada ousada. Procurou diretamente os principais executivos desse setor com uma oferta irrecusável: "Garanto a vocês o equivalente a um ano de receita se autorizarem esse modelo de negócios."

As gravadoras estavam sendo atacadas por todos os lados por serviços de download de música, como Kazaa, BitTorrent e Pirate Bay – e o Spotify, com assinaturas gratuitas, era visto como só mais uma ameaça on-line. Assim, Daniel reduzia o risco do negócio para a indústria fonográfica, mesmo que isso implicasse uma perda enorme a curto prazo para o Spotify.

Ações desse tipo inspiram confiança – e Daniel sabia que precisava fazer isso por entender que a empresa dele não seria bem-sucedida sem o apoio da indústria fonográfica. E também compreendia que "fazer coisas que não escalam" significa tanto construir relações e parcerias cruciais no começo quanto desenvolver um produto melhor.

Aos poucos, o "experimento sueco" de Daniel provou que a indústria fonográfica e o Spotify podiam coexistir. E isso não só começou a conquistar a confiança de gravadoras em outros mercados, como também chamou a atenção de investidores – eles enxergaram a possibilidade de investir em uma empresa de música na internet que não abrigasse um bando de criminosos e logo decidiram apoiar o Spotify.

Mas Daniel ainda não estava a salvo. Para atingir o nível de escala que imaginava, ele sabia que era necessário consolidar a relação da empresa com os "guardiões" do setor, e não só na Suécia. Por isso, mais uma vez, investiu em um toque pessoal. Determinado a se reunir com os principais tomadores de decisão das gravadoras para compartilhar os resultados do experimento sueco e conquistar a adesão deles, Daniel ia aonde fosse necessário – mesmo que do outro lado do mundo – para estar na sala certa.

Tirar esse tempo para se familiarizar com os líderes da indústria fonográfica valeu a pena. "É uma comunidade com pessoas que se conhecem há 20 anos", explica ele. "De forma gradual, comecei a ser incluído nas conversas – e foi aí que começaram a me aceitar."

Muitas das coisas que Daniel fez – cobrir a receita para as gravadoras, investir tempo precioso indo a reuniões em outros países, ter editores para organizar playlists manualmente – não eram escaláveis. Mas elas construíram relações no início, estabeleceram confiança e geraram uma vantagem competitiva que lhe possibilitou escalar mais adiante – algo que, sem dúvida, o Spotify alcançou, com 345 milhões de usuários ativos e mais de 2,5 bilhões de dólares em financiamento de risco.

Enquanto Daniel Ek precisava ganhar a confiança de um setor antiquado que o via como ameaça, **Anne Wojcicki**, fundadora da empresa de teste e análise de DNA **23andMe**, deparou com obstáculos ainda mais impressionantes ao abrir um negócio. Ela precisou enfrentar um sistema de saúde cristalizado, *além* das agências governamentais dos Estados Unidos que o regulamentam.

A grande ideia de Anne nasceu da crença apaixonada de que as pessoas têm o direito de saber mais sobre a sua história genética – e assim, com essas informações, tomar decisões fundamentadas sobre a própria saúde.

Mas essa vocação nobre não facilitou a venda do seu produto inusitado: um kit caseiro de teste de DNA. "Lançamos a empresa e vendemos mil kits nos dois primeiros dias", conta Anne. "Aí vimos que o ritmo diminuiu para 10 a 20 kits por dia. Foi triste. Na época, as pessoas diziam: 'Meu plano de saúde não pagaria por isso? Por que eu vou pagar? O que *eu* faria com os resultados?'"

Conforme os fundadores da 23andMe lidavam com o problema de alcançar os consumidores, a equipe de marketing de Anne sugeriu um redirecionamento da comunicação. Em vez de dar foco nas informações sobre saúde, a 23andMe começou a enfatizar as alegrias de conhecer e compartilhar a sua ancestralidade. Bingo! Os clientes receberam bem a ideia de se aproximar das suas raízes. E saber mais sobre sua saúde, bom, era um bônus interessante.

O obstáculo seguinte foi a reação inesperada dos médicos. De repente, os pacientes faziam perguntas como esta no consultório: "Olha só o que descobri sobre os riscos à minha saúde com esse teste de DNA. O que devo fazer?" Os profissionais estavam acostumados a serem os donos desse tipo de informação. Portanto, a 23andMe iniciou um esforço contínuo para convencê-los de que era algo positivo os pacientes fazerem mais perguntas sobre a saúde, de maneira proativa.

O maior desafio da 23andMe, no entanto, era lidar com órgãos reguladores estaduais e federais. Particularmente desafiador foi lidar com a Food and Drug Administration (FDA), dos Estados Unidos. Anne e sua equipe se reuniram com a FDA desde o começo, mas, como a 23andMe era a primeira empresa nesse ramo, os reguladores governamentais não sabiam como classificá-la. (Uma observação para os leitores: de vez em quando, inovar e inaugurar um campo faz do seu negócio uma *grande* fonte de irritação para as agências reguladoras.)

Primeiro, a FDA classificou os testes genéticos como "dispositivos médicos" e exigiu a aprovação federal. Mais tarde, uma nova equipe de reguladores da agência enviou uma carta de suspensão e desistência para a 23andMe, alegando que a empresa oferecia aconselhamento médico e, portanto, era um "produto de assistência médica". Anne ficou frustrada: "Foi a primeira vez que passei pela experiência de ter um problema sem solução. Precisei mudar de mentalidade mesmo."

Como estava acuada, a primeira reação instintiva de Anne foi... *lutar*. Esta era a lógica dela: "Eu represento o consumidor, e neste caso o consumidor tem como argumento a liberdade de expressão. A informação é *do consumidor*."

Foi então que Anne teve uma revelação, desencadeada por um encontro com um dos reguladores que ela se preparava para enfrentar. "Um funcionário sensato veio me perguntar: 'O que você quer fazer? Se quer mesmo mudar o sistema de saúde, basta se sentar com a FDA e fazer o trabalho pesado. Pode levar anos e você tem que estar preparada. Ao fim do processo você terá, de fato, mudado a sociedade. Mas precisa saber se pode se comprometer com isso.'"

Ao que Anne respondeu: "Não estou com pressa. O que mais eu tenho que fazer? Estou comprometida."

Anne e a equipe da 23andMe resolveram desacelerar o lançamento de novos produtos. Em geral, essa é a última coisa que um empreendedor deve fazer ao criar seu negócio. Mas, no caso da 23andMe, ninguém mais iria se precipitar e conquistar participação no mercado – a FDA era uma barreira complicada e alguém teria que superá-la primeiro. Anne decidiu que seria ela.

Embora trabalhar com a agência tenha se mostrado um processo lento e às vezes penoso, foi isso que estabeleceu a confiança que possibilitaria o crescimento da 23andMe a longo prazo. "Nosso trabalho com a FDA mudou muito a empresa", diz Anne. "Nossos engenheiros, o modo de desenvolvermos e fazermos o controle de qualidade... o processo agora é bem diferente. Tivemos que provar à FDA que o produto tem resultados precisos, e sempre soubemos disso." Como também precisava convencer a FDA de que fornecia aos consumidores as informações necessárias para que eles pudessem entender, na íntegra, os resultados dos testes de DNA, a empresa contratou um consultor de regulamentação somente para orientá-la durante esse longo processo.

As negociações para solucionar as questões com a FDA já acontecem há anos – e ainda estão em andamento. Nesse meio-tempo, porém, a 23andMe aumentou de modo constante sua base de clientes e, em paralelo, ajuda a FDA a compreender o valor e os benefícios de se permitir que mais pessoas façam testes genéticos. "Tinha dias em que eu precisava apontar para um objeto brilhante no futuro e dizer para o meu pessoal: 'Temos uma visão'", comenta Anne. "Meu objetivo final é dizer que tornei as pessoas mais saudáveis. E realmente acho que estamos só no começo."

ANÁLISE DO REID — Como inspirar confiança rapidamente

Em geral, os empreendedores precisam conquistar muita confiança em pouco tempo – de sócios, investidores, clientes e colegas. E a primeira coisa que você precisa entender é que "confiança em pouco tempo" é quase um paradoxo. O mais comum é a confiança ser estabelecida ao longo de uma relação duradoura. Na verdade, a minha definição favorita (cortesia de Jeff Weiner) é: Confiança = Consistência ao Longo do Tempo.

Quando somos muito consistentes em cumprir as nossas promessas – fazendo isso repetidas vezes para estabelecer um padrão –, geramos confiança. Essa consistência permite que digam: "Tudo bem, confiamos em você. Sabemos que vai fazer o que disse. Sabemos que vai dar certo."

Mas, como empresários, muitas vezes não temos tempo. Então precisamos encontrar atalhos – ou pontes. E conheço três excelentes.

Uma ponte eficaz para a confiança é: faça com que alguém em quem as pessoas já confiam o endosse ou seja o articulador da sua proposta de valor. Essa é a confiança por intermediação. Assim, as pessoas dirão: "Bom, eu confio em Fulano, e, se ele endossa ou concorda com isso, quer dizer que é algo digno de confiança."

Uma segunda ponte possível é estabelecer uma garantia ou um compromisso considerável e custoso – como fez Daniel Ek ao priorizar os interesses financeiros da indústria fonográfica para induzi-la a experimentar o Spotify. Esse tipo de compromisso deve demonstrar que você está de fato arriscando alguma coisa... pois não apenas arriscou sua própria pele e colocou os interesses do outro à frente dos seus, como também tem muito a perder se os decepcionar: "Se houver uma quebra de confiança, vamos lhe pagar X dólares ou doar Y dólares para caridade."

Uma terceira ponte deve ser radicalmente transparente. Você pode compartilhar todo o seu código. Ou publicar na internet cada movimento feito pela empresa para todos os seus clientes e qualquer internauta acessar. Ou se oferecer para fazer uma interação do tipo "Me faça qualquer pergunta" e responder.

Quando precisamos inspirar confiança de maneira rápida, essas três pontes são essenciais e podem funcionar mesmo em circunstâncias delicadas. Mas construí-las não é fácil nem acontece da noite para o dia. Não se esqueça: pontes duradouras devem ser construídas de ambos os lados.

TEORIAS DO REID SOBRE FAZER COISAS QUE NÃO ESCALAM

Concentre-se em um pequeno grupo
Quando você está construindo a sua empresa, é mais importante haver 100 pessoas que *adoram* o seu produto do que 1 milhão que gosta mais ou menos dele.

Planeje voos mais altos (enquanto ainda pode)
Aproveite a fase inicial para ter ideias incríveis e melhorar a experiência do cliente.

Vá para a trincheira
O momento antes de escalar é o ideal para entrar em contato direto com os seus clientes e fazer o que for necessário para desenvolver essa relação.

Ganhe o coração deles, um por um
Ao personalizar e dar um toque pessoal a tudo o que faz, você aproveita a fase inicial para estabelecer uma forte conexão com os seus usuários ou clientes.

Durma com o "animigo"
Reserve um tempo para se dedicar e conquistar a confiança dos guardiões do seu setor e de outros aliados improváveis.

Estabeleça os padrões
Esta é a hora de colocar grades de proteção e moldar comportamentos que vão definir o novo mundo que você está criando.

3

Qual é a grande ideia?

*"Às vezes, a melhor época para abrir um
negócio é quando estamos falidos."*

Esse não é necessariamente o conselho que associamos a **Mark Cuban**, investidor do *Shark Tank* e dono do time de basquete Dallas Mavericks, um bilionário que conquistou fortuna sozinho e atualmente assessora o governo americano em algumas ocasiões. Porém, no início dos anos 1980, ele estava falido. Mesmo.

Mark era recém-formado, dividia o apartamento com cinco colegas em Dallas, usava ternos do tipo "leve dois por 99 dólares" e só estava tentando encontrar o seu caminho.

Ele adorava vender, aprender e, acima de tudo, quem sabe, discutir ideias de negócios. Trabalhava como vendedor em uma loja de softwares e era um dos únicos funcionários que sabia programar – e que de fato lia os manuais dos produtos que oferecia aos clientes.

Um dia, teve uma ideia para melhorar as vendas e estava certo de que o chefe iria adorar. A resposta foi não. Mark a pôs em prática mesmo assim, e deu certo. E aí foi demitido. Talvez outra pessoa em seu lugar começasse a procurar uma nova empresa para trabalhar, mas Mark resolveu pesquisar qual ele *abriria*. (Até hoje, Mark descreve esse chefe como um "mentor negativo", por ter aprendido muito com ele sobre o que *não* fazer.)

Em retrospecto, parece que o timing foi perfeito para ele.

"Quando estamos acuados, falidos, precisando inventar alguma coisa, não temos nada a perder", diz ele hoje. "Se tentar e não der certo, você volta à estaca zero. Não terá perdido nada... então por que não tentar?"

Mark começou a caçar a grande ideia na qual a sua empresa iria se basear. Não estava buscando uma do tamanho do Dallas Mavericks ou do Broadcast.com. Tampouco um negócio que pudesse ser selecionado pelo *Shark Tank*, caso o programa existisse naquela época. Só estava atrás de uma ideia para conseguir pagar o aluguel. E se perguntou: *O que eu sei? Quem eu conheço?* Inúmeras leituras e conversas com antigos clientes o encaminharam para uma grande ideia bem definida: redes de computadores. Os PCs haviam acabado de chegar aos escritórios e Mark sabia que os donos de empresas teriam duas demandas: primeiro, conectar todos os computadores da companhia para compartilhar arquivos e mensagens; depois, conectar essa rede com o mundo externo para fazer coisas como substituir ordens de compra em papel.

Sua empresa, a MicroSolutions, foi concebida a partir dessas duas ideias afins. E impulsionada por algo que Mark já havia aprendido sobre si: "Gosto de ser o primeiro."

Ele relata: "Fomos um dos primeiros a integrar redes locais e a desenvolver software para redes com múltiplos usuários e de longa distância. Criei o primeiro sistema de ordem de compra usado pelo Walmart, a primeira integração de vídeo adotada pelo Zales Jewelers, porque eu conhecia todas essas coisas."

É claro que ser o primeiro a ter uma boa ideia não basta para conduzir um negócio. Na verdade, isso pode tornar a ladeira mais íngreme, dada a grande quantidade de incógnitas. Para enfrentar o terreno desconhecido, Mark sabia que precisava da equipe certa – senão, sua ideia altamente técnica, que demandava atendimento personalizado e muito trabalho, morreria na praia. E a primeira coisa que precisava fazer era buscar pessoas que tivessem as habilidades que lhe faltavam. Ele sabia que ter garra não era suficiente.

"A gente quer ter uma visão e receber aquele empurrão, certo? Quer ser incansável. Mas também precisa ter muita autoconsciência. E essa foi uma das coisas que tive a sorte de perceber desde cedo." Mark escolheu um cofundador – e foi a *essa pessoa* que ele nomeou CEO.

"Não sou exatamente uma pessoa organizada", confessa Mark. Ele é um líder do tipo "mesa bagunçada", dado a seguir a intuição e a tomar decisões com rapidez. E precisava complementar as suas habilidades com outras que não possuía. "Todos os meus sócios e os primeiros contratados sempre foram incrivelmente meticulosos e detalhistas. Porque sou do tipo 'atire, depois pense' – e preciso de uma pessoa 'pense, depois atire', que estabeleça uma parceria comigo e complemente as minhas habilidades. É preciso ser brutalmente honesto", conta.

Mark e seus cofundadores ajudaram a abrir caminho para a primeira onda de redes de PC. E foi assim que o vendedor que tinha acabado de ser demitido e vestia ternos de 50 dólares gerou 30 milhões de dólares em vendas anuais em apenas sete anos. A MicroSolutions foi adquirida pela CompuServe no início da década de 1990 e, com o que recebeu, Mark poderia ter se aposentado aos 30 anos. (Ele chegou a parar, mas, como sabemos hoje, foi só por um tempo.)

Muito antes de Mark fundar e vender o Broadcast.com e de se tornar um investidor célebre no horário nobre da TV, ele já tinha uma mentalidade empreendedora – não apenas para os negócios, mas também para encontrar grandes ideias e fazê-las dar certo.

E, como podemos ver na história dele, você não precisa de nenhum dos ingredientes tradicionais para fazer uma grande ideia virar um sucesso. Não precisa de um MBA nem de acesso a capital. E, definitivamente, não precisa de um insight genial. Só da mentalidade certa.

Você precisa de *curiosidade* – assim, sempre vai se perguntar: *Será que isso pode funcionar? Será que pode virar um negócio? Será que é ela, a ideia?*

Você precisa ter um pendor *para a ação* – assim, quando identificar uma ideia com potencial, irá adiante com ela.

Você precisa ser *colaborativo* – aproveitar as ideias e os pontos fortes de outras pessoas para melhorar a sua proposta e concretizá-la.

E, por fim, você precisa de *garra* – para persistir após os inevitáveis fracassos ao longo do caminho. E eles vão acontecer.

"Todos nós já tivemos fracassos. Mesmo quando você faz tudo que precisa fazer, ainda assim comete erros", diz Mark. "O que digo às pessoas é que **não importa a quantidade de fracassos, a gente só precisa estar certo uma vez**. Apenas uma vez. Aí vão falar que somos um sucesso instantâneo... que demos 'sorte'."

> **ANÁLISE DO REID**
>
> **O mito do insight genial**
>
> Existe um mito difundido entre os empreendedores sobre o insight genial, quando a pessoa tem um momento de iluminação do qual resulta uma grande ideia. Essa ideia cai do céu, no colo daquela pessoa, que vira bilionária no dia seguinte.
>
> É muito raro isso acontecer.
>
> O mais provável é que os empreendedores de maior sucesso já estivessem atentos. Eles almejam grandes ideias e as rastreiam. Procuram pistas. Colocam-se em situações que lhes deem grande probabilidade de ter uma inspiração. Muitas vezes, cercam-se de uma equipe que ajuda a trazer essas ideias à tona. Estão a todo instante em busca de oportunidades e insights que possam vir de sua rede de contatos. Para achar uma grande ideia, é preciso procurar ativamente.
>
> É preciso ser capaz, ainda, de sair de becos sem saída e abandonar falsas descobertas. Mostrar persistência e determinação inabaláveis para superar os fracassos, os contratempos e os céticos inevitáveis e usar sua rede para encontrar ideias e soluções (e também para evitar erros fatais e caros).
>
> Os grandes empreendedores sabem: **nem toda ideia vai dar certo**. No entanto, mesmo que a primeira não decole, talvez ela leve você para mais perto da sua próxima grande ideia.

Neste capítulo, você vai ler histórias drasticamente diferentes sobre como grandes criadores de negócios encontraram suas grandes ideias. E verá que, por trás de todas as empresas que já admirou, existe uma jornada do herói. Os detalhes podem variar, mas o enredo é o mesmo. Começa com uma faísca – uma ideia! –, sempre seguida por trabalho interminável, contratempos dramáticos, presenças mágicas que chegam para ajudar na hora certa e inovação que leva à escala.

Mas sempre começa com aquela ideia. E com alguém no lugar certo, na hora certa, com a mentalidade certa para trazê-la ao mundo.

A ideia que você busca

Sara Blakely estava tendo um dia ruim. Daquele tipo que nos faz questionar tudo. Ela tinha 26 anos e ganhava a vida vendendo aparelhos de fax de porta em porta. Durante uma visita não solicitada naquele dia, foi escoltada para fora de um prédio: "Rasgaram o cartão de visita na minha cara."

"Teve um momento em que parei no acostamento e pensei: *Estou no filme errado. Esta não é a minha vida.*" Bem ali, no acostamento, o desespero de Sara trouxe clareza sobre o seu propósito. Ela foi para casa naquela noite e escreveu no diário: "Quero inventar um produto que eu consiga vender para milhões de pessoas e que gere bem-estar." Em outras palavras: "Pedi ao universo para me dar uma ideia que eu pudesse trazer ao mundo."

Pessoas diferentes têm maneiras diversas de expressar como as ideias surgiram para elas. Sara dirá que fez um pedido ao universo e recebeu uma resposta. Podemos constatar que ela continuou se fazendo as mesmas perguntas interessantes, sendo que a primeira foi: *Esta é a minha grande ideia?* Era inevitável que um dia a resposta fosse "sim".

E esse dia – ou noite – chegou quando ela se aprontava para ir a uma festa. "Eu queria usar uma calça de cor clara naquela noite e todas as minhas roupas de baixo ficavam marcando", conta. Então decidiu resolver o problema sozinha: "Peguei uma meia-calça com cinta modeladora e cortei a parte dos pés para poder usá-la por baixo da calça e, ao mesmo tempo, calçar uma sandália de tiras e salto alto. Funcionou que foi uma maravilha – a não ser pelas pontas, que ficaram enrolando nos tornozelos a festa inteira."

Ela complementa: "Cheguei em casa naquela noite e pensei: *Isso precisa existir para facilitar a vida das mulheres.*"

Sara pronunciou as três palavras que brilham como um letreiro de néon piscando sobre uma grande ideia *de verdade*: "Isso. Precisa. Existir." Elas são uma pista de que você esbarrou em algo com bastante potencial. Caso perceba, como consumidor, que precisa daquilo e consiga imaginar uma multidão de pessoas concordando com isso, de modo enfático e encorajador, talvez essa seja a sua ideia.

Sara passou anos esquadrinhando o horizonte em busca desse letreiro de néon que indicasse a grande ideia dela. Quando o viu, seguiu a placa.

E vale a pena perguntar: quantas outras mulheres já mutilaram a meia-calça exatamente do mesmo jeito? Ao que parece, a resposta é: um monte.

"Sempre encontro mulheres que há anos cortam os pés da meia-calça para tentar resolver problemas com as roupas íntimas. Elas costumam dizer: 'Por que eu não criei a Spanx?' E realmente acho que é porque eu estava buscando isso, com a cabeça preparada para ir atrás de qualquer ideia que se apresentasse."

Para uma ideia virar um negócio, é preciso estar preparado para executá-la. E Sara estava. As demais mulheres que tiveram a mesma ideia simplesmente foram à festa e voltaram para o trabalho na manhã seguinte, deixando para trás, na noite, o letreiro de néon com a frase "Isso precisa existir".

Isso nos leva ao cerne de um grande equívoco a respeito do empreendedorismo. Existe um mito de que as grandes ideias caem do céu bem no seu colo e o transformam em bilionário no dia seguinte. Nada disso.

Sara teve, sim, um momento decisivo de inspiração – no quarto dela, enquanto se arrumava para uma festa –, e isso faz diferença, mas precisamos olhar para o que aconteceu *antes* desse momento. Ela já vinha procurando atentamente uma grande ideia fazia 10 anos. E precisamos olhar para o que aconteceu *depois*...

O momento em que Sara declarou "Isso precisa existir" foi crucial em sua trajetória. Para ela, foi nessa hora que a Spanx nasceu. Mas a questão é: a empresa não nasceu só porque Sara teve uma ideia. Nasceu porque ela decidiu fazer algo com essa ideia.

Sara poderia ter continuado a cortar os pés da meia-calça toda vez que fosse a uma festa. Poderia ter aguentado aquela gambiarra que enrolava nos tornozelos a noite inteira. Em vez disso, viu uma oportunidade... e agiu.

Ela começou a trabalhar de imediato na construção de um protótipo que lhe permitisse visualizar, sentir e explicar o que estava tentando criar. Sara não tinha experiência com design de moda nem com confecção de roupas. Mas isso não a deteve. "Tentei fazer os protótipos sozinha. Fui a lojas de tecidos para comprar elásticos e tentei prendê-los com clipes nas pontas e, depois, costurar. Foi por meio da iteração do protótipo que comecei a amar de verdade o que ele poderia fazer pelo meu guarda-roupa."

Mas Sara logo chegou ao limite do que conseguia fazer por conta própria. Então começou a falar com as pessoas sobre sua ideia. Na verdade, não conversou com a família nem com os amigos – porque não acreditava que eles fossem *ajudar* (inclusive, previa que poderiam *atrapalhar*, como vimos no Capítulo 1). Mas ela dialogou com todos que poderiam aperfeiçoar a sua ideia e escutou o que disseram.

Para saber mais sobre a concorrência? Ela perguntou. "Fui até a Neiman's e a Saks e perguntei: 'E aí, o que as mulheres usam por baixo dessas calças brancas?' E os vendedores sempre falavam: 'Bom, a gente não tem muita ideia.' Ou então me mostravam cintas de um tecido muito grosso, medonho."

Para saber mais sobre produção? Ela perguntou. "Sem conhecer ninguém, liguei para todas as confecções. Todo mundo achou que era a ideia mais maluca de todas. Eles não entenderam... Fiz um monte de ligações praticamente implorando para alguém tentar fazer o meu produto. Acabei encontrando um fabricante na Carolina do Norte que me disse: 'Sara, resolvi ajudá-la a fazer essa sua ideia doida.' Falou que o único motivo de ter me dado uma chance foi o meu entusiasmo pela ideia. Na época, nem esse fabricante achava que era boa."

E para saber mais sobre patentes? Ela... bem, ela não perguntou sobre isso para ninguém, porque advogados especialistas em patentes cobram muito caro. Nesse caso, ela leu: "Pesquisei sobre o assunto na Georgia Tech Library e redigi a minha própria patente."

A história de persistência e garra de Sara continua: ela foi entrevistada por Oprah Winfrey e participou do *Rebel Billionaire*, o programa de sir Richard Branson. Mas o que hoje é uma empresa de 400 milhões de dólares começou com uma única frase: "Isso precisa existir."

Sara tem uma sugestão para você encontrar uma ideia do tipo "isso precisa existir": "Vá para casa, olhe para 15 coisas da sua vida e anote-as em um papel. Aí escreva como e por que elas poderiam ser melhores. É provável que você tenha uma grande ideia bem aí nessa folha."

Em seguida, é necessário pôr a mão na massa. Como diz Linda Rottenberg, da Endeavor: "As melhores ideias não morrem no mercado ou no laboratório... Elas morrem no chuveiro. As pessoas nem mesmo se permitem sair do banho, anotar a ideia em um guardanapo e levá-la para o mundo. Porque têm medo do que os outros vão pensar ou temem que digam: 'É só uma ideia maluca.'"

E a resposta de Linda é: *aceite a loucura*. "Se você está começando algo novo e as pessoas não o chamam de louco, é provável que não esteja pensando grande o suficiente", diz ela.

A ideia simples

Quando chegou a Florença, **Kevin Systrom** tinha uma visão muito clara de como seria aquele semestre no exterior. Ele iria satisfazer as suas paixões: "Amo café, arte e história da arte." E fotografar tudo o que encontrasse com uma câmera novíssima, top de linha – um instrumento refinado, que era "a encarnação da minha personalidade perfeccionista. A lente exata que eu queria usar, com o vidro mais nítido possível".

Seu professor de fotografia tinha outra coisa em mente.

"O professor me viu com a minha câmera cara e ficou tipo: 'Não, não, não. Você não está aqui para fazer algo perfeito. Me dá isso aí'", conta Kevin. Com relutância, ele entregou a câmera chique para o professor, que a levou embora e lhe deu uma de plástico barata, a Holga. "Ele me falou: 'Você está proibido de usar a sua câmera nos próximos três meses.' E eu tinha juntado dinheiro para a coisa! Aí ele me deu a outra câmera e eu fiquei só olhando para ela. A Holga parece de brinquedo. As lentes são de plástico. E, se você não tomar cuidado, a luz vaza para o lado." Kevin ficou horrorizado, mas o argumento do professor era claro: "Você tem que aprender a amar a imperfeição."

Com a "câmera de brinquedo" na mão, Kevin mergulhou na arte e na cultura dos cafés de Florença. E, para sua surpresa, logo abraçou a simplicidade da Holga. "Comecei a tirar fotos na rua e meu professor me mostrava como revelá-las. A primeira coisa que observei é que eram quadradas, mas também ligeiramente borradas e artísticas. Depois ele me explicou como acrescentar produtos químicos ao banho de revelação para dar diferentes cores à foto em preto e branco."

Kevin estava aprendendo uma lição sobre o poder da restrição: como *limitar* a si mesmo como artista pode ser o segredo para alcançar o seu melhor trabalho. Essa técnica às vezes também funciona para empreendedores.

Fotos quadradas... filtros de cores... imagens com imperfeições perfeitas... Lembre-se dessas ideias, conforme avançamos para a fase da carreira de Kevin posterior à faculdade.

Após se formar em Stanford e trabalhar por um breve período no Google, Kevin lançou um aplicativo chamado Burbn. Era bem simples. **Às vezes, a simplicidade é intencional. Em alguns casos, é imposta por limitações**: de tempo, de recursos ou, no caso de Kevin, de habilidades. Ele se propôs a criar um aplicativo de jogo baseado em localização, mas rebaixou-o para um aplicativo de check-in, semelhante ao Foursquare. "Acontece que eu não era bom o suficiente para elaborar todos os recursos do jogo. Então era apenas um serviço de check-in, que dei para os meus amigos e eles começaram a usar."

Kevin passou a buscar investimento para criar uma empresa a partir do Burbn. Recebeu uma oferta, mas vinha com uma condição imprescindível. "Um dos investidores me falou: 'Olha, vou lhe dar dinheiro para fazer isso, mas você precisa encontrar um fundador.'" No começo, Kevin resistiu. "Fiquei meio assim: 'Eu consigo fazer isso sozinho!' E ele falou: 'Não, não, não. Toda empresa que financio precisa ter um cofundador.'"

O conselho do investidor procedia, o que foi comprovado mais tarde. Como Reid gosta de dizer, dois fundadores é quase sempre melhor do que um. E Kevin logo encontrou seu par perfeito em Mike Krieger, um velho amigo de faculdade que trouxe o peso da engenharia para equilibrar a formação de Kevin em desenvolvimento de produto. Eles criaram o aplicativo juntos, mas tiveram dificuldade para fazê-lo decolar. "Só os nossos amigos gostaram, ninguém mais", conta Kevin.

O Burbn tinha três recursos populares: os usuários podiam fazer check-in em estabelecimentos, combinar visitas a esses locais com outros usuários e fazer upload de fotos quando se registrassem em algum lugar. Na ânsia para dar uma animada nas coisas, Kevin e o sócio decidiram simplificar a ideia e se concentrar em um desses três recursos. Para Kevin, era necessário descomplicar a história que contariam sobre o produto. "Mike e eu comentamos um com o outro: 'Vamos focar.' Então escrevemos em um quadro-branco três funcionalidades do Burbn que considerávamos as melhores." Eles resolveram selecionar apenas uma e torná-la excelente.

"Analisamos tudo que o nosso produto fazia e nos perguntamos: 'Com o que as pessoas estão se identificando e com o que não se identificam?' Escolha uma cabeça de praia – como em *Atravessando o abismo*, de Geoffrey Moore. Não faça tudo, faça uma coisa só, mas muito, muito bem."

Eles escolheram as fotos, claro.

"Foi quando pivotamos para o Instagram", conta Kevin. "Nós nos livramos de todos os outros recursos e focamos só em compartilhar uma foto do que o usuário tinha feito. E o check-in virou opcional."

Após direcionar o foco para a parte de fotos do aplicativo, Kevin começou a mirar em maneiras de torná-las especiais. Faltavam poucos dias para o lançamento quando ele ouviu um insight decisivo de uma conselheira bem próxima: sua esposa.

Nicole estava acompanhando a ideia do aplicativo de fotos conforme ele ganhava forma e, durante uma viagem ao México, resolveu dar um feedback sincero ao marido.

"Acho que nunca vou usar esse aplicativo", disse ela.

"Por que não?"

"É que as minhas fotos não são boas."

"Mas dão pro gasto", disse Kevin.

Nicole então ressaltou que as fotos dela não eram tão boas quanto as de Greg, um amigo dele. E Kevin explicou:

"Ah, mas o Greg usa *filtro* em todas as fotos."

"E a minha esposa olhou para mim e disse: 'Então você devia colocar filtros.' E fiquei tipo: 'Ah, é. Você tem razão. Eu devia colocar filtros.'"

Kevin aprendeu duas lições importantes naquele momento: um sócio ou cônjuge sincero pode ser a melhor fonte de feedback. E, às vezes, um único insight resulta em uma funcionalidade definidora.

Os filtros se tornaram um dos elementos inconfundíveis do Instagram – talvez o recurso que fez a diferença, ao possibilitar a inserção de bordas desfocadas e efeitos de cor e luz que davam até mesmo às fotos ruins uma estética nostálgica rica e interessante.

"Todo mundo que conheceu o aplicativo reagiu assim: 'Nossa, agora as minhas fotos ficaram bem melhores'", conta Kevin. "E foi aí que nos demos conta: 'Isso pode dar em alguma coisa.'" O Instagram conquistou 1 milhão de usuários em 10 semanas.

As grandes ideias costumam se basear em experiências formadoras – embora, como Kevin enfatiza, "a gente nunca saiba exatamente quais partes do nosso passado vão se juntar para completar o quebra-cabeça e compor o produto que desejamos construir para o mundo".

ANÁLISE DO REID

Pergunte-se: *O que a minha ideia tem de errado?*

Hoje em dia, um dos mitos mais duradouros e prejudiciais nos negócios é o do gênio solitário. Nossa tendência é contar a narrativa heroica da inovação. Essa história dá crédito a um único inventor: o fundador, o criador. Um gênio tem uma ideia. Os demais a executam. E depois todos esperam que o gênio tenha outra ideia.

Mas essa história da inovação é falsa. É muito raro as ideias brotarem do nosso cérebro totalmente prontas, como Atena nasceu da testa de Zeus. Para transformar uma boa ideia em um grande produto ou negócio, você precisa falar sobre ela... para muitas pessoas inteligentes. Porque grandes ideias vêm de redes, não de indivíduos.

No meu livro *A aliança*, escrevi sobre como as redes de contatos são uma das fontes de informação mais valiosas e subutilizadas. Tanto a sua rede pessoal quanto a rede coletiva da sua organização fornecem feedbacks rápidos e insights se você souber explorá-las do jeito certo.

Um dos maiores erros que vejo nos aspirantes a criadores de negócios é se apegar demais e por muito tempo à própria ideia. Em vez de ficar parado em uma sala escura e fechada à espera de uma ideia genial, aprendi a escolher algumas pessoas da minha rede que sei que me darão um feedback afiado e conversar com elas. Isso é o mais importante a fazer para aprimorar a sua ideia. Mas não vale sair simplesmente em busca de encorajamento, é preciso buscar críticas construtivas. Caso contrário, você vai receber sobretudo elogios educados de pessoas que não querem magoá-lo. Elogios podem ser reconfortantes na hora, mas, na prática, não o ajudam a ter sucesso.

Eu penso melhor quando estou perto de pessoas que me desafiam, que encontram falhas nas minhas ideias e sabem me dizer onde estão as minas terrestres. Essa é uma das vantagens, aliás, de buscar investidores para a sua empresa. Cada vez que apresenta o seu negócio para eles, você obtém um feedback valioso, mesmo se ouvir "nãos" – aliás, especialmente se ouvir "nãos".

Em geral, peço que me indiquem todos os sinais de que minha ideia vai fracassar. Isso permite que eu transforme uma centelha de ideia em algo que pode ser bem-sucedido. E me dá uma vantagem quando se trata de detectar minas terrestres e bloqueios na estrada, mesmo antes de pôr o projeto em prática.

Portanto, sempre dou este conselho aos empreendedores: não pergunte às pessoas o que elas acharam da sua ideia; pergunte o que a sua ideia tem de errado.

A ideia escondida no armário

A ideia de **Jenn Hyman** estava escondida no armário da irmã. Durante o recesso da Escola de Negócios de Harvard, enquanto visitava a família para as festas de fim de ano, Jenn se viu repreendendo a irmã mais nova por ter comprado um vestido que não cabia no orçamento dela. "Falei que ela deveria devolver o vestido que tinha acabado de comprar e usar algo que já tivesse no guarda-roupa", conta Jenn. "Para mim, tudo nesse armário está morto", resmungou a irmã. "Tem foto minha com todas essas roupas. E já está tudo lá no Facebook. Eu preciso de roupa nova."

De dentro do armário, uma lâmpada começou a piscar para Jenn. Ela percebeu que, para muitos de nós, o armário é um lugar repleto de relíquias do passado – ou, como Jenn disse, o armário típico é "um museu de quem fomos um dia". Tratava-se de uma verdade indiscutível para um determinado grupo demográfico. Um problema que precisava de solução.

Jenn começou a fazer a si mesma uma série de perguntas. "As roupas, o armário, estavam mortos. *E se o armário fosse uma coisa viva?* E se ele pudesse se adaptar às mudanças de clima, de humor, de estilo de vida, de tamanho do corpo? E se eu pudesse simplesmente *alugar* todas as minhas roupas, em vez de comprá-las?"

Quando voltou de férias, Jenn compartilhou o conceito de "armário vivo" com uma colega de Harvard, Jenny Fleiss.

Jenn fez duas coisas que a diferenciam de tantos aspirantes a empreendedores. Primeiro, reconheceu a ideia ao se perguntar: *Será que isso poderia virar um negócio?* Mas o que ela fez em seguida foi mais importante: falou sobre isso com alguém.

Quando uma pessoa imagina que teve uma grande ideia, pode ficar tão preocupada em protegê-la que a guarda para si mesma. Mas não dá para escalar uma ideia que mora na sua cabeça. Na verdade, nem dá para ter certeza se ela é, de fato, escalável. Você sempre precisará de contribuições – mas não de qualquer pessoa, e sim de alguém, com experiência ou não, que esteja disposto a colaborar para melhorá-la.

Jenn e sua futura cofundadora Jenny concordaram que fazia sentido ouvir a perspectiva de alguém do mundo da moda. Elas decidiram começar por cima e entrar em contato com Diane von Furstenberg, que não apenas era uma das estilistas mais famosas da sua geração, mas também atuava como presidente do Conselho de Designers de Moda dos Estados Unidos. Só tinha um problema: para falar a verdade, elas não tinham o contato de Diane. Então, mesmo sabendo que seria um tiro no escuro, Jenn enviou e-mails para 12 endereços do nome de Diane em dvf.com. Por sorte, um deles estava correto.

Jenn conseguiu uma reunião com a designer, e dela nasceu a primeira melhoria na grande ideia que tivera. Diane gostou da proposta de usar o aluguel como forma de apresentar a sua marca às mulheres mais jovens, mas só faria isso se outras marcas também topassem participar. Talvez outro empreendedor tivesse encarado isso como um obstáculo intransponível. Para Jenn, mostrava que ela estava no caminho certo. *Bum*. O primeiro contato da **Rent the Runway** com o setor lhe forneceu, sem querer, um novo modelo de negócios. Por que ser um serviço de aluguel para uma marca se era possível fazer isso para outras 20? Ou para 50?

Esse foi um divisor de águas para Jenn e Jenny. "De certa forma, naquela reunião, Diane nos deu permissão para construirmos o nosso próprio site e nos tornarmos a nossa própria empresa de varejo", diz Jenn.

Jenn e Jenny saíram desse encontro decididas a abrir um negócio. Mas não buscaram um incentivo externo, pois Jenn preferiu procurar logo uma pessoa que questionaria a ideia. "Pensei: *Quem é que tem mais chances de odiar esse modelo? Uma loja de departamentos tradicional.*" A segunda pessoa para quem ela tentou ligar foi o presidente da Neiman Marcus. E conseguiu uma reunião.

Ao encontrar o presidente no escritório dele, Jenn disse que planejava alugar para as clientes os mesmos vestidos de grife vendidos pela Neiman Marcus – e que faria isso por menos de 10% dos preços da loja. "Ah, faz décadas que as mulheres 'alugam roupas' aqui das minhas lojas. Isso significa 'comprar um vestido, não tirar a etiqueta e devolvê-lo à loja'", disse ele.

"Com que frequência isso acontece?", perguntou Jenn.

"Cerca de 70% das vezes."

Ele continuou explicando por que toleravam a prática: a mesma cliente que "pegava emprestado" do departamento de vestidos costumava comprar 10 pares de sapatos no andar de baixo... então a loja estava disposta a aceitar o primeiro comportamento por conta do segundo.

Após ouvir histórias semelhantes sobre empréstimos de vestidos na Macy's e na Saks, Jenn teve certeza de que estava no rumo certo. Já havia um grande número de mulheres que queriam usar roupas de grife sem comprá-las. Devia existir uma maneira econômica, conveniente e *ética* de "pegar emprestado" um vestido.

A Rent the Runway foi lançada em 2009 e avaliada em bilhões de dólares em 2019. Mas alugar vestidos de estilistas foi apenas a primeira de muitas ideias em desenvolvimento que impulsionaram seu sucesso. O negócio de aluguel se expandiu para um serviço de assinatura – um "guarda-roupa na nuvem" – e, ao longo do caminho, Jenn criou diferentes empresas para apoiar a ideia em evolução. Ela montou uma equipe de dados para analisar tendências e maximizar o investimento e fez parcerias para criar um estoque. E, talvez o mais surpreendente, construiu o maior serviço de lavagem a seco do mundo – completo, incluindo até costureiras especializadas – para corresponder às expectativas dos usuários. "A experiência do cliente da Rent the Runway não é o site ou um aplicativo. Isso é fácil", diz Jenn. "A experiência do cliente é receber de volta milhões de unidades de roupas usadas, capturar dados sobre elas, restaurá-las para ficarem em condições perfeitas, fazer a lavagem a seco e eventuais reparos e reagrupá-las com novas unidades para enviá-las por correio – muitas vezes, com um tempo de resposta de um dia."

Jenn não tinha antecipado todo esse processo quando a ideia lhe ocorreu. "Tivemos que construir do zero toda a nossa tecnologia básica de logística", conta. "Realmente achei que poderíamos terceirizar parte das atividades de tecnologia. Logo no começo, pensei que seria possível terceirizar a lavagem a seco." Mas aí ela se deu conta de uma coisa: "Espera, isso *é* o negócio."

Porque a primeira grande ideia é só a faísca. Algumas vezes, a empresa escalável surge após uma sequência de ideias.

A ideia que nasceu de um aborrecimento

"Eu só queria parar de ficar carregando um pen drive por aí."

Essa foi a motivação de **Drew Houston** quando ele começou a pensar no lançamento da sua empresa de armazenamento de dados, hoje muito bem-sucedida, a **Dropbox**. E é comum que esse tipo de aborrecimento diário acenda aquele letreiro de néon piscante.

Com certeza, Drew não começou sonhando que se tornaria um magnata do setor de armazenamento de dados. Na época, ele estava desenvolvendo o Accolade, um curso preparatório on-line para o exame de admissão nas universidades americanas. Foi a necessidade de transferir com frequência arquivos de um computador para outro que o forçou a usar pen drives, nada confiáveis. O código-fonte do Accolade ficava gravado nesses dispositivos, o que significava que ele estava sempre à beira do desastre.

"Nem sei quantas vezes amassei o conector", comenta. Ele se preocupava com possíveis defeitos nos pen drives, pois não raro isso acontecia do nada. Também receava perdê-los. Aliás, seu maior medo era botar roupa na máquina de lavar e esquecer o pequeno dispositivo no bolso da calça.

É verdade que, tecnicamente, em 2006 já era possível armazenar dados on-line – afinal, algumas empresas ofereciam uma versão desse serviço. Porém, ao examinar os fóruns de usuários dessas empresas, Drew notou que estavam inundados de reclamações. "Visitar esses espaços era como entrar em uma enfermaria de campo de batalha", diz Drew. "As pessoas escreviam: 'Ei, vocês deletaram todas as minhas planilhas do Excel.' 'Perdi as minhas declarações de imposto de renda.' Ou: 'Preciso muito das fotos do casamento. Sumiram para mim. Vocês podem me ajudar a recuperá-las?' Era uma tragédia atrás da outra nesses fóruns."

Era pedir muito que uma empresa de armazenamento on-line fizesse isso com segurança? Drew achava que não. Ele decidiu desenvolver um sistema de armazenamento em nuvem mais eficiente e seguro.

Ele e seu cofundador, Arash Ferdowsi, não tinham muito a perder: "Na pior das hipóteses, a gente ia construir algo incrível e solucionar um problema interessante", diz Drew. "Outras pessoas iam bater à porta, a gente vendia a empresa e montava outra coisa." Parecia ótimo para um jovem de 24 anos que dividia um apartamento com quatro colegas.

Mas o que aconteceu com o Dropbox não foi exatamente "a pior das hipóteses". Drew desenvolveu o sistema, lançou a empresa, escalou-a (e não a vendeu), conquistou o setor... e acabou se livrando daquela ansiedade inquietante com pen drives que vão parar na máquina de lavar.

> **ANÁLISE DO REID** — Identifique um padrão e crie com base nele

Nesse processo de tentar encontrar ideias, pode ser útil observar como algumas das melhores mentes dos negócios fazem isso. No Vale do Silício, por exemplo, muitos de nós temos uma mentalidade de engenheiro. Por isso, buscamos padrões de diversos tipos: padrões de sucesso em outras empresas; de abertura de mercado por novas tecnologias; e também padrões na cultura mais ampla, que talvez levem a um mundo diferente.

Alguns empreendedores encontram a ideia inicial após observarem inovações e avanços ao redor deles e se perguntarem: *Quais negócios isso aqui vai possibilitar?* Exemplos: *Agora temos telefone celular... que oportunidades de negócios isso gera? Agora temos armazenamento em nuvem... quais negócios isso possibilita? Agora temos inteligência artificial... que empresas poderiam existir?*

Outros empreendedores dedicam-se a uma única tendência de longo prazo e imaginam o futuro que ela vai criar. Melanie Perkins concebeu um mundo no qual as ferramentas de design e de publicação capacitam quem não é designer, em vez de intimidar essas pessoas. Ela transformou essa imagem do futuro no Canva, uma empresa sediada na Austrália e avaliada hoje em 6 bilhões de dólares. Ev Williams leu um artigo na revista *Wired* sobre a ideia de que, um dia, a tecnologia poderia conectar todos os cérebros do planeta e transformou essa única e fundamental visão do futuro em três empresas que definiram a nossa cultura: Blogger, Twitter e Medium.

Os empreendedores também encontram ideias ao identificarem uma tendência ou um padrão mais abstrato e criarem com base nisso. Um exemplo: *Consigo enxergar um modelo para a junção desses componentes. Mesmo que, no início, não haja uma demanda explícita por isso, posso trabalhar nessa direção.* O LinkedIn é um desses casos, assim como o Airbnb. Havia alguns sinais de demanda pelo Airbnb, pois vários jovens queriam viajar, não podiam gastar muito e não viam problema em dormir no sofá de alguém – já existia o fenômeno do *couch surfing*. E também havia, na época, uma tendência de consumo colaborativo – sendo que empresas como o ZipCar foram as pioneiras no compartilhamento de veículos próprios. Mas a ideia de alugar um quarto de alguém por uma noite... Isso era novo, com toda a certeza.

> Traduzir padrões em ideias de negócios está no cerne do que significa ser empreendedor. Por mais rápido que você transforme esses padrões em ideias, é provável que outras pessoas já estejam fazendo a mesma coisa. Vai sair vitorioso quem atuar de maneira rápida e decisiva – você ou os seus concorrentes. (Falo mais da importância da velocidade e dos modos de superar a concorrência no meu livro *Blitzscaling*.)

Mudança em uma ideia já existente

"Ninguém pensou nas consequências", diz **Whitney Wolfe Herd** a respeito da primeira startup fundada por ela, o Tinder, aplicativo de namoro altamente popular. Famoso por possibilitar que os usuários "deslizem para a direita" para um possível *match*, ele virou um sucesso inegável. Mas não demorou para a marca também se tornar sinônimo de sexo casual e descartável e para aparecerem diversos relatos de misoginia e assédio na plataforma.

Foi por isso que Whitney decidiu que era hora de seguir em frente. Ao olhar para trás, ela afirma: "O que aprendi lá foi que, no instante em que incentivamos alguém a usar determinada tecnologia, nós nos tornamos inerentemente responsáveis. E levei isso comigo quando saí da empresa."

As preocupações com o lado negativo das interações pela internet só se aprofundaram após a notícia do seu rompimento amargo com o Tinder se espalhar... e ela se vir sob o ataque virtual de desconhecidos. "Então senti o que era ser exposta na internet", conta. Segundo Whitney, ela refletiu sobre todas as meninas e mulheres que enfrentam atos semelhantes de ciberbullying: "Isso de fato começou a moldar a minha empreitada seguinte."

Whitney queria mudar o jeito de as pessoas falarem umas com as outras na internet – para, nas palavras dela, "repensar a mídia social no contexto da gentileza". Primeiro, decidiu lançar uma rede social com o nome Merci (obrigado, em francês). Tinha um diferencial pequeno, porém importante, em relação às demais redes sociais, de acordo com ela: "Não dava para apenas deixar comentários aleatórios, precisava ser um *elogio*." Foi um esforço projetar uma mudança no discurso nas redes sociais – apenas uma ligeira alteração, em direção à gentileza.

Quando ela estava prestes a trabalhar nessa ideia, uma oportunidade diferente – porém correlata – surgiu no seu caminho. Por sua experiência no Tinder, ofereceram-lhe a oportunidade de colaborar no lançamento de um serviço de namoro on-line. A primeira reação dela foi: *De jeito nenhum. Deslizar para a esquerda. Próximo!*

Mas, enquanto tentava recusar a proposta de forma educada, Whitney também começou a pensar sobre uma possibilidade intrigante: *Seria possível criar um aplicativo de namoro que oferecesse uma experiência mais segura e respeitosa para as mulheres?*

Whitney concordou em considerar a possibilidade de liderar esse novo aplicativo de namoro caso ele estivesse alinhado com sua visão de criar na internet um ecossistema digital seguro para mulheres. Ela acreditava que o desafio tinha a ver com controle: era algo que faltava para as mulheres no mundo do namoro virtual.

"De repente, passou um furacão na minha cabeça", conta Whitney. "E se usarmos o padrão para plataformas de namoro, com um porém: apenas a *mulher* pode iniciar uma conversa?"

A ideia de a mulher falar primeiro se choca com as expectativas estabelecidas nos últimos séculos desse ritual, diz Whitney. "As mulheres são ensinadas a não falar primeiro, a nunca enviar a primeira mensagem, a nunca tomar a iniciativa. E os homens são ensinados a ser muito agressivos e a forçar a barra até elas dizerem 'sim'. Isso gera um desequilíbrio. Assim, todo o esforço é no sentido de tirar um pouco dessa pressão e dessa natureza agressiva do homem... e levantar a bola da mulher. Isso equilibra bastante o jogo."

Quanto mais pensava sobre isso, mais Whitney via o potencial de reescrever as regras não apenas do namoro on-line, mas da interação na internet em geral, ao colocar mais controle nas mãos das mulheres. Ela pensou: *Isso vai diminuir o assédio. Vai diminuir a incidência de comportamentos ruins. E as mulheres serão empoderadas e encorajadas a ocupar, de fato, o banco do motorista.*

O resultado foi o aplicativo **Bumble**, que se tornou um sucesso estrondoso graças a um único ajuste em relação ao funcionamento dos aplicativos de namoro. Ou, como afirma Whitney: "Não estávamos tentando reinventar a roda. Só queríamos girá-la para o outro lado."

A ideia que você nasceu para realizar

Após duas décadas em Wall Street, **Sallie Krawcheck** sabia que faltava alguma coisa – e que talvez ela fosse a pessoa certa para criá-la.

Como analista de investimentos, Sallie constatou um problema que chamou de "desigualdade de gênero nos investimentos". Todo mundo sabe das disparidades *salariais* entre homens e mulheres, mas ela se referia a algo totalmente diferente, que trazia uma oportunidade.

Uma mulher com salário de 7 mil dólares deixa de investir 71 centavos por dólar recebido – muito menos do que um homem na mesma situação. "Com isso, a mulher pode perder 1 milhão de dólares ao longo da vida", observa Sallie. "Isso é o dinheiro para abrir um negócio ou para comprar a casa dos sonhos, o dinheiro para dizer 'Tira essa droga de mão da minha perna' ou para largar o emprego que odeia. Foi quando percebi que havia uma lacuna que o setor de investimentos simplesmente não preenchia."

Sallie começou a carreira no Salomon Brothers, a firma que ficou famosa com o livro *O jogo da mentira*. Se Wall Street era uma festa de fraternidade, o Salomon Brothers era o seu Clube dos Cafajestes. "Era exatamente o que chamamos hoje de cultura da masculinidade tóxica", comenta ela. "E, claro, havia assédio sexual na época. Eu chegava no escritório e tinha uma xerox de uma genitália masculina na minha mesa. Para uma jovem de Charleston, era um tanto assustador. Era como se eles estivessem tentando me expulsar só por diversão."

Mas Sallie se manteve firme no Salomon e, por fim, conseguiu uma oportunidade na firma de gestão de ativos Bernstein, onde passou a escrever relatórios para investidores. Ela lembra que o primeiro que fez foi "negativo": uma recomendação para *não* investir em determinada empresa. Por quê? Era especializada em empréstimos subprime. Alguns colegas na Bernstein a desencorajaram de publicar o relatório; ela o publicou mesmo assim. Acabou que estava certa, e foi aí que sua estrela começou a brilhar. Cinco anos depois, como CEO, ela foi contra o status quo uma segunda vez mirando uma prática comum em Wall Street que a incomodava. Na época, muitos analistas financeiros atuavam como consultores de investimentos para dois grupos de clientes, o que criava conflitos de interesses evidentes. "Um banco de investimento poderia aconselhar os clientes a fazer uma coisa e, em seguida, virar para o lado e apostar contra esse conselho", diz ela. Para acabar com essa prática na empresa que comandava, Sallie decidiu encerrar as atividades como banco de investimento – embora isso significasse sacrificar milhões de dólares em receita.

O timing de Sallie não poderia ter sido melhor. Pouco meses depois, houve a quebra do Nasdaq, com o estouro da bolha da internet. E, quando isso aconteceu, a Bernstein se destacou positivamente, porque não tinha os mesmos conflitos de interesses que muitas das demais firmas. Foi quando Sallie apareceu na capa da revista *Fortune*, com a manchete: "Em busca do último analista honesto".

Com esse holofote, Sallie conquistou uma posição de destaque no Smith Barney, um dos maiores bancos de Wall Street, onde mais uma vez desafiou as práticas convencionais – o que, desta vez, lhe custou o emprego. Quando ficou claro que o banco para o qual trabalhava havia aconselhado mal os clientes, Sallie recomendou que fossem ressarcidos, mas o CEO discordou. Ela não só foi demitida, como também virou notícia de primeira página. "O último analista honesto" tinha sido convidado a se retirar.

A boa notícia é que esse incidente a liberou para tentar consertar mais uma coisa errada em Wall Street: a desigualdade de gênero nos investimentos. "Acendeu um fogo em mim de que eu *precisava* fazer isso, de que não podia deixar a terra antes de ajudar as mulheres a acabar com essa desigualdade", explica ela.

Como as mulheres controlavam cerca de 7 trilhões de dólares em ativos que poderiam ser investidos e 90% delas, em alguma fase da vida, administravam o próprio dinheiro sozinhas, criar ofertas de investimento e serviços voltados para esse mercado parecia uma grande oportunidade.

Nem todo mundo concordou.

Mesmo após anos vivenciando a misoginia de Wall Street, as reações a essa ideia a chocaram. Eram variações deste mote: "Mas os maridos não administram o dinheiro para elas?"

Até então, Sallie não planejava lançar uma startup – ela esperava que uma empresa de serviços financeiros já existente acolhesse a ideia. No entanto, como os retornos não deixaram dúvidas, pensou: *Tudo bem, para isso acontecer, eu mesma vou ter que fazer.*

Wall Street lhe ensinou como as coisas *não deveriam* ser feitas – o que a ajudou a imaginar como fazê-las de outro modo. Assim, Sallie começou a desenvolver algo que era fundamentalmente diferente de todos os produtos de investimento disponíveis naquele momento: a **Ellevest**, uma plataforma de investimentos projetada e comercializada exclusivamente para mulheres negligenciadas pelo setor financeiro, mulheres que tivessem ganhado o próprio dinheiro e esbanjassem autoconfiança em todos os aspectos da vida – *exceto* quando se tratava de investir.

A ideia nascida aos 45 do segundo tempo

A preocupação de **Caterina Fake** e **Stewart Butterfield** não era descabida. Apesar de inovador, o jogo de RPG on-line deles não estava conquistando o mercado da maneira que esperavam. O **Game Neverending** tinha um pequeno número de usuários leais, mas o crescimento havia estagnado e eles não conseguiam novos investimentos.

"Isso foi logo após a bolha da internet, uma fase que parecia desoladora na história dos mercados financeiros", diz Stewart. "Coisas tão frívolas quanto um jogo não recebiam financiamento. Eu já tinha tentado de tudo... Usei todas as minhas economias, esgotei os recursos de amigos e parentes. Tínhamos despendido quase todo o pequeno investimento-anjo que conseguimos levantar. Estávamos em busca de um lance de sorte no último minuto do segundo tempo."

Ainda nessa fase difícil, Stewart e Caterina foram a Nova York para uma conferência. E foi aí que as coisas foram de mal a pior. "Tive uma intoxicação alimentar no avião", conta Stewart. "Quando chegamos, eu vomitei na Van Wyck Expressway até Nova York, depois passei mal a noite toda no hotel." Em meio a tudo isso – Stewart calcula que fossem três ou quatro da manhã –, surgiu para ele a ideia do Flickr, "como um sonho febril".

Foi o desdobramento de uma funcionalidade do jogo. "O jogador tinha um estoque onde podia pegar objetos, e transformamos isso em uma caixa de sapatos cheia de fotos", conta Stewart. "Dava para fazer coisas interessantes, como arrastar fotos para conversas em grupo. Elas apareciam na tela da outra pessoa e era possível fazer anotações em tempo real."

O Flickr, a inovadora comunidade de compartilhamento de fotos, lançou as bases para muito do que é feito hoje no Facebook, no Instagram e no Twitter: marcar, compartilhar, seguir, postar memes. Foi um experimento inicial importante de rede social contemporânea – uma bancada de testes para inovações. E ajudou a mudar o paradigma da interação social na internet.

Tudo começou como um recurso esquecido em um jogo pouco popular. Podemos dizer que Caterina e Stewart devem o sucesso deles com o Flickr à capacidade de identificar a ideia dentro da ideia, com a ajuda de um timing excelente. Mas houve mais uma coisa que os levou a apostar tudo no Flickr: o desespero.

"O Flickr não surgiu de uma grande visão sobre o que as fotos poderiam se tornar e sobre a possibilidade de construir interações sociais a partir delas para facilitar a busca por imagens. Tudo isso veio depois. Na época, a preocupação era só uma: *Como* não *falir?*"

Como você pode ver, muitas das empresas descritas neste livro têm origem semelhante. Sara Blakely foi "escolhida para fora de um prédio" e rasgaram o cartão de visita na cara dela pouco antes de ter a ideia da Spanx. Sallie Krawcheck foi demitida de um cargo importante em Wall Street, virou notícia na primeira página do *The Wall Street Journal* e só aí pensou em criar a Ellevest. Kevin Systrom ficou apegado a um aplicativo de check-in fracassado antes de transformá-lo no Instagram. Whitney Wolfe Herd foi vítima de assédio na internet e teve a ideia para o Bumble. Mark Cuban estava totalmente falido.

Às vezes, uma grande ideia brota de circunstâncias difíceis, como uma flor do asfalto. Muito frequentemente, está, na verdade, *incrustada* nas adversidades – e somente quando a pessoa as vivencia em primeira mão (por mais doloroso que seja) se aproxima o suficiente para vislumbrar uma possível solução.

Para simplificar, *resistência gera atrito, que, por sua vez, gera faíscas.*

Além do mais, uma crise pode aguçar o foco e fortalecer a determinação, passando de *Seria ótimo ter uma grande ideia* para *Vou encontrar uma grande ideia!* Então, após identificar a grande ideia, uma crise fornece a urgência que convence o empreendedor a tentar aquele lance de sorte no último minuto.

Claro, no final, promover uma grande ideia e construir um negócio a partir dela não é tão fácil quanto fazer uma grande jogada. É mais uma marcha contínua e sem descanso para percorrer o campo, apesar dos obstáculos – que não serão poucos.

ANÁLISE DO REID — Vá aonde as ideias encontrem você

Como empreendedor, você deve criar intencionalmente tempo e espaço – todos os dias – para se abrir a novas ideias. Isso significa que precisa se colocar em situações nas quais seja provável que as grandes ideias surjam.

Pergunto a todos os convidados do *Masters of Scale* sobre o seu lugar favorito para pensar grande, e o que aprendi é: não existe um jeito perfeito. Algumas pessoas pensam melhor na solidão, enquanto outras precisam da presença de uma equipe criativa ou da eletricidade da multidão em volta delas. Algumas precisam de um espaço familiar e habitual; outras, da novidade de uma experiência vivenciada pela primeira vez. Algumas buscam a natureza; outras, as ruas da cidade.

A fundadora da Spanx, Sara Blakely, me contou que consegue pensar melhor quando está dirigindo. E, como mora muito perto da sede da Spanx, criou o que os amigos chamam de "falsa ida para o trabalho". Ela se levanta uma hora mais cedo e dirige sem rumo por Atlanta, para deixar que os pensamentos lhe ocorram. O nome "Spanx" surgiu dentro do carro.

A intencionalidade é crucial. Ao criar tempo e espaço – e definir isso como a prioridade do dia – para se abrir ao novo, Sara cultiva de forma ativa as suas melhores ideias. E todos os grandes empresários fazem a mesma coisa. Reed Hastings, da Netflix, pensa melhor quando está na sala de estar da sua casa, em Santa Cruz. Para Brian Chesky, do Airbnb, o melhor lugar é o Museu da Família Walt Disney. Bill Gates gosta de estar no carro, dirigindo; Mark Pincus, do Zynga, de surfar; e Payal Kadakia, da ClassPass, vai para o estúdio de dança.

O "local" favorito de Caterina Fake, cofundadora do Flickr e pioneira da internet, é um dos mais incomuns. A tendência dela é acordar de madrugada e usar o período entre as duas e as cinco da manhã para refletir muito. Então, para ela, é um "quando", e não um "onde", que instiga as melhores ideias.

No meu caso, penso melhor quando estou cercado de pessoas que me desafiam e mostram os problemas das minhas ideias. E, enquanto há quem reflita mais em lugares familiares, como o chuveiro ou o percurso favorito de corrida (o que faz sentido: locais que conhecemos possibilitam que entremos no piloto automático, e, assim, a mente divaga), prefiro pensar em espaços que são novos para mim. Tenho as minhas melhores ideias em cafés e em outros lugares com um pouco de agitação. É aí que consigo me concentrar, de fato, em uma página totalmente em branco.

Encontrar a grande ideia é uma combinação das suas capacidades únicas, das suas visões para o futuro e dos mercados ao seu redor. Meu primeiro livro, *Comece por você*, tem um capítulo sobre como encontrar o seu caminho ao mapear seus ativos e aspirações e as realidades do mercado.

Acima de tudo, mesmo que você seja um inventor introvertido, nunca se esqueça da sua rede de contatos. Conversar sobre sua ideia com pessoas desafiadoras, criativas, céticas e com outros empreendedores pode acelerar o seu ritmo para encontrar a próxima grande ideia a tempo.

A ideia perfeitamente "ruim"

Tristan Walker buscava uma ideia. Se você leu o Capítulo 1, já sabe o que acontece a seguir – ele enfrenta um desafio épico de "nãos" dos investidores em potencial até obter o financiamento, montar e, por fim, vender a empresa. E também sabe o que aconteceu primeiro: ele ajudou a construir o Foursquare do zero – e contribuiu para que o número de negócios presentes na plataforma ultrapassasse 1 milhão.

Mas, em 2012, Tristan estava entre uma coisa e outra. Como ele disse, estava pronto para "ir embora e construir eu mesmo coisas ambiciosas".

Só faltava uma ideia. E, para encontrá-la, você precisa ir aonde as ideias vêm ao seu encontro. Precisa conversar com pessoas que vão desafiá-lo, do jeito certo, a encontrar a maior e melhor versão de uma ideia que funcione para você. Assim, Tristan foi para um lugar onde as ideias não apenas estão no ar, mas ricocheteiam nas paredes: a icônica firma de capital de risco Andreessen Horowitz. Ben Horowitz, sócio fundador, reconheceu que Tristan tinha um olhar aguçado para a inovação e, após convidá-lo para "passar um tempo lá e pensar grande", acolheu-o como empreendedor residente.

Enquanto Tristan matutava sobre sua grande ideia, a primeira intuição que ele teve sobre o Twitter, ainda em Stanford, foi confirmada quando Ben compartilhou uma percepção: às vezes, aquilo que parece uma ideia ruim é uma boa ideia – e vice-versa.

Conforme Ben explicou, as pessoas tendem a perseguir "boas ideias" – as quais parecem fazer bastante sentido, quase a ponto de serem óbvias. Mas não há muito valor no óbvio. Ou são ideias complementares, ou já foram realizadas, ou há uma boa razão para *não terem sido* realizadas.

E as chamadas ideias ruins? É nelas que talvez esteja escondido o ouro. *O Airbnb? Quem abriria a própria casa para desconhecidos dormirem? O Uber? Quem pegaria carona com um desconhecido em um veículo sem identificação?* Tristan pensou por um minuto e decidiu: *Sem dúvida nenhuma, quero ir atrás das ideias ruins.*

Tristan tinha sobretudo boas ideias. Ou pelo menos boas o suficiente. Mas e a ideia dele de um aparelho de barbear com uma lâmina só? Era um nicho muito pequeno. Um setor grande demais, com atores de peso que poderiam triturar os novos concorrentes. Bastante contraintuitivo (quanto *mais* lâminas, melhor, certo?).

Tristan achou – e Ben concordou – que a ideia a ser seguida era a "ruim". Ele intuiu que as suposições predominantes sobre esse "nicho" estavam equivocadas e que existia uma oportunidade maior do que as pessoas imaginavam. Também sabia, lá no fundo, que *ele* era a pessoa certa para executá-la: "Quando penso na experiência de não ter produtos que funcionassem para mim e na minha capacidade de arrecadar dinheiro para essa ideia... acho que não havia ninguém melhor no planeta para fazer isso do que eu. E o dia em que cheguei a essa conclusão foi o momento mais libertador para mim."

Hoje, conforme a empresa continua a desenvolver novos produtos para a linha Walker, Tristan ainda depende desse teste da "ideia ruim". "Agora a gente se pergunta sempre que tem uma ideia: 'Por que ela é péssima?' Caso não consigamos responder a essa pergunta, é provável que não valha a pena seguir adiante."

TEORIAS DO REID PARA ENCONTRAR A GRANDE IDEIA

Persiga a ideia ruim
Quando todo mundo lhe diz "Isso é uma boa ideia", talvez signifique que já haja muita gente se dedicando a ela. Em vez disso, procure uma ideia perfeita disfarçada de ruim – cujo valor potencial passa despercebido ou é mal compreendido.

Se você não fizer, quem fará?
Quando olhar profundamente a sua história e as suas paixões, talvez a ideia para a qual você está destinado retribua o seu olhar.

Preste atenção no letreiro de néon piscando
Caso considere que algo deveria existir – e consiga imaginar muitas pessoas concordando com você –, talvez você esteja diante de uma ideia à qual vale a pena se dedicar.

Você não precisa reinventar a roda
Ao buscar uma grande ideia, não despreze a "mudança pequena" que pode ter um grande impacto.

A jogada nos 45 do segundo tempo
Nunca desperdice uma crise. Momentos de desespero podem aguçar o foco, reforçar a determinação... e render ideias de sucesso, além de criar uma urgência que vai impelir você a agir.

4

O projeto sem fim: cultura

Antes de derrubar a Blockbuster com um serviço inovador de envio de DVDs pelo correio e bem antes de transformar essa empresa – com sua marca registrada, os envelopes vermelhos – no serviço de streaming/estúdio que conquistou Hollywood, o CEO da **Netflix**, **Reed Hastings**, era programador. E, ao que parece, dos bons: na época, junto com dois colegas, Reed inventou uma ferramenta de eliminação de erros voltada para programadores. Deram a ela o nome Purify e virou um sucesso.

Foi aí que as coisas se complicaram.

Nessa fase da carreira, Reed estava bem longe de ser um executivo experiente, mas logo se viu não apenas gerenciando uma equipe em expansão, como também supervisionando a aquisição de novas empresas – e, por isso, novos funcionários chegavam da noite para o dia. Em um dado momento, a companhia de Reed passou a se chamar Pure Software e comprou três novas empresas ao longo de um ano e meio. Eles estavam crescendo tão rápido que era difícil pensar, fosse na hora ou depois, em integrar as equipes recém-chegadas à cultura da empresa – caso ainda houvesse uma.

"Eu programava a noite toda, trabalhava como CEO durante o dia e, vez ou outra, tentava encaixar um banho", conta Reed. "Na época, eu pensava que se conseguisse produzir mais – fazer mais ligações de vendas e viagens, escrever mais códigos, fazer mais entrevistas –, as coisas de alguma forma iriam funcionar melhor."

Não foi o que aconteceu.

Reed estava tentando fazer tudo sozinho... um erro comum entre os empreendedores e que tende a gerar mais problemas quanto mais a empresa cresce. Em vez de aproveitar as habilidades da equipe, ele tentava driblá-la. Por não confiar na capacidade dos funcionários de resolver problemas, fazia isso por eles.

"Sempre que tínhamos um erro significativo – uma reunião de vendas que não ia bem, um bug no código –, tentávamos refletir sobre um processo a ser implementado para garantir que aquilo não acontecesse de novo", conta Reed.

Mas, na tentativa de criar um sistema ao qual qualquer um pudesse se adaptar, Reed acabou emburrecendo a cultura da empresa. "O nível intelectual do time caiu", afirma. "Aí o mercado mudou, como é inevitável... No caso, foi do C++ para o Java, mas poderia ter sido qualquer outra coisa. E, quando essa mudança chegou, não fomos capazes de nos adaptar." Sem se dar conta, Reed havia criado uma cultura na qual as pessoas respeitavam processos, mas não pensavam por si mesmas.

Reed nunca conseguiu melhorar a cultura da Pure – é difícil corrigir de modo retroativo a cultura de uma empresa, porque ela é consolidada durante os anos de formação –, mas, após vendê-la, obrigou-se a fazer as coisas de um jeito diferente no empreendimento seguinte.

Neste capítulo, vamos explorar os mistérios da cultura – um termo que, aplicado a organizações, soa irritantemente vago. O que queremos dizer com cultura? E isso importa mesmo? Ou é apenas uma palavra da moda? Líderes de empresas conseguem, de fato, moldá-la e norteá-la, ou é algo que se desenvolve por si só?

Talvez não haja uma fórmula simples e infalível para uma cultura empresarial vencedora, mas fica evidente que certas qualidades e características estão no coração daquelas que são bem-sucedidas.

A cultura é algo vivo, que respira – o contexto definido por você para os seus funcionários terem o melhor desempenho possível. Ela deve se basear em uma noção compartilhada de missão – aquilo que a sua empresa está tentando realizar de fato. Deve ser compreendida e *construída* por todos; na verdade, ela só emerge totalmente quando cada funcionário tem um sentimento de investimento pessoal e propriedade. E o trabalho de criar essa cultura – por meio de um projeto cuidadoso e deliberado e de ações por parte dos fundadores – deve começar na fase inicial da startup.

Não é uma tarefa fácil. É necessário um malabarismo delicado para fazer todos da organização compartilharem valores sem, com isso, sufocar a diversidade nem contratar apenas de acordo com a própria imagem dos líderes. E pode ser particularmente difícil proteger e fortalecer esses valores quando se está escalando a empresa – e contratando novos funcionários em massa.

Então, como criar uma cultura *hoje* que vai servi-lo bem *amanhã*? Que consiga, de alguma maneira, prever e estar pronta para as mudanças que talvez levem anos para acontecer e também impulsioná-las?

Uma cultura infalível gera um monte de falhas

É fácil esquecer como a Netflix revolucionou o negócio de aluguel de vídeos. Reed cofundou e fez o investimento inicial na Netflix em 1997, usando parte do dinheiro que ganhara ao vender a Pure Software, naquele mesmo ano, por 750 milhões de dólares. A premissa era de uma simplicidade elegante: envio de DVDs pelo correio. Sem cobrança de taxa por atraso. Sem despesas de envio de devolução. Nada de pegar o carro para ir até a locadora. Perdeu um DVD? Você recebe um novo pelo correio, sem qualquer questionamento.

A Blockbuster tentou seguir o exemplo e oferecer serviços correlatos, mas não agiu rápido o suficiente e, em 2010, entrou com um pedido de falência. Mas, mesmo enquanto a audaciosa startup de Reed desconstruía o setor de aluguel de filmes, ele manteve os olhos atentos ao futuro. E o que viu foi uma enorme ameaça para a sua jovem empresa, não por parte do dinossauro Blockbuster, mas dos primeiros serviços de streaming on-line.

Com a chegada da internet de banda larga às casas nos Estados Unidos, parecia inevitável para Reed que o streaming de entretenimento em pouco tempo se sobrepusesse aos DVDs. Não se esqueça: era o final dos anos 1990, quando a internet banda larga alcançava menos de um em cada dez domicílios. Mas ele sentiu que esse fenômeno estava para acontecer.

Assim, embora Reed precisasse de uma equipe que desenvolvesse uma operação de logística de primeira para o envio de DVDs, ele sabia que, pouco depois, os mesmos profissionais teriam que mudar completamente de rumo... e se concentrar em montar do zero um serviço de streaming on-line.

Encontrar engenheiros para desenvolver um serviço pioneiro de streaming de vídeo seria um desafio. Reed buscou profissionais alinhados com o *first-principle thinking*, a ideia de que tudo que fazemos é sustentado por crenças ou princípios fundamentais. Em vez de seguir as orientações sem questioná-las ou se ater a um processo estabelecido, o pensador que pratica o *first-principle thinking* decompõe um problema de acordo com as premissas mais básicas, depois as testa ou questiona e, em seguida, recria-as do zero. Em vez de fazer as coisas do jeito habitual, esse pensador vai se perguntar: *Não poderíamos fazer isso de* outra maneira? É o tipo de mente inquisitiva que Reed Hastings queria ter por perto. E, para atraí-las, desenvolveu uma ferramenta com uma eficácia inesperada: o Culture Deck.

O Culture Deck da Netflix virou uma lenda. É um documento composto por cerca de 100 slides para descrever o que a cultura da empresa defende, quais profissionais busca contratar e o que um funcionário deve esperar ao começar a trabalhar lá. Como Reed admite, o Culture Deck "não é muito bonito, nem tem um design arrojado... não parece uma peça de marketing".

No início, aliás, era um documento interno, mas depois a Netflix começou a postar os slides no SlideShare – "só para enviar um link aos candidatos no processo seletivo". Pouco depois, esse link estava sendo compartilhado na internet. Logo ultrapassou 10 milhões de visualizações no SlideShare.

Até hoje, empreendedores estudam o Culture Deck em busca de pistas para entender (e, quem sabe, emular) a cultura da Netflix. Ainda mais importante, o Culture Deck se tornou um ímã para adeptos do *first-principle thinking* que querem trabalhar em uma cultura como a da Netflix, a qual promete um equilíbrio entre liberdade e responsabilidade.

Ao examinar o Culture Deck, aprendemos, por exemplo, que não existe uma política de férias determinada na Netflix. "A gente fala: 'Tire o tempo que quiser'", explica Reed. "E o expediente não segue uma política das nove da manhã às cinco da tarde. Cada um trabalha o quanto acha que é apropriado." O Culture Deck também ressalta a transparência e a honestidade da Netflix. Assim, quem trabalha lá é incentivado a perguntar com frequência ao seu gestor: "Ei, se eu tivesse uma proposta para sair da empresa, o quanto você se esforçaria para me convencer a ficar?" Reed chama isso de "teste do 'esse vale a pena segurar'", cujo propósito é manter os funcionários cientes da situação deles na empresa.

Reed evita aquele discurso hipócrita de que a equipe é como uma família. Na Netflix, a analogia é com as equipes esportivas. "Em última análise, a questão é o desempenho – ao contrário da família, que está ligada ao amor incondicional", explica Reed. "O que pretendemos é mudar coletivamente o mundo da televisão por internet, e isso exige um desempenho excepcional em todos os níveis. Também queremos feedback honesto o tempo todo, para que cada um possa aprender e ser o melhor que puder."

Essa distinção entre uma família e uma equipe esportiva é tão inspiradora que Reid Hoffman a transformou no cerne do livro *A aliança*, no qual explica por que as empresas devem tratar os funcionários como aliados dedicados a uma missão mutuamente benéfica, em vez de fingirem que a empresa é uma família.

Hoje, a Netflix está repleta de praticantes do *first-principle thinking*. Essa mentalidade permeia a tomada de decisões em toda a empresa, desde o conteúdo de entretenimento até os gastos com viagens de negócios. "Em todos esses casos, pedimos às pessoas que pensem no que é melhor para a empresa", diz Reed. "Só passamos essa única orientação." Mas é claro que ter essa autonomia não é para todos... Há quem prefira receber ordens. "Pessoas assim não combinam com a Netflix", afirma.

Ao desenvolver uma cultura de pensadores flexíveis e adaptáveis, a Netflix se tornou uma das empresas com crescimento mais acelerado e radical dos últimos anos. A atividade da companhia passou de envio de milhões de DVDs por correio para produção de conteúdo criativo original, prospecção em festivais de cinema e curadoria de uma biblioteca de streaming de entretenimento disponível no mundo todo. Foi uma reinvenção extraordinária.

Quando pensa na transformação da Netflix e tenta imaginar desafios semelhantes para a sua antiga empresa, Reed se convence de que a Pure Software não teria sobrevivido. Isso porque a cultura da Pure tinha sido construída para o processo; já a da Netflix é construída para a escala.

Conforme a Netflix evolui, a cultura evolui com ela. "A todo momento tentamos incentivar os funcionários a descobrirem como aperfeiçoar a cultura, e não como preservá-la", diz Reed. "Todos estão tentando agregar valor ao afirmar: 'Este é um lugar onde podemos melhorar o que fazemos.'" O Culture Deck "não é uma tabuleta de ouro, é um documento vivo, em constante evolução".

ANÁLISE DO REID — A cultura está sempre em construção

Muitos fundadores não compreendem o que é a cultura empresarial, e há dois erros principais que os vejo cometer com frequência. O primeiro e mais comum é ignorar a cultura da empresa ou deixar a reflexão sobre esse assunto para depois. Esses fundadores acham que seu problema mais crítico é encontrar soluções para o produto ou para a receita. Eu, quando era um jovem empreendedor, priorizei a estratégia em vez da cultura. Para esses empreendedores, assim como era para mim naquela época, a cultura parece um conceito vago e secundário, talvez até algo que acontece naturalmente.

Na verdade, por ser a base de tudo que a empresa vai conquistar, é fundamental começar a pensar de modo deliberado sobre isso quando a sua equipe ainda é pequena e a cultura, maleável. A cultura empresarial se consolida muito rapidamente – e, às vezes, sem que ninguém perceba –, pois é disseminada de uma pessoa para outra. O empreendedor deve ter muito cuidado com as crenças, práticas e rituais que está escalando. Se isso não estiver acertado desde a primeira formação de equipe, nunca estará.

Se deixar que uma cultura problemática se enraíze, não haverá um jeito seguro de corrigi-la. Pode levar muito mais tempo do que o permitido pela realidade do mercado e pela concorrência. Dependendo do tipo de questão, talvez isso até inviabilize o estabelecimento de uma nova cultura. Por exemplo, se os funcionários temem uma retaliação política, é provável que isso dificulte a consolidação de uma cultura de *first-principle thinking* ao estilo de Reed Hastings. Ou, caso a cultura da sua empresa tolere assédio moral (em geral, por parte de funcionários com "alto desempenho"), provavelmente será muito difícil estabelecer uma cultura de gentileza e colaboração como a desenvolvida pela WaitWhat, a empresa que produz o *Masters of Scale*. Resumindo: quando você tem uma cultura nota 7, pode revê-la para chegar a um 8 ou 9. Mas ela jamais vai alcançar um 10. Só dá para ter uma cultura empresarial nota 10 quando ela vem desde o começo e é preservada.

Isso leva ao segundo equívoco bastante comum a respeito da cultura. Várias pessoas falam sobre cultura como se ela estivesse gravada em pedra, como os Dez Mandamentos. Mas uma cultura empresarial não é estática, tampouco pode ser estabelecida por decreto. Como tudo que envolve seres humanos, está em constante evolução. É configurada e moldada pelos indivíduos que a levam adiante e, necessariamente, vai mudar conforme a empresa crescer. Mas é possível preservar a base sólida que foi estabelecida institucional e deliberadamente.

Isso não significa que não haverá erros e equívocos ao longo do processo. Na verdade, parte do crescimento e da evolução da cultura envolve reconhecer e corrigir erros ao longo do caminho. Esses ajustes podem fortalecer as pessoas e os relacionamentos.

No início da minha carreira, eu achava que era possível fazer uma reviravolta na cultura da empresa – como um "novo xerife" que chega à cidade, determina novas leis e muda tudo. Mas não é assim que as coisas funcionam. Seja no estágio inicial ou em meio a uma grande transformação, a cultura precisa se desenvolver.

Outra coisa importante sobre essa questão é que todos nós trabalhamos pela nossa missão, e a cultura define como faremos para cumpri-la juntos. Em outras palavras, a cultura pertence a todos na empresa; é construída e aprimorada por cada funcionário. Portanto, é um projeto coletivo – sempre em andamento e sem data para conclusão.

A cultura está na base de tudo que você faz como empresa: contratar talentos, elaborar e executar a estratégia, direcionar o engajamento do cliente. Por isso, no meu livro *Blitzscaling* descrevo muitos desafios de empreendedorismo que podem ser resolvidos mais tarde – inclusive alguns bem extremos, como o modelo de negócios ou o modelo financeiro operacional –, mas deixo claro que a cultura é algo a ser estabelecido já, o tempo todo.

O que um nome carrega?

"A gastronomia de Roma foi a grande descoberta da minha vida", diz o *restaurateur* **Danny Meyer**. Filho de um agente de viagens, ele conta o seguinte: "Eu ia à Europa de tempos em tempos quando era criança. Essas primeiras viagens são uma delícia e esse prazer está sempre conectado à descoberta. Passei a acreditar que essa sensação de descoberta pode ser tão nutritiva quanto a própria comida."

Não foi apenas a comida romana que capturou a imaginação de Danny. Foi a *sensação* de estar nas *trattorias* romanas. "Em Roma, descobri que o restaurante em si pode transformar uma refeição: a simplicidade do piso de terracota, as toalhas de mesa quadriculadas, o teto abobadado de tijolos e aquele brilho e calor das pequenas luminárias nas mesas. Aliás, as mesas ficavam mais próximas umas das outras do que eu jamais tinha visto em St. Louis. Nas *trattorias* de Roma, não importa onde você se acomode, vai sentir a energia vibrante de todos ao redor."

Quando abriu seu primeiro restaurante, o Union Square Cafe, Danny sabia exatamente qual sensação o ambiente deveria transmitir. "Eu queria criar aquele que seria o meu restaurante favorito... se isso existisse." E ele tinha uma ideia pouco convencional sobre o que tornaria esse estabelecimento de fato excelente. A comida não seria a atração principal. Acima de tudo estaria a experiência.

"Eu sabia como queria ser tratado, e essa era a parte mais importante", diz ele. "Sabia o que era não ser bem atendido em um restaurante e estava aprendendo tanto o que fazer quanto o que não fazer. O Union Square Cafe era como um *pot-pourri* de todos os elementos de design, enogastronomia, valor e, sobretudo, de hospitalidade que eu desejava encontrar no meu restaurante favorito."

Danny usou como princípio norteador a *sensação* – e não a comida. Essa crença a respeito do atendimento motivou todas as suas decisões na loucura da fase inicial. "A única coisa que eu sabia era como tratar as pessoas", comenta ele, com um sorriso largo. "O primeiro contador que contratei não sabia administrar o próprio talão de cheques. Na noite da inauguração, vi um garçom tentando abrir uma garrafa de champanhe com um saca-rolhas – algo perigoso de se fazer."

Mas a empatia de Danny pelos clientes compensou as falhas iniciais do Union Square Cafe.

"Não saíam bebidas do bar. Não saía comida da cozinha, mas, caramba!, desde o início eu tinha uma habilidade para compreender como as pessoas estavam se sentindo e do que precisavam, fosse um prato, álcool ou cafeína, fosse pelo fato de lembrar qual era a mesa favorita do cliente... Eu tinha a vontade e a capacidade de assegurar que as pessoas saíssem um pouco mais felizes do que tinham chegado. E isso se tornou mesmo o cartão de visitas do restaurante."

Após essas falhas do começo ficarem para trás, Danny implementou dia a dia a visão dele para o estabelecimento. E não demorou muito para o Union Square Cafe se tornar um dos restaurantes mais queridos e inovadores de Nova York. Obteve as mais prestigiosas classificações do guia Zagat e foi listado como visita obrigatória por todos os críticos. Todo mundo queria que Danny abrisse um segundo restaurante. Todo mundo, menos ele.

Por ter acompanhado as duas tentativas do pai de expandir uma empresa – e depois falir –, Danny tinha profundas reservas a respeito dos negócios. Ele esperou 10 anos até abrir um novo restaurante, o Gramercy Tavern. Fez um acordo consigo mesmo: *Vou abrir um segundo restaurante se ele atender a três pontos: ser melhor do que o primeiro, melhorar os processos do primeiro e me proporcionar uma vida mais equilibrada.*

Se você já dobrou a operação da sua empresa ou mesmo o tamanho da equipe, já imagina que as coisas não aconteceram exatamente assim. Sempre que se dobra qualquer coisa – seja passando de 1 milhão para 2 milhões ou apenas de uma unidade para duas, como Danny fez –, não dá para escapar das dores do crescimento.

"Abri o Gramercy Tavern e logo no primeiro ano recebemos críticas terríveis. O Union Square Cafe caiu na classificação do Zagat pela primeira vez e minha vida virou um caos. Então eu estava perdendo de três a zero. Não era de três a um, era de três a zero. A coisa estava feia, muito difícil mesmo. Eu não sabia estar em dois lugares ao mesmo tempo."

Ao abrir o Gramercy Tavern, Danny fechou os olhos a tudo o que havia aprendido. Este era o medo dele: se escalasse o negócio de restaurantes, tudo iria desmoronar. E, naquele momento, parecia que esse medo se justificava. Certo dia, Danny recebeu dois sinais claros. O primeiro veio do contador, mas não tinha a ver com as finanças.

"Notei dois molhos de chaves na mesa dele; um tinha uma carinha amarela sorridente, daquelas populares nos anos 1970, e o outro tinha uma carinha amarela carrancuda. Perguntei: 'O que é isso?'"

"Bom, acho que você sabe", respondeu o contador.

"Eu disse: 'Não sei, não. Do que você está falando?'"

"A carinha sorrindo é o Union Square Cafe e a carinha feia é o Gramercy Tavern."

"Por quê?"

"Porque no Gramercy Tavern a gente não sente que está num dos seus restaurantes."

A bronca seguinte veio de uma cliente leal do Union Square, após ela ter almoçado no Gramercy Tavern. Ela lhe disse que o salmão ficou cozido demais (o que pode parecer uma reclamação sem tanta importância, mas os clientes esperam precisão em um restaurante com estrela Michelin). O pior foi que ninguém da equipe notou que ela só tinha provado um pedacinho do peixe e feito cara feia. E, ainda pior, perguntaram se gostaria de levar o que havia sobrado para viagem. "No Union Square Cafe, teriam notado!", argumentou ela com Danny. "Teriam me perguntado se eu queria que preparassem outro. Teriam me trazido outra coisa, como cortesia da casa. Mas aqui ninguém percebeu. O que está acontecendo?"

"Foi nesse dia que, além de dispensar o gerente do Gramercy, inventei um nome para o que de fato importava para mim. Chamei de 'hospitalidade bem informada'", conta Danny.

"Hospitalidade bem informada" era o que Danny já vinha fazendo havia anos. Mas o simples ato de *dar um nome à ação* possibilitou que ele a expressasse para a equipe em expansão. "Meu estilo de liderança era basicamente este: 'É só me observar: se eu estiver fazendo alguma coisa, espero que você faça o mesmo.' Eu nunca tinha criado um vocabulário para explicar algo."

Logo em seguida, Danny começou a compartilhar essas novas ferramentas com a equipe. "Tivemos uma reunião com todos os funcionários no Gramercy Tavern, e falei: 'Em vez de esperar que vocês adivinhem o que é importante para mim, vou lhes dizer agora mesmo.' Eu nunca tinha feito isso. Já vinha *fazendo* aquelas coisas, mas não as tinha ensinado."

Danny disse: "Vou lhes dar a melhor receita da vida de vocês. E só tem dois ingredientes. São 49 partes de desempenho e 51 de hospitalidade. E é com base nisso que vocês serão avaliados, que vão receber o pagamento e o bônus."

Em seguida, Danny soltou a notícia realmente bombástica, a peça fundamental da filosofia que o guiava: "Nesta empresa, o cliente vem em segundo lugar."

Se você estiver prestando atenção na história, talvez tenha se surpreendido com essa última frase. A equipe ficou boquiaberta e demorou para reagir. Danny estava *mesmo* dizendo que o cliente não estava mais no topo da cadeia alimentar? É quase uma heresia no ramo dos restaurantes. Danny esclareceu: "Neste restaurante, a partir de hoje, a equipe vem em primeiro lugar."

No primeiro momento, alguns funcionários entenderam que "A equipe vem em primeiro lugar" significava "O que o Danny vai fazer por nós?". Para esclarecer esse mal-entendido, ele esclareceu: "Não é o meu trabalho cuidar bem de vocês. É o trabalho de vocês cuidar uns dos outros." Danny tinha um motivo para dar prioridade total à cultura do local de trabalho: ele sabia que, se criasse a cultura ideal, os clientes passariam a receber um serviço ainda melhor.

E ele recompensou os "mensageiros da cultura", os funcionários que encarnavam esses atributos mais valiosos. Inclusive implementou o chamado "Foi pego fazendo a coisa certa" – pequenos adesivos pré-impressos com os quatro valores fundamentais sob responsabilidade dos funcionários: *excelência, hospitalidade, espírito empreendedor* e *integridade*. Quando um funcionário via outro expressando um valor fundamental, circulava esse conceito no papelzinho, escrevia o nome do colega e afixava em uma área pública – assim, "a equipe compete para fazer algo atencioso para os outros colaboradores".

Toda essa consideração se traduziu em resultados financeiros? Bem, em termos de crescimento, o Union Square Hospitality Group acabou se tornando uma organização com 20 restaurantes de sucesso. Entre eles, uma rede de fast-food descontraída, com muitos fãs e um crescimento rápido, o Shake Shack, que abriu o capital em 2015 e se expandiu para 275 localidades antes da pandemia de covid-19. Talvez o aspecto mais importante seja que todos eles incorporam a "hospitalidade bem informada" da visão de Danny – a tal ponto que, em determinado momento, cinco dos restaurantes listados entre os 10 melhores de Nova York eram do Union Square Hospitality Group.

E tudo começou quando Danny decidiu verbalizar e ensinar a sua visão de cultura. "Quando adotei essa forma de falar sobre a nossa cultura com a equipe, tudo mudou. Cada vez que abríamos um novo restaurante, ele ia disparado para o topo da lista dos favoritos dos nova-iorquinos. Isso me ajudou a entender que, na verdade, *é possível* escalar a cultura", diz Danny.

O manifesto cultural

Antes de se tornar CEO da **ClassPass** – aliás, antes mesmo do jardim de infância –, **Payal Kadakia** era dançarina. "Comecei a dançar quando tinha 3 anos. Meus pais imigraram para cá na década de 1970, e a dança é uma parte muito importante da cultura indiana. A maioria das meninas na Índia – e mesmo aqui, hoje em dia – faz aulas de dança desde novinha. Uma das minhas primeiras lembranças é acordar no sábado de manhã e ir para a casa de uma amiga. A gente dançava com um grupo de 10 meninas e aprendia danças folclóricas indianas, o que me conectou bastante com a minha cultura, com os meus ancestrais."

Quando Payal tinha 5 anos, a família pedia para ela fazer apresentações. "Em todos os eventos familiares aos quais íamos, as pessoas perguntavam: 'Payal, você sabe dançar? Você pode dançar pra gente?' Era como se eu fosse uma artista fazendo uma miniturnê desde muito nova." Com a dança, ela aprendeu a ser responsável (a não se esquecer do figurino, das suas fitas cassete) e também ganhou uma identidade. "Lembro que, mais nova, eu era muito quieta. Mas a dança me deu vida. Era a minha maneira de compartilhar com o mundo algo que estava dentro de mim."

Foi algo que permaneceu com ela. Na época de escola, durante o MBA em Harvard e mesmo após se tornar consultora de gestão empresarial, Payal jamais abandonou o amor pela dança tradicional indiana. "Para mim, a dança é para a vida toda. Tive que lutar para continuar dançando, porque não é fácil. Conforme crescemos e temos outros compromissos, outras responsabilidades, fica complicado dar prioridade às paixões que são o nosso alicerce, que nos dão confiança na vida."

A visão de Payal para fundar a ClassPass, movida por sua paixão pela dança indiana, era que todo mundo deveria encontrar uma rotina de exercícios que não parecesse uma obrigação. Ela acreditava que ninguém deveria se forçar a frequentar uma aula de ginástica porque faz bem; a experiência em si deveria ser a fonte de inspiração. "Sempre digo que criei a ClassPass por querer que outras pessoas tivessem na vida delas o que eu tinha graças à dança."

Essa visão acabou levando a uma rodada de investimentos de Série A de 12 milhões de dólares, seguida por uma fase de crescimento acelerado na qual a ClassPass dobrou de tamanho em apenas alguns meses.

Até aí, tudo bem... mas Payal percebeu que talvez os funcionários mais recentes não compartilhassem da sua paixão pessoal. O "porquê" por trás da ClassPass não estava inteiramente incorporado à cultura da empresa, em parte por conta da velocidade estonteante com que o negócio crescera. "Não cabíamos no nosso espaço. Tinha funcionários no corredor e os vizinhos nos pediam: 'Pessoal, vocês podem parar de fazer ligações no corredor?' Tinha gente atendendo ligações em toda parte."

Em um determinado momento, Payal parou e pensou: *Ai, meu Deus, será que todo mundo aqui conhece a visão e a missão que temos?* Ela observava: "Vários funcionários foram contratados com certa pressa, então achei que depois alinharia isso."

Payal se deu conta de que nunca tinha enunciado, de fato, a missão da ClassPass. "O 'porquê' está claro no meu coração e na minha cabeça, e o vivencio todos os dias, mas isso não significa que a equipe tenha a mesma experiência", diz Payal. "É importante dar a eles esse propósito e essa alma."

Assim, Payal escreveu um manifesto que explicitava o seguinte: *É nisto que eu acredito; é por isto que a ClassPass existe; este é o futuro que estamos tentando criar.* O texto reforçou os valores da empresa, chamados por

Payal de cinco pilares: *crescimento, eficiência, positividade, paixão* e *empoderamento*. Era a sua filosofia, descrita em palavras.

Nem todo mundo acreditou no manifesto, como em geral acontece com visões poderosas. E, na verdade, é melhor que seja assim. É essencial iniciar uma conversa sobre a importância da visão – e discutir por que as pessoas só devem permanecer na empresa, no fim das contas, se acreditarem nessa visão. Como Payal acabou percebendo, a visão não é um aspecto negociável. É a base da cultura da empresa.

De certo modo, as startups são semelhantes a um movimento cultural: você tenta convencer pessoas a se juntarem a ele, a acreditarem nele e a se unirem para apoiá-lo. **Ao expressar quem você é e o que defende, você está informando às pessoas no que elas estão embarcando. Não é apenas um emprego – é também um sistema de crenças.**

Personalize os espaços

Alguns momentos se destacam na história de uma empresa – registrados para sempre não apenas por representarem um grande marco, mas porque resumem um aprendizado fundamental. Para **Kevin Systrom**, do **Instagram**, foi o dia em que Al Gore, ex-vice-presidente dos Estados Unidos, visitou o escritório da empresa.

"Foi o primeiro grande 'influenciador' a visitar o nosso escritório. E eu o admiro bastante", conta Kevin. Pouco antes, o Instagram tinha sido adquirido pelo Facebook e mudado para a sede do novo dono. "O ambiente ainda não estava customizado para ficar com a nossa cara – ou com cara de qualquer coisa. Era só um espaço de trabalho compartilhado. Ele deu uma olhada e falou: 'Então... isso é o Instagram?' E respondi: 'É, isso é o Instagram.'"

Foi como se Kevin erguesse os olhos e *enxergasse* o escritório pela primeira vez. Ele decidiu na mesma hora que era preciso mudar completamente a aparência e o ambiente. O Instagram ganhou um espaço próprio e investiu na reforma dos escritórios para refletir a personalidade e a história da empresa. Por exemplo, todas as salas de reunião foram nomeadas com as hashtags icônicas da plataforma, como #FromWhereIStand.

"Tudo isso colabora para a experiência da cultura empresarial", diz Kevin. "Assim que customizamos o espaço, percebemos que os funcionários estavam bem mais felizes por vivenciarem os valores deles e os da marca, e também que os nossos convidados não me olhavam mais como se eu fosse louco. Foi um bom efeito colateral."

Definir o ambiente físico pode ser um reforço importante para a cultura da empresa. No PayPal, quando Reid era um dos cinco executivos seniores, todas as salas de reunião eram temáticas e recebiam o nome de uma importante moeda nacional. No Airbnb, de cujo conselho Reid participou, cada sala de reunião foi projetada, decorada e batizada em homenagem a alguma das incríveis propriedades dos anfitriões do site.

Contrate os seus cofundadores (todos os 500!)

No início da carreira, **Aneel Bhusri** não tinha muita experiência com cultura empresarial, mas ele soube identificar uma boa cultura quando a vivenciou: foi logo depois de se formar em Administração, no seu primeiro emprego, na empresa PeopleSoft.

Aneel percebeu a simpatia de todos assim que cruzou a porta de entrada. "Na mesma hora, as pessoas me pegaram pelo braço e me acolheram para ensinar o caminho das pedras", conta ele.

Entre os que deram as boas-vindas estava o chefe, David Duffield, fundador da PeopleSoft – que mais tarde se tornou cofundador de Aneel na **Workday**. "Naquele primeiro dia, Dave me levou para tomar uma cerveja e eu pensei: *Nossa, o CEO está me levando para tomar uma cerveja! Tenho 26 anos, nem sei por que ele está fazendo isso, mas quero trabalhar para esse cara.*"

Quando contratou Aneel, então recém-formado, Dave não tinha um cargo específico para ele. Não sabia quais habilidades de Aneel seriam aproveitadas, mas sabia que o jovem iria se encaixar bem na equipe da PeopleSoft.

E foi o que aconteceu. Pouco depois, Aneel foi promovido. Quando a Oracle adquiriu a empresa, em uma tomada hostil de controle, Aneel e David saíram de lá e criaram a Workday.

A ideia deles era potencializar avanços tecnológicos para a gestão contábil e de recursos humanos na nuvem: uma nova forma radical e pouco usual de fazer negócios na época. Para concretizar isso, precisavam de uma equipe forte. Foi então que Aneel começou a agir seguindo uma crença que havia começado a se firmar antes, na PeopleSoft: a de que moldar a cultura certa, com a combinação ideal de pessoas, era essencial para montar uma grande empresa.

Pensando nisso, decidiu que ele mesmo entrevistaria a primeira leva de funcionários da empresa. Não é incomum que o fundador ou o CEO entrevistem pessoalmente os primeiros 10 ou 20 funcionários. Mas Aneel simplesmente continuou... até ter entrevistado o 500º contratado.

É um número surpreendente de candidatos a serem entrevistados pelo CEO de uma empresa em crescimento acelerado. E isso sem contar as inevitáveis dezenas (quem sabe centenas?) de pessoas entrevistadas que *não conseguiram* a vaga. No entanto, Aneel e Dave investiram tempo nisso porque, no entendimento deles, os primeiros contratados não eram somente funcionários, mas também "cofundadores culturais". Eles definem o tom, imprimem comportamentos e valores e vão atrair – ou repelir – outros profissionais. Como tal, podem desenvolver ou quebrar a cultura e a empresa.

Mas, afinal, o que Aneel procurava em todos os candidatos entrevistados? A título de esclarecimento, as competências e a experiência tinham sido avaliadas nos estágios iniciais do processo seletivo. Aneel e Dave se envolveram no momento em que a busca se concentrava em qualidades mais intangíveis. "Fizemos as entrevistas pensando somente na compatibilidade com a cultura", diz Aneel.

Compatibilidade com a cultura é um conceito vago. Cada empresa tem um ideal, e quem tira uma "nota 10 com louvor" em uma empresa leva 0 em outra. Algumas empresas procuram quem consegue pensar livremente; outras querem funcionários que sigam orientações. Algumas prezam a franqueza; outras, a diplomacia. Sejam quais forem os atributos relevantes para a sua empresa, cabe ao fundador selecioná-los.

Eis um erro que os fundadores cometem com frequência no começo: fazem perguntas com base na *compatibilidade* com a cultura, em uma combinação perfeita do funcionário com a cultura como ela é, em vez de considerar o *crescimento* cultural, a ideia de que esse funcionário vai ajudar a construir a cultura da empresa a partir do alicerce estabelecido. Entenda compatibilidade com a cultura como crescimento cultural; essa compreensão possibilita que você se concentre nas iniciativas essenciais, como reforçar a diversidade e a inclusão como parte da cultura da sua empresa.

Fora isso, algumas das qualidades mais importantes a serem buscadas são as de difícil mensuração, que não podem ser ensinadas. "É possível treinar habilidades técnicas, mas não dá para treinar uma pessoa em relação ao que ela acredita ou não", diz Michael Bush, CEO da consultoria em ambiente de trabalho Great Place to Work. "Os funcionários devem ter crenças em comum sobre a importância do trabalho, sobre o cliente e sobre o que significa satisfazer o cliente. E também sobre o que acontece quando as pessoas discordam umas das outras."

E como isso se traduz em uma contratação eficaz? Talvez a coisa mais próxima de uma fórmula seja esta: diga a si mesmo o tipo de empresa que deseja construir; detalhe que qualidades seus funcionários devem ter para alcançar isso; em seguida, elabore perguntas específicas para detectar essas qualidades.

No caso de Aneel, ele já tinha uma imagem clara do tipo de empresa que estava construindo e de como queria que fosse o ambiente: amigável, com um clima de abertura – exatamente como se sentiu no primeiro dia na PeopleSoft. Assim é a personalidade de uma empresa que consegue atender bem os clientes. Para chegar a isso, Aneel sabia que o candidato ideal precisava trabalhar bem em equipe, então aperfeiçoou, com o tempo, uma forma de identificar essa característica. "É necessário descobrir se o candidato é do tipo 'eu, eu, eu' ou 'nós'. A primeira coisa é pedir que ele fale sobre suas realizações na carreira. Se o sujeito disser: 'Fizemos isso, fizemos aquilo', como equipe, já dá para saber que tem o perfil certo."

David e Aneel acreditavam firmemente que contratar candidatos do tipo "nós" não só era bom para a cultura empresarial, mas também teria um impacto direto na qualidade do atendimento aos clientes.

E eles estavam certos. Na última década, a Workday obteve com regularidade um índice de satisfação do cliente acima dos 95%; mais recentemente, atingiu os 98%. O motivo é simples, ou pelo menos é o que parece quando Aneel resume a questão: "Nós contratamos ótimos funcionários. Ótimos funcionários cuidam dos clientes."

Você é quem você contrata: acerte na mistura

Os líderes têm muito a aprender com o bourbon. Pergunte a **Joyce Nethery**. Ela é uma engenheira química que se tornou mestra destiladora. E entende que, quando se trata de bourbon – e de vários aspectos nos negócios e na vida –, o que se ganha depende da dedicação.

Joyce e a família administram a Jeptha Creed Distillery, no Kentucky, uma destilaria "da terra à garrafa", na qual todo o ecossistema que sustenta o produto, de padrão internacional, é supervisionado com cuidado. "Cultivamos o nosso próprio milho. Plantamos a semente e adubamos a terra. Depois, eu faço a destilação, e criamos um produto lindo."

O processo de fabricação do bourbon começa com o milho plantado nas terras da família. "O bourbon tem de ser composto por pelo menos 51% de milho, e cultivamos uma bela variedade passada de geração a geração, chamada Bloody Butcher", explica Joyce. Mas esse não é o único grão na mistura, então Joyce já estudou bastante como cada ingrediente iria reagir com os demais. "Usamos centeio, que dá certo sabor picante... enquanto o trigo é um grão mais suave."

A água também é importante, e não é qualquer uma. Eles usam água filtrada por pedra calcária e sem ferro, proveniente de um riacho local. E quanto aos barris? Foram "levados ao fogo e tostados – é daí que vem o sabor com um toque de nozes".

O bourbon permanece de dois a três anos nesses barris até estar pronto para ser engarrafado. Mas Joyce sabe que – desconsiderando as agruras e os infortúnios – os ingredientes escolhidos por ela no começo vão determinar o sucesso final do produto.

• • •

Se você é o fundador de uma companhia, de certa forma também é o mestre destilador, responsável por selecionar a combinação certa de ingredientes para levá-la à escala. Mas, em vez dos grãos artesanais, os ingredientes principais são as pessoas que constituem a essência da cultura da sua empresa.

Como atingir esse equilíbrio delicado de reunir pessoas talentosas e diversificadas e que ao mesmo tempo "combinem" entre si? A resposta sempre vai depender do tipo de empresa que você está criando – e do tamanho que ela deverá alcançar. Mas o destino será definido pela combinação das pessoas contratadas desde o começo. Você tem que exprimir para si mesmo as qualidades humanas essenciais para a cultura da sua empresa e, em seguida, descobrir como *identificá-las* em uma entrevista. As respostas vão variar para cada fundador.

Arianna Huffington considera a **"franqueza com compaixão"** o valor cultural mais importante na sua empresa, a Thrive Global. Arianna define esse conceito como "a capacidade de ter conversas difíceis, de discordar – inclusive de gestores e executivos de todos os níveis – e de se manifestar quando estiver chateado com alguma coisa ou tiver uma reclamação". Ao entrevistar um candidato, Arianna pede que ele dê um exemplo recente de uma conversa difícil com um colega ou gerente para ter uma ideia de como a pessoa lida com a insatisfação. "Porque não há um local de trabalho onde sejamos felizes o tempo todo. Esse Jardim do Éden não existe."

Para **Eric Schmidt**, ex-CEO do **Google**, a combinação perfeita é **persistência** mais **curiosidade**. "A persistência é o maior indicador do sucesso no futuro", afirma Schmidt. "Por isso, no Google, a gente buscava persistência. E a segunda coisa era a *curiosidade* – por exemplo: com que você se importa? A combinação de persistência e curiosidade é um ótimo indicador do sucesso do funcionário em uma economia do conhecimento."

Não surpreende que a **gentileza** encabece a lista de atributos procurados por **Danny Meyer**, do **Shake Shack**, em seu esforço para criar uma cultura de "hospitalidade bem informada". Mas Danny também busca pessoas *curiosas* e *íntegras*, que tenham uma *ética de trabalho sólida* e *autoconhecimento* e, por fim, demonstrem *empatia*. A equipe de Danny realiza todas as entrevistas com esses seis ideais culturais em mente (além das habilidades técnicas para cozinhar ou servir, é claro). "É frustrante, porque às vezes há profissionais muito bons tecnicamente mas que são péssimos para a cultura da empresa", diz ele. "E, às vezes, há pessoas incríveis, extraordinárias, que simplesmente não conseguem executar o trabalho."

Bill Gates valoriza **um conhecimento profundo, que ele não tenha**, e conta que nos primeiros anos à frente da Microsoft não respeitava esse atributo como deveria. Na época, ele só tinha respeito pelos engenheiros e por mais ninguém. "A noção de que esse tipo de inteligência é tão especializado quanto de fato é (...) era algo que eu não entendia", admite Bill. "Eu pensava: *Ah, eu consigo aprender a parte de vendas. É necessário cursar uma faculdade de Administração? Acho que não.* Eu não respeitava uma boa gestão como deveria."

Ter consciência das próprias lacunas de conhecimento é importante sobretudo para quem tem empresas em crescimento. Duas transições fundamentais que você precisará administrar são a mudança de generalistas para especialistas e de executores para gerentes e executivos. No começo, todo empreendedor necessita de pessoas que arregacem as mangas e façam o que for preciso a cada dia. O ideal para a equipe é aquele funcionário pau para toda obra (o generalista) que executa as tarefas (o executor). Porém, à medida que a empresa escala, é necessário mudar essa composição para incluir mais especialistas (que só sabem fazer uma coisa, mas são excelentes naquilo), gerentes (que tornam os executores mais produtivos) e executivos experientes (que sabem liderar equipes imensas). Veja mais sobre "De generalistas para especialistas" e "De executores para gerentes e executivos" no meu livro *Blitzscaling*.

Tão importante quanto contratar as pessoas certas é considerar quem você *não* deseja contratar. Psicólogo e professor da Wharton School, Adam Grant escreveu diversos livros e artigos sobre cultura empresarial. Ele afirma: "Como fundador que está tentando criar uma cultura, a primeira coisa a fazer é falar: 'É bom ter as pessoas certas no navio, mas é ainda mais importante manter as erradas fora dele.' Quando se trata de contratação, todo fundador deve se questionar: *Quais são as características que não estou disposto a permitir na organização de forma alguma?"*

A CEO e consultora **Margaret Heffernan** aconselha: *não contrate profissionais que não saibam mencionar alguém que já os tenha ajudado.* Para descobrir isso, é só perguntar ao candidato qual pessoa mais o ajudou na carreira. "Caso ele não se lembre de ninguém, é um péssimo sinal."

Margaret se lembra de ter compartilhado essa observação uma vez, em uma conferência de negócios. "Quando o palestrante seguinte, um CEO de tecnologia, subiu ao palco, alguém na plateia lhe perguntou: 'Quem ajudou você ao longo da carreira?' Ele não conseguiu pensar em ninguém. E houve uma espécie de silêncio, todo mundo em choque."

Mark Zuckerberg, do Facebook, também comenta sobre algo a *não* fazer: *só contrate alguém para quem você trabalharia se a situação fosse inversa.* "Isso não significa que você deveria dar à pessoa o seu emprego", esclarece Zuckerberg. "Apenas se pergunte: se você estivesse procurando emprego, ficaria confortável em trabalhar para aquela pessoa?"

Um bordão dos fundadores: cuidado com o solista que nunca aprendeu a tocar com uma orquestra. A falta de espírito de equipe pode ser tóxica, especialmente na fase inicial. No começo do PayPal, apesar de uma ideologia com foco em indivíduos de alto desempenho, Reid e outros executivos incluíram nas entrevistas com candidatos perguntas sobre esportes coletivos para conhecer a visão de cada um sobre trabalho em equipe, ajuda mútua e comportamento a favor do "nós".

E mais uma coisa a *não* fazer, segundo Arianna: *não entreviste nem contrate pessoas quando estiver cansado.* "Todos os meus erros de contratação estão relacionados ao cansaço... O cansaço prejudica não só as habilidades cognitivas para tomar as decisões corretas, mas também nos leva, de forma inconsciente, a querer dizer sim", afirma ela. "Então, depois de aprender com os meus erros, agora na Thrive temos a regra de que ninguém deve fazer uma entrevista quando estiver cansado."

> **ANÁLISE DO REID** — Os primeiros contratados são os seus "cofundadores culturais"

Sou muito fã de atalhos. Escrevi um livro inteiro (*Blitzscaling*) sobre a importância da velocidade, e as dicas para o crescimento empresarial são praticamente o espírito que permeia o *Masters of Scale*. No entanto, em determinadas situações, incentivo os fundadores a serem cautelosos, mesmo que isso os faça desacelerar o ritmo. Uma dessas situações é a das primeiras contratações.

Explico: quando você abre uma empresa, as pessoas que contrata primeiro são mais do que apenas membros da equipe; elas são os seus cofundadores culturais. As habilidades e competências delas não somente vão determinar o que a sua empresa pode fazer, mas também o que ela pode vir a ser. A genética da empresa – a cultura – é definida por esses primeiros funcionários.

Escalar uma grande empresa exige uma cultura forte que deixe claro para os funcionários o que realmente importa e como as coisas são feitas. Uma cultura forte nem sempre é uma cultura "boa"; a força é a medida do quanto uma cultura molda o comportamento da equipe, para o bem ou para o mal. Mas, se você estabelecer uma cultura forte e ruim, duvido que queira trabalhar para a empresa que vai construir a partir disso.

É muito difícil se recuperar de uma contratação ruim feita no começo. Meu amigo Mike Cassidy, da Apollo Fusion, me disse: "Se uma das primeiras 15 contratações for ruim, será fatal para a empresa." Na maioria das vezes, isso é real.

Mas os seus cofundadores culturais vão muito além dos primeiros 15 funcionários. O número exato varia de acordo com a empresa e o setor. Você também pode trazer cofundadores culturais mais tarde, como ao iniciar um projeto relevante ou abrir um novo escritório. Uma vez que eles tenham embarcado, caberá a você, o fundador, fazer as escolhas certas.

O que isso significa? Bem, se a primeira leva de contratados vai desenvolver ou quebrar a sua empresa, isso significa que você, o fundador, deve se sentar com todos os candidatos aptos e decidir se eles estão em sintonia com a cultura estabelecida. Ou terá que criar um sistema forte para determinar a compatibilidade com a cultura.

Essas primeiras contratações não só vão definir as normas culturais, como também garantir que elas se perpetuem. E as culturas se perpetuam

> de duas maneiras: por adaptação e por associação. E tem mais: essas contratações durante a fase inicial vão determinar quais funcionários você vai contratar no futuro e quais vai deixar de contratar. Elas vão moldar o envolvimento do cliente, além de estabelecer como será a tomada de decisões em conjunto e quais você vai priorizar.
>
> A adaptação acontece quando cada pessoa que ingressa na empresa absorve e defende a cultura. Mas é uma via de mão dupla. Cada novo funcionário também pode dar a própria contribuição, única, e aprimorar a cultura. Dessa forma, ela continua evoluindo.
>
> E a cultura também se perpetua por associação. Ao contratar um profissional, você também contrata a rede de contatos dele. Quando abre uma vaga, ele indica os amigos. Quando precisar de parcerias, ele vai abrir portas para a empresa. A conexão poderosa desse grupo inicial de contratados não deve ser subestimada. Caso essa primeira equipe não seja a ideal – ou não seja diversa –, talvez se torne extremamente difícil corrigir isso mais tarde.

Diversidade cognitiva: solucionando o cubo mágico

Diante de todos os prós e contras e das perguntas e técnicas para descobrir as qualidades certas para uma posição, pode parecer que o objetivo é identificar o funcionário ideal e depois replicar esse processo até reunir um exército de colaboradores igualmente perfeitos. Ainda que isso fosse possível, porém, seria a receita para um desastre cultural.

O objetivo não é contratar um monte de sósias ou de gente que pensa do mesmo jeito. **Caso a sua empresa seja dominada por um único tipo de pessoa, ninguém vai enxergar os pontos cegos e a visão coletiva ficará limitada.**

Sallie Krawcheck compreende esse ponto e o levou em consideração ao montar a Ellevest. Nesse processo, ela questionou e esvaziou preconceitos profundamente arraigados sobre mulheres e dinheiro.

"Cresci em Wall Street, que se autodenomina uma meritocracia, mas esse setor tem dado retornos ruins aos acionistas há muito tempo", observa ela. Mesmo assim, querem que todos nós acreditemos "que 90%

dos operadores de pregão e 86% dos consultores financeiros devem ser homens brancos apenas porque são melhores nisso. Assim, supostamente é um caso de meritocracia... ah, exceto por aquela crise financeira. Mas foi uma exceção".

Sallie está na linha de frente na criação de uma cultura de trabalho diversa, não apenas em termos de gênero e raça, mas também de diversidade cognitiva. A ideia é que são necessárias perspectivas diferentes que se iluminem mutuamente e levem a uma reflexão mais profunda.

A forte crença de Sallie na diversidade cognitiva está, em parte, enraizada em sua experiência de trabalho em uma das culturas menos diversas nesse aspecto. Mas, na verdade, a luta contra a conformidade em uma cultura em que não há diversidade é anterior a essa vivência: remonta à sua época de estudante em uma escola só para meninas em Charleston, na Carolina do Sul, onde Sallie era a garota esquisita. "Óculos, aparelho nos dentes... Não tenho certeza se eu usava sapatos ortopédicos, mas na minha cabeça, sim", conta ela. Sallie tem lembranças nítidas de como era almoçar sozinha todos os dias. "Para superar isso, todos os dias eu vestia uma armadura e voltava ao campo de batalha. Anos depois, eu gostava de dizer: 'Não há nada que possam fazer comigo em Wall Street que seja pior do que o sétimo ano.'"

Sallie queria que a cultura da Ellevest fosse exatamente o oposto da cultura sem diversidade de Wall Street – e das escolas só para meninas. Seu primeiro passo foi procurar um cofundador "o mais diferente possível de mim". Seria razoável supor que Sallie contrataria uma mulher... Afinal, seu produto é voltado para elas e sua missão é corrigir parte do desequilíbrio de gênero no mundo financeiro. Em vez disso, porém, contratou um homem, Charlie Kroll, cuja formação em tecnologia complementava a experiência dela em finanças. Além disso, a maneira de trabalhar e a personalidade de Charlie não poderiam ser mais diferentes das de Sallie. Ela conta que era raro concordarem em alguma coisa – e é assim que deve ser.

Ela queria assegurar que a Ellevest também fosse inclusiva de outras maneiras, por isso implementou sistemas para garantir a diversidade de raça, etnia e gênero. "Hoje, a empresa é composta por dois terços de mulheres e 40% de pessoas não brancas, e metade da equipe de engenharia é formada por mulheres", diz ela. Sempre que esses níveis de diversidade baixam, há uma pausa na contratação para a empresa se concentrar no reequilíbrio.

Isso leva a uma questão mais ampla sobre diversidade – não se trata apenas de gênero e etnia, mas de todas as dimensões da experiência e da personalidade humanas: idade, altura, idioma, orientação sexual, religião, origem, educação, tipo de personalidade. Extrovertidos e introvertidos; pessoas flexíveis e pessoas sistemáticas. "Também tem a ver com isto: tem um número X de otimistas e de pessimistas?", comenta Sallie. "É quase como solucionar um cubo mágico."

Caterina Fake, empreendedora de tecnologia e cofundadora da Yes VC, acredita que o trabalho começa no primeiro dia. "Se a equipe fundadora tiver mulheres, afro-americanos, latinos, etc., é natural que continue a evoluir dessa forma." Diversidade tende a atrair mais diversidade, e o processo fica mais orgânico. Quando as empresas tentam "enxertar" iniciativas de diversidade anos depois, a tendência é que seja mais complicado, diz Caterina. "Porque a cultura já está formada. É extremamente difícil mudá-la depois de estabelecida."

Não se limite a "delegar a diversidade" a uma pessoa na empresa e presumir que ela resolveu a questão. "Não se trata apenas de quem contratamos, mas das pessoas com quem fazemos negócios, dos fornecedores que temos", afirma **Shellye Archambeau**, ex-CEO da empresa de softwares MetricStream e uma das primeiras mulheres negras a ocupar o cargo de CEO no Vale do Silício. "Quais são os mercados que queremos atingir, onde estão localizados os nossos escritórios? Todas essas coisas contam." Portanto, não pense na diversidade como um desafio cuja solução é rápida ou um item a ser marcado como "problema resolvido". A verdadeira diversidade é um compromisso contínuo e de longo prazo. E é essencial lançar uma rede mais ampla ao contratar.

Robert F. Smith, CEO da Vista Equity Partners, dá pouca atenção ao currículo propriamente dito: onde o candidato estudou ou em que empresas trabalhou. Em vez disso, ele se concentra nas aptidões, nas habilidades e nos tipos de personalidade, uma estratégia que costuma atrair pessoas de origens variadas.

A Vista chama os novos funcionários de "contratações HIPEL", sigla em inglês que significa "cargos para iniciantes de alto desempenho". Ao serem admitidos, os contratados HIPEL fazem o exame de aptidão exclusivo da Vista, que gera um perfil de personalidade para identificar aspectos como paciência e assertividade. Esses atributos, não a escolaridade ou a origem socioeconômica, ajudam a determinar onde as pessoas serão alocadas e como serão aproveitadas nas várias organizações da Vista. "Com dados dos últimos 20 anos e de anos anteriores, temos muitos exemplos do desempenho de pessoas com certo tipo de perfil", diz Robert. "Podemos falar: 'Talvez você se dê melhor em uma equipe de serviços do que em vendas ou desenvolvimento. Por que não tenta isso?' No fundo, estamos distorcendo a composição dos grupos funcionais e colocando a aptidão no topo para ter uma organização de negócios de alto desempenho."

Ao aplicar os testes de aptidão, as empresas de Robert viram o número de contratações que ampliam a diversidade subir em até 50%. Mas é preciso dar um voto de confiança, diz Robert. "E a maioria das pessoas não tem coragem de fazer isso, porque a tendência é contratar o perfil que já conhecem."

Uma última questão sobre esse tema: caso queira diversificar perspectivas, não limite geograficamente a sua empresa. Há um movimento forte atualmente, acelerado pela pandemia de covid-19, para se criarem escritórios remotos ou empresas dispersas em várias localidades. Essa tendência pode ser um benefício para a diversidade cognitiva, de acordo com **Wences Casares**, fundador e CEO da **Xapo**, a empresa de moeda digital.

A Xapo não é enorme – tem cerca de 300 funcionários –, mas a equipe está espalhada em 62 lugares de diversos países. Isso significa que os principais funcionários da empresa não apenas têm origens variadas, mas também estão imersos em diferentes culturas e estilos de vida. Para escalar internacionalmente, as empresas devem contemplar esse tipo de diversidade geográfica e cultural, de modo a alcançarem outros clientes além daqueles que são como elas e se conectarem de modo mais amplo com o mercado internacional.

TEORIAS DO REID PARA DESENVOLVER A CULTURA DA SUA EMPRESA

Crie uma cultura que seja inteligente o bastante para evoluir
Em empresas de tecnologia – e, cada vez mais, todas as grandes empresas estão se tornando empresas de tecnologia –, traga para a cultura os pensadores adeptos do *first-principle thinking*. Em vez de seguir instruções sem questionar ou se ater a um processo testado e comprovado, um pensador que se baseia nos *first principles* se pergunta a toda hora: *O que é melhor para a companhia?* ou *Não poderíamos fazer isso de outra maneira?*.

Coloque o cliente em segundo lugar
Se você conseguir criar o tipo ideal de cultura que prioriza os funcionários, uma cultura na qual cada um deles seja exemplo para os demais em relação ao que significa ser excelente na profissão, essa dinâmica levará aos clientes produtos e serviços cada vez melhores.

Encontre maneiras de expressar a cultura da sua empresa
Sua visão, seus valores e até mesmo a herança única da sua empresa importam mais do que você pensa na definição da cultura. Não presuma que todo mundo sabe o que está na sua cabeça e no seu coração. Diga isso em voz alta e com orgulho desde o primeiro dia.

Pense nos primeiros contratados como cofundadores
As pessoas que você contratar na fase inicial vão dar o tom do seu negócio. Logo no começo, defina as qualidades humanas que são fundamentais para a cultura da empresa (assim como as que *não* deseja) e use-as como guia nas entrevistas para contratar profissionais compatíveis com a cultura.

Solucione o cubo mágico da diversidade cognitiva
Sem diversidade cognitiva, você vai perder oportunidades e perpetuar falácias. E estará perdido em uma névoa de monotonia.

5

Crescimento rápido, crescimento lento

Era o dia da abertura da startup de **Tory Burch**: a grande oportunidade de lançar uma linha de roupas em sua nova loja durante a New York Fashion Week. Tory estava pronta. Tinha encontrado um espaço por um bom preço no centro da cidade (*bem* no centro). Tinha um monte de araras de roupas criadas por ela. A família e os amigos já estavam circulando por lá, bem como profissionais da imprensa. E o mais importante: os clientes começavam a aparecer naquela manhã. Só estava faltando... uma porta na entrada.

O que aconteceu foi o seguinte: Tory havia projetado uma porta linda e customizada, na qual pintara o seu logotipo num tom vivo de laranja. Mas "a porta simplesmente não chegou", conta Tory. "Estava frio lá fora. Era *fevereiro*."

Tory poderia ter cancelado tudo e adiado a abertura até conseguir receber os clientes com a entrada espetacular (e a temperatura razoável) que imaginara. Mas, como a maioria dos empreendedores, Tory tem um pendor para a ação. Ela sabia que havia um momento certo para chamar a atenção durante a Fashion Week – e, caso hesitasse, talvez essa chance escapasse de vez.

Então foi em frente. E, por ironia, abriu as portas da sua empresa sem nenhuma porta. Resultado: sucesso total. "Foi incrível, quase como se estivéssemos oferecendo o produto de graça", conta Tory. "Comecei a ver gente experimentando roupa no meio da loja. Vendemos a maior parte do estoque naquele dia. Aí meio que nos demos conta de que estávamos no caminho certo."

Essa é uma história clássica de empreendedorismo: produtos lançados em meio a esperança e orações, com problemas ainda não resolvidos; empresas abertas sem ninguém para atender às ligações; sites lançados com um único servidor que não dá conta do recado e logo fica sobrecarregado.

Por que não esperar um pouco mais, até as coisas estarem mais ajeitadas? Porque a velocidade é a essência da startup. Por definição, ela corre contra o relógio – para ganhar clientes e montar o seu modelo de negócios antes dos concorrentes, enquanto ainda tem dinheiro.

Claro, quem tem uma conta bancária sem limite de recursos e nenhuma concorrência pode se dar ao luxo de levar o tempo que for. Mas, para a maioria dos empreendedores, uma startup vagarosa morre na praia.

Reid atua no ramo de serviços on-line e é bem conhecido no Vale do Silício por afirmar o seguinte: "Se você não sentir vergonha do lançamento do seu primeiro produto, significa que o lançou tarde demais." Esse aforismo trata da importância da velocidade e da aceleração da curva de aprendizado na interação com os clientes por conta do lançamento.

Mas velocidade não quer dizer pressa. E saber exatamente quando e por que ter paciência pode ser tão importante quanto agir de forma rápida. Atenção: paciência não significa lentidão, e sim escolher de modo estratégico o momento certo.

Para Tory, a Fashion Week de 2004 foi *o* momento de lançar a linha de roupas que leva o nome dela. Só que a história não acaba aí. Ao conceber sua empresa de moda, o sonho de Tory não era dos mais comuns no mundo do empreendedorismo. Ela imaginou uma organização com duas frentes complementares: uma com e outra sem fins lucrativos. "Eu queria abrir uma empresa *com o objetivo* de criar uma fundação – esse era o meu plano de negócios", diz ela. Ganhar dinheiro e retribuir eram ações interligadas desde o começo.

Mais especificamente, Tory queria criar uma organização sem fins lucrativos para apoiar pequenas empresas pertencentes a mulheres. Ela comenta a reação negativa que recebeu quando tentou levantar capital para o negócio que também deveria se transformar em fundação: "Basicamente, riram da minha cara e me disseram para nunca usar as palavras 'negócios' e 'responsabilidade social' na mesma frase."

Tory estava igualmente apaixonada pelas duas metades da ideia e convencida de que daria certo. No entanto, após ouvir feedbacks impassíveis dos financiadores, todos dizendo a mesma coisa, mudou de estratégia. Avançou a todo vapor com a ideia de um negócio que oferecesse roupas diferenciadas e casuais porém elegantes a preços acessíveis por venda direta ao consumidor. E deixou de lado a ideia da fundação... por ora.

Ela jamais perdeu de vista o objetivo que era parte integrante da ideia inicial, apenas esperou pelo momento exato. E esse tipo de determinação é primordial para qualquer estratégia associada à paciência. Em 2009, cinco anos após o famoso "dia sem porta", Tory lançou sua fundação discretamente. Dez anos depois, o Bank of America se comprometeu a doar 100 milhões de dólares para o programa da fundação que possibilita que mulheres empreendedoras tenham acesso a empréstimos com juros baixos e, ainda, cria um círculo virtuoso com o negócio que tornou Tory bilionária.

Neste capítulo, vamos nos concentrar na importância de encontrar o equilíbrio entre crescimento rápido e agressivo e paciência estratégica e vigilante. Isso pode influenciar a quantia de dinheiro a ser captada (e a escolha dos investidores), assim como as oportunidades de crescimento e as parcerias iniciais. E pode impactar ainda o modo de estruturar a organização e de desenvolver a cultura empresarial.

Manter o equilíbrio entre rapidez e lentidão pode ser complicado: é arriscado ir depressa demais, mas avançar devagar costuma ser ainda mais perigoso para uma startup, pois pode privá-la dos recursos necessários para o crescimento. E às vezes, sobretudo diante de uma concorrência forte, é importante correr riscos excepcionais para se mover o mais rápido possível.

Para visualizar o tipo específico de paciência de que estamos falando, imagine uma enorme garça-azul: aquele pássaro elegante e imponente, com pernas incrivelmente longas e bico em forma de adaga. A garça-azul fica parada como uma estátua em um brejo. E permanece nessa posição por tanto tempo que quase parece ter sido pintada na paisagem. Talvez dê a impressão de ser bastante preguiçosa... até que ela avista um peixe. Nesse momento, a ave dá um bote, com velocidade e precisão impressionantes.

Caso não a conheça, a marca de moda de Tory Burch mistura o moderno e o clássico – estilo que foi apelidado de "patricinha chique". Mas Tory não cresceu em um country clube. A infância dela foi mais na linha "Huck Finn encontra Andy Warhol".

"Acho que as pessoas têm uma ideia equivocada de onde eu cresci", diz ela. "Fui criada em uma fazenda no meio do nada, com meus três irmãos. A gente passava o tempo inteiro ao ar livre. Meus pais viajavam e nos deixavam sozinhos várias vezes." Por outro lado, eles "levavam convidados aleatórios para jantar. A gente nunca sabia quem ia ser... Podia ser um encanador, um poeta, um artista. Sempre foi inspirador, e isso atiçava a nossa curiosidade intelectual para entender os diferentes tipos de pessoas".

Na infância, Tory não se interessava por moda. "Era moleca e só fui usar um vestido no ensino médio, para o baile de formatura", conta. Na verdade, ela entrou no mundo da moda bem por acaso. Ao terminar a faculdade, não tinha ideia do que queria fazer da vida. Só sabia que precisava de um emprego – qualquer um – que lhe permitisse viver em Nova York. Assim, ligou para um estilista que não a conhecia (o que não é fácil para uma mulher "extremamente tímida", como Tory se descreve), e a resposta foi que teria uma oportunidade se estivesse disposta a começar na semana seguinte. Sem problemas: ela se formou na sexta, fez a mudança para Nova York naquele fim de semana e assumiu a vaga na segunda.

Após anos trabalhando para outros estilistas – e um período em casa desempenhando o papel de mãe –, Tory enfim finalizou um plano para o seu próprio empreendimento. Tinha uma visão que contrariava o mainstream e muitas ideias à frente do seu tempo, como vender diretamente para o consumidor em lojas de varejo e por um site (num tempo em que a maioria das coleções era lançada em lojas de departamento). Mas também era um plano relativamente cauteloso, com o objetivo conservador de abrir três lojas em cinco anos.

E isso fez sentido até uma oportunidade inesperada se apresentar no primeiro ano: Oprah Winfrey descobriu as roupas de Tory e apresentou algumas peças no seu programa. O plano de inaugurar três lojas foi para o espaço: Tory abriu 17 unidades.

Logo surgiram oportunidades no exterior. Mais uma vez, ela escolheu ser cautelosa, em especial quando começou a operar na China. "Nunca seremos aquela empresa que se joga", diz. "Sempre queremos conhecer os mercados, ser respeitosos e entender as culturas. Temos sido muito cuidadosos. Muitas vezes, quando expandimos as operações em um novo país, fazemos parceria com empreendedores locais." Mas assim que está pronta para agir de forma mais agressiva, Tory não vacila: hoje, ela tem 30 lojas na China.

Ao longo desses anos de crescimento rápido, ela confiou na intuição para saber quando avançar e quando desacelerar – em alguns casos, isso a fez dizer "não" para oportunidades de ampliação ou, no mínimo, buscá-las por uma via mais demorada.

Veja os outlets, por exemplo. Essas lojas de descontos em grande escala tiveram um crescimento enorme em termos de popularidade e vendas nos últimos anos. "O segmento de outlet é como uma droga", diz Tory. "É uma solução muito fácil, mas não de longo prazo. Pode ser muito diluidor para a empresa." Ela só abria um outlet quando o momento e o local pareciam adequados – em um ritmo que lhe permitisse proteger os preços e a imagem da marca.

"No nosso setor, todo mundo precisa ter um outlet. Mas, para mim, não é uma estratégia de negócios", explica Tory. "É necessário fazer isso com bastante cautela. Queremos proteger as nossas vendas com preço cheio, mas usar o outlet se necessário. Algo bem diferente do que as pessoas pensam."

Ela também observa com atenção como a marca é tratada nas principais lojas de departamentos e, em pelo menos uma ocasião, retirou uma coleção completa de uma grande loja – uma atitude extrema, considerada impensável pela maioria dos estilistas. "Quando uma empresa não trata você do jeito adequado, oferecendo a variedade ideal, na localização ideal, ou quando [os produtos] são colocados à venda antes de estarmos prontos... Se não for possível negociar, só nos resta sair fora", diz ela.

A estratégia de Tory nessa luta – marca de longo prazo em primeiro lugar; receita de curto prazo em segundo – pode confundir quem está olhando de fora. Ela a descreve com um sorriso: "Almocei ontem com uma jornalista que falou: 'Você é conhecida por proteger muito a sua marca, a ponto de talvez irritar os seus investidores.'"

Na verdade, os investidores de Tory estão bem contentes com as decisões dela. É mais de 1,5 bilhão de dólares em vendas anuais – como uma empresa de capital fechado –, então fica difícil contestar esses resultados. Ela acha que talvez uma estratégia de crescimento equilibrado seja mais comum entre lideranças femininas. "As executivas que conheço têm uma visão de longo prazo", afirma. "A tendência delas é pensar em como cada passo que dão vai impactar os negócios daqui a cinco ou dez anos." Tory acredita que as mulheres sabem intuitivamente quando é hora de ter cautela – e quando devem acelerar.

De olho nos sinais

Em maio de 2017, Lehua Kamalu zarpou do Taiti para o Havaí em uma canoa polinésia, uma embarcação tradicional que na verdade é um veleiro de casco duplo. Tinha muita coisa em jogo. Era a primeira vez que Lehua viajava como a principal navegadora, liderando sua tripulação em uma jornada épica para percorrer 2.500 milhas em mar aberto. E a embarcação de Lehua foi "projetada exatamente como as que meus ancestrais usavam", diz ela. Ou seja, sem motor sobressalente, eletricidade, querosene, computadores de bordo ou instrumentos modernos – nem sequer uma bússola.

Lehua é a primeira mulher navegadora da Sociedade de Navegadores da Polinésia – e, cada vez que um membro da sociedade se lança ao mar, além de enfrentar rotas traiçoeiras, revive a experiência dos seus ancestrais e mantém viva uma sabedoria antiga. Na primeira vez que essa rota foi percorrida nos tempos atuais, séculos de suposições caíram por terra: a rota Taiti-Havaí já foi considerada inviável sem os instrumentos modernos.

A primeira semana de viagem foi tranquila. Então a tripulação atingiu a calmaria – literalmente. Calmaria é uma área plana e tranquila na Linha do Equador, conhecida por alternar uma imobilidade mortal com tempestades violentas e imprevisíveis. Quando a embarcação de Lehua chegou a essa região, a quietude era enervante. Os ventos e a corrente diminuíram; o céu estava coberto de nuvens. "Quando a gente está na calmaria, é fácil perder a fé", diz Lehua.

Não esqueça que era um veleiro sem motor – aliás, com um suprimento limitado de alimentos. A tripulação depende do vento e das correntes marítimas para se manter no curso. É nessa hora que a paciência é necessária – "mas não uma paciência preguiçosa, e sim uma paciência vigilante, alerta", explica ela.

A tripulação procurou por sinais – correntes, ventos, um vislumbre que fosse do sol, da lua ou das estrelas – para calcular a localização e ter uma noção do que estava por vir. Lehua relata: "No segundo dia de calmaria, surgiu uma camada de nuvens tão espessa que nem dava para ver o brilho do sol... Estava escuro como breu. Não dava para ver as ondas, só para senti-las. Eu percebia a força das ondas batendo na lateral da embarcação, ritmadamente."

As ondas fortes e a escuridão total duraram mais cinco dias, e só lhes restou "olhar e esperar, olhar e esperar". Lehua explica o papel dela: "O trabalho do navegador é olhar para o futuro mais distante possível, proteger a tripulação e a embarcação e garantir que o curso esteja certo." Lehua procurava um sinal que talvez aparecesse só por um momento: "E quando isso acontece, temos que estar prontos para navegar."

Finalmente, no quinto dia de escuridão, raios solares atravessaram a escuridão por um instante, em um lampejo de luz vermelha intensa, como "um olho de dragão", na descrição de Lehua. Era o sinal que ela estava esperando, pois indicava a posição exata e a trajetória do sol. Quando soubesse isso, ela poderia calcular a localização do barco e descobrir as informações necessárias para retomar a jornada.

"Podia fazer um levantamento bem abrangente – do vento, do oceano, das ondas –, pois tudo tem relação com esse sinal", diz ela. "Todo mundo ficou muito animado, porque era o que estávamos procurando." A tripulação ajustou o curso para a latitude do Havaí, no lado leste da Big Island.

"Fiquei confiante e recebi sinais seguidos de que estava no caminho certo. Nós nos mantivemos firmes naquelas águas incertas e esperamos pacientemente... até a hora de acelerar."

A história de Lehua é uma metáfora perfeita sobre liderança. Tanto os grandes capitães quanto os melhores CEOs sabem que não dá para se deslocar com rapidez todos os minutos da jornada. **Se a sua jornada é longa, é preciso entender que as condições ao redor estão em constante mudança.** E ser paciente de um modo estratégico, o que não significa sentar e esperar; significa ficar a postos enquanto espera e estar preparado para o momento de pisar no acelerador.

Porém, quando o momento da ação chegar, seus primeiros passos na largada devem ser rápidos. Aliás, é melhor que sejam explosivos. A ideia é gerar um impulso enorme para dar embalo à sua ideia – antes que alguém roube o seu protagonismo.

Atingindo a velocidade de escape

Se você der a largada com a rapidez necessária, talvez consiga não apenas superar os concorrentes, mas também deixá-los totalmente para trás. Essa é a filosofia de um dos cofundadores do PayPal, **Peter Thiel**.

Peter é uma figura controversa no Vale do Silício, conhecido por declarações provocadoras e políticas imprevisíveis. Mas o seu histórico de ótimos resultados como empresário e investidor é inegável – e arraigado em uma estratégia radical de "tomar a iniciativa".

Peter não acredita em *vencer* a concorrência, e sim em *escapar* dela de vez – seja ao explorar uma área emergente sem competidores consolidados, seja ao avançar de modo tão rápido e decisivo que eles não tenham a menor esperança de alcançá-lo.

No começo do PayPal, ele sabia que, para escapar dos concorrentes, era necessário conquistar o maior número possível de clientes – e depressa. Então, realizou um experimento dispendioso. A maioria das empresas reserva um orçamento para anunciar e atrair novos clientes, mas o PayPal escolheu um caminho mais direto: pagar aos próprios clientes. Ao recomendar o serviço para um amigo, o cliente e o indicado recebiam do

PayPal, cada um, 10 dólares em saldo na plataforma. Não é que Peter *quisesse* dar todo esse dinheiro... mas ele considerou essa a melhor estratégia, a mais segura, para largar em menos tempo.

A lógica tinha fundamento. Em primeiro lugar, ao depositar 10 dólares aos usuários, ele demonstrava por que e como usar o PayPal para transferir dinheiro de modo fácil. Segundo, embora parecesse caro, acabou sendo um caminho bem mais barato e direto para conquistar clientes do que os pacotes de publicidade utilizados por quase todas as empresas de serviços digitais.

"Precisávamos escalar o mais rápido possível", diz Peter. "Caso contrário, talvez alguém nos derrotasse, e aí não atingiríamos a velocidade de escape." Acabou que o PayPal continuou a crescer, mesmo após o término dos bônus por indicação, mas Peter não tinha como ter certeza disso na época. "É necessário acelerar muito para escalar rápido... Mas a vantagem disso é alcançar a velocidade de escape e se distanciar do buraco negro que é a hipercompetição."

Nessa fase, o PayPal nem sequer tinha um modelo de negócios finalizado. "Eu achava que a gente só podia ou escalar ou descobrir o nosso modelo de negócios", diz Peter. Ele optou por escalar primeiro e se preocupar com a definição do modelo depois.

Tanto o número de usuários do PayPal quanto os custos da empresa estavam subindo de maneira exponencial, sob o comando de Peter. "O fluxo de caixa negativo passava dos 10 milhões de dólares por mês. Era bem desconfortável", afirma ele.

Mas diversas empresas adiam a lucratividade – em alguns casos, por anos.

A Amazon ignorou as queixas dos investidores de Wall Street por quase duas décadas, período em que se empenhou em acabar com a concorrência em um setor de varejo após o outro.

Apesar de estar decolando, o PayPal não podia ficar tranquilo em relação a nenhum aspecto. **A velocidade de escape não é um valor absoluto. É sempre relativa à concorrência.** Quem determina a força com que você vai pisar no acelerador é o seu concorrente mais veloz. E o PayPal tinha um bem feroz, o eBay, que estava lançando um novo sistema de pagamento on-line.

É nessa hora que as startups ágeis têm uma vantagem sobre as empresas estabelecidas, cuja tendência é se movimentar mais devagar. Reid integrava o conselho fundador do PayPal e depois se tornou CEO de operações. "Na realidade, é raro os concorrentes mais perigosos serem as grandes empresas, como o eBay. Elas hesitam em invadir o campo e correr riscos. Um deslize do PayPal [naquela época] prejudicaria milhares de usuários. Já um deslize do eBay irritaria milhões de usuários e poderia chamar a atenção das autoridades reguladoras", explica ele.

E mesmo que o eBay estivesse disposto a correr esses riscos, afirma Reid, "por que gastaria tanta energia criativa no equivalente on-line de uma caixa registradora? Afinal de contas, o eBay estava construindo a loja inteira – um mercado global para o comércio on-line. E daí se uma empresa pequena estava se apropriando do balcão do caixa? Assim, apesar de estarmos preocupados com o novo sistema de pagamentos do eBay, também nos sentimos encorajados ao perceber que eles levaram mais de um ano para implementá-lo".

Enquanto isso, o PayPal crescia cada vez mais e retinha uma grande base de usuários. Peter entendeu que, mesmo quando a situação inicial é muito competitiva, com o tempo a velocidade de escape podia levá-lo a um lugar onde restavam cada vez menos desafiantes.

Mas como saber se essa velocidade de escape foi atingida? Peter tinha uma fórmula.

"Havia uma equação que sempre ficava escrita nos quadros brancos do PayPal", conta. Ele ainda consegue recitá-la: "$u_t = u_0 e^{xt}$ – onde u_0 é o número inicial de usuários, u_t é o número de usuários no tempo t, e e^{xt} é o fator de crescimento exponencial. E, se aumentarmos x, o expoente sobe ainda mais rápido."

Entendeu? Tudo bem se não tiver entendido. Basta dizer que o "x" do PayPal era de tal ordem que a base de usuários do serviço aumentava até 7% ao dia, um crescimento que ocorre quando o número de usuários e/ou a receita dobram de maneira sistemática – o que gera uma curva com formato de taco de hóquei no gráfico de crescimento. O PayPal começou com 24 usuários e em pouquíssimo tempo esse número chegou a 1 mil; um mês depois, eram 13 mil; mais um mês e eram 100 mil; e três meses após o lançamento alcançou 1 milhão de usuários.

"Existe uma citação de Einstein, que talvez seja apócrifa, segundo a qual os juros compostos são a força mais poderosa do universo", afirma Peter. (Observação: não há evidências – e, para nós, a chance é zero – de que Einstein realmente tenha falado isso, mas não deixa de ser uma observação inteligente.)

Peter previu que pagar os primeiros usuários para se inscrever possibilitaria ao PayPal explorar o poder de capitalização desde o início – e ele tinha razão. "Com isso, embarcamos numa grande loucura", comenta.

Essa regra subestimada do crescimento composto é o motivo de tantos sucessos nascerem da noite para o dia no Vale do Silício. "É por isso que os investidores despejam centenas de milhões em um fiapo de empresa", diz Reid. "Desde que a sua startup esteja atingindo a velocidade de escape, qualquer pessoa que compreenda o poder do crescimento composto continuará financiando você."

E, enquanto estiver recebendo financiamento, você pode continuar a crescer. Mas esteja ciente de que manter a velocidade de escape – a força que lhe garantiu altas somas de capital – talvez requeira gastos em um ritmo alarmante.

Por fim, como o PayPal garantiu uma posição de domínio no setor de pagamentos on-line, algo executado na velocidade da luz, o eBay, empresa maior e mais lenta, ficou sem escolha: parou de tentar competir com o concorrente e, em vez disso, comprou-o, em 2002, pela cifra impressionante de 1,5 bilhão de dólares. Talvez ainda mais sintomática seja a capitalização de mercado do PayPal, que atingiu 247 bilhões de dólares até o momento.

Decida, decida, decida

Eric Schmidt estava se dando conta de que cometera um grande erro. Após 14 anos de sucesso na Sun Microsystems, havia tomado uma decisão: "Era hora de mudar. Era hora de ser CEO em alguma organização." Ele fora convidado a liderar uma empresa de softwares de rede, a Novell. Na teoria, parecia perfeito. "Mas, como é típico do meu jeito de agir, não fiz a diligência prévia que deveria", admite.

"A realidade bateu no primeiro dia, porque me apresentaram números para a receita do trimestre diferentes dos que tinham me falado na entrevista. Na quarta-feira – meu terceiro dia de trabalho –, já estávamos em uma crise real." As coisas foram ladeira abaixo em pouco tempo. "Um tempo depois, teve um mês no verão que chamamos de 'o pior dos meses', quando tudo estava desabando. Naquele mês, eu me lembro de dizer a um colega: 'Só quero ir embora daqui com a minha integridade intacta.' Quando se enfrentam desafios desse calibre, a gente aprende o que de fato importa."

Em meio à crise, Eric decidiu aprender algo totalmente diferente. Ele se tornou piloto de aviões de pequeno porte. Embora talvez pareça inconsequente, isso acabou gerando um grande impacto. Um amigo disse a Eric: "Você precisa de uma distração. Se estiver pilotando, não vai conseguir pensar em mais nada."

"Foi o melhor conselho de todos", conta Eric. "Porque, na aviação, aprendemos várias lições sobre tomar decisões rápidas: *decida, decida, decida.* É melhor tomar uma decisão e simplesmente aceitar as consequências."

"Ter essa disciplina me ajudou nos tempos difíceis na Novell, quando vivenciei uma reviravolta radical", conta Eric. No entanto, o hábito de tomar decisões rápidas também foi muito útil para ele no Google, de um modo que fez história.

A tomada rápida de decisões tem sido a chave para o crescimento explosivo do Google, por pelo menos duas razões. A primeira é que possibilitou à empresa ultrapassar a concorrência em um ecossistema em rápida mudança, o de ferramentas de busca na internet. A segunda – e menos compreendida – é que **decisões rápidas estimulam inovações. Nada melhor para matar a criatividade do que uma série de entraves burocráticos.** "A maioria das grandes corporações tem um excesso de advogados e tomadores de decisão, além de proprietários hesitantes – e as coisas ficam empacadas."

Para evitar essa estagnação, Schmidt incluiu a tomada rápida de decisões nos rituais da empresa desde o início. "Adotamos um modelo com uma reunião de equipe na segunda, uma de negócios na quarta e uma de produto na sexta", explica Eric. "O objetivo era que todos soubessem em que reuniões as decisões eram tomadas. Hoje, no Google, as decisões são rápidas em quase todos os casos, mesmo na escala atual. E isso é um legado daquela decisão lá no começo."

A aquisição do YouTube por 1,65 bilhão de dólares é um exemplo perfeito. "Tomamos a decisão de comprar o YouTube em cerca de 10 dias. Uma decisão histórica, mas estávamos prontos. As pessoas estavam focadas. Queríamos fazer isso", conta Eric.

Susan Wojcicki também se lembra dessa velocidade. Ela é a atual CEO do YouTube, mas, na época da aquisição, era uma *googler* de longa data e trabalhava em um novo programa, o Google Video, concorrente direto do YouTube.

"O YouTube foi lançado alguns meses após o nosso produto, cresceu de maneira muito acelerada e logo se tornou maior do que nós", conta Susan. "E a gente percebeu que estava perdendo. No início, tivemos uma fase cheia de pontos positivos – encontramos uma grande área para a qual poderíamos desenvolver e criar produtos – e pouco depois nos demos conta: *Nossa. Estamos perdendo.*"

"Eu estava rastreando o número de vídeos enviados – quantos usuários novos faziam uploads no YouTube e no Google Video – e, para mim, esse foi um dos grandes fatores. A diferença era bem significativa a favor deles. Apesar de termos feito alterações, já era tarde demais. Então, na minha visão, aquele foi o momento decisivo. Eu sabia que teríamos muita dificuldade para alcançá-los", relata Susan.

"Ao mesmo tempo, o YouTube percebeu que teria que investir bem mais e que isso gerava uma necessidade enorme de capital. Só havia duas saídas: ou obteria um investimento significativamente maior – algo que, na época, acho que o mercado não compreendeu muito bem –, ou precisaria ser adquirido."

"Então eles se deram conta de que era necessário vender a empresa e começaram a estudar as possibilidades. Ficou claro para mim que era uma grande oportunidade em termos do futuro do vídeo, e fui uma grande defensora dessa ideia, com Salar Kamangar, que acabou me antecedendo no cargo de CEO do YouTube. Nós nos reunimos e tivemos uma boa conversa com Sergey e Larry [cofundadores do Google]. Elaborei um modelo em cerca de 15 minutos para mostrar que, na verdade, isso tinha um enorme potencial – não apenas em termos de visualizações, mas também de receita. Tínhamos que agir depressa."

Eric rejeitou uma sugestão anterior de comprar o YouTube por 600 milhões de dólares. Ouviu que o preço subiria se ele decidisse esperar, mas insistiu em afirmar que ainda não valia a pena. Até chegar aos seus ouvidos a notícia de que talvez o YouTube estivesse conversando com o Yahoo sobre uma venda.

Aí ele topou conversar.

Eric se viu a uma mesa com os fundadores do YouTube em... uma lanchonete da rede Denny's. Afinal, onde mais gostaríamos de negociar uma aquisição de bilhões de dólares?

"Na verdade, o encontro foi no Denny's porque tínhamos certeza de que não encontraríamos mais ninguém lá – a gente não queria que isso vazasse", diz Eric.

Em poucos dias, eles definiram um preço. A equipe do YouTube foi convidada para uma reunião do conselho do Google, o conselho votou e o YouTube passou a fazer parte do Google, simples assim.

E foi positivo Eric ter agido rápido. "Depois descobri que eles se encontraram com o Yahoo no dia seguinte... no mesmo Denny's!"

"Nós fizemos a aquisição por 1,65 bilhão de dólares", conta Susan. "E, por isso, a primeira orientação que recebemos foi: 'Não façam nenhuma besteira.'"

Essas palavras continuaram valendo alguns anos depois, quando Susan precisou tomar, em pouco tempo, outra decisão de alto risco: após mais de 10 anos no Google, ela topava ou não assumir o comando do YouTube?

"Larry simplesmente chegou e me fez uma pergunta", contou Susan. "Lembro que ele disse: 'O que você acha do YouTube?' Ele não falou: *Ah, estou lhe oferecendo o emprego*. Eu não tinha preparado nada. Não sabia qual seria o tema da conversa naquele dia. De improviso, falei o que pensava sobre o YouTube e disse que eu estava muito interessada. Algumas semanas depois, virei a CEO."

É algo que aparece nas histórias de Eric e Susan – e na história do mundo dos negócios. Muitas das decisões mais estratégicas do Google se resumem a agir com rapidez. Talvez seja o aspecto menos compreendido da estratégia da empresa. É por conta disso que o Google compra empresas menores em vez de competir pelo domínio do mercado.

Eric explica o seguinte: "Temos muitos engenheiros, mas vamos imaginar que, de um lado, eles consigam desenvolver um produto equivalente em um ano; de outro, existe a possibilidade de uma aquisição cara que permitirá uma monetização bem rápida. Assim, a escolha A é: 'Vamos criar nós mesmos, fazer direito.' E a escolha B é: 'Compre essa empresa, faça isso agora mesmo.' A melhor escolha é sempre o 'faça isso agora mesmo'."

ANÁLISE DO REID — Uma fórmula para a expansão

Startups que obtêm sucesso e escalam estão, por definição, em constante expansão. Embora tenham foco total em um único produto no começo, elas terão de fazer, mais cedo ou mais tarde, uma transição para vários produtos, linhas de produtos ou mesmo unidades de negócios. Em meu livro *Blitzscaling*, descrevi isso como a transição do "foco único para o *multithreading*".

Assim, uma questão crítica para todas as startups é descobrir como distribuir os recursos entre os produtos já existentes e bem-sucedidos e os novos setores ou mercados para os quais pretendem se expandir – além de saber quais são as áreas prioritárias para essa expansão.

Pode ser útil adotar uma fórmula simples, a 70/20/10 – na qual 70% dos recursos são alocados para os esforços principais, 20% para a expansão adjacente à prioritária e 10% para apostas com riscos consideráveis.

A maneira de aplicar essa fórmula e até que ponto ela é uma regra ou uma heurística confiável varia de acordo com a natureza do segmento de atuação. E existem diferentes maneiras de abordar esse ponto.

Uma delas é dizer: "Temos seis pessoas. Uma ou duas vão gastar de 10% a 20% do tempo delas para se dedicar a experimentos além do nosso produto básico."

Ao escolher as áreas específicas de expansão, você pode fazer indagações cruciais como esta: *O que eu gostaria de testar?* Aprofundando a questão: *Quais são as coisas que vejo como adjacentes ao que estou fazendo ou como possíveis apostas de risco que poderiam expandir bastante o alcance do meu produto e do meu serviço?* Outra pergunta-chave poderia ser: *O que eu gostaria de fazer antes dos meus concorrentes?*

Você pode fazer essas perguntas de diversas maneiras. Pode questionar inclusive o seguinte: *Como uma outra empresa faria para tentar competir conosco?*

Eis uma variação dessas questões válida para os possíveis 20% e 10% dos recursos. Pergunte: *O que mais está acontecendo no setor? Por exemplo: Houve mudanças tecnológicas na plataforma?* Poderia ser transferência para a nuvem, IA, onipresença de sensores, Internet das Coisas, drones... Isso talvez lhe dê uma ideia do que deveria estar nos 20% e nos 10%.

Não existe um modo único de promover o crescimento estratégico. Mas, ao fazer tais perguntas e aplicar essa fórmula, fica mais fácil direcionar o seu crescimento de maneira produtiva.

A manhã após o sucesso da noite para o dia

Selina Tobaccowala tem um histórico impressionante de revolucionar setores. Entre as empresas inovadoras que ela liderou estão empreendimentos que transformaram segmentos, como a Ticketmaster, a SurveyMonkey e o aplicativo fitness Gixo. Volte ainda mais no tempo, até o início dos anos 1990, e vai encontrar Selina debruçada sobre o computador em um quarto do alojamento de Stanford, escrevendo o código para o **Evite**, um site de convites eletrônicos que causaria uma reviravolta no setor de planejamento social.

Selina e seu cofundador, Al Lieb, tinham apenas uma vaga noção de como o site seria recebido – eles nunca imaginaram que em pouco tempo se tornariam a plataforma líder em serviços de convites on-line. Uma feliz coincidência revelou o potencial da ferramenta e mudou a vida na internet para sempre.

"Sou muito desajeitada e tropecei no cabo do computador que estava embaixo da minha mesa", conta Selina. Ela dificilmente se lembraria disso não fosse o que aconteceu em seguida. "Quase na mesma hora, o telefone tocou e alguém perguntou: 'O que aconteceu com o Evite?'"

Além de ter desconectado o computador, ela tinha derrubado sem querer os clientes que estavam usando o site... E foi assim que descobriu quantos usuários a ferramenta tinha. "Nós reconectamos o site imediatamente, checamos o banco de dados e ficamos surpresos com o quanto o produto havia crescido, e de modo orgânico." Acontece que o Evite tinha um coeficiente viral embutido: quando alguém envia um convite pela internet, quem o recebe também pode enviar convites para outras pessoas, e assim por diante. Sem que Selina soubesse (até ela tropeçar no fio), o Evite estava crescendo por conta própria.

Quando os clientes reclamam da queda do serviço, isso pode ser um bom sinal para uma startup... porque significa que, primeiro, você *tem* clientes e, segundo, eles se importam a ponto de reclamar. Mas há outro lado: os primeiros usuários apaixonados podem se voltar contra você com a mesma velocidade com que se apaixonaram. Ao receber a tal ligação furiosa, Selina estava sendo responsabilizada pelo erro, como qualquer executivo (não importava que ela mal tivesse idade para beber). Assim que os usuários não conseguirem viver sem o seu serviço, você estará no comando de uma empresa madura – e isso traz uma responsabilidade impactante.

"Naquela época, não estávamos pensando se o negócio era escalável", diz Selina. Isso significa que ela não tinha refletido sobre questões essenciais como: *Como criar redundância de hardware ou um backup do banco de dados?* "E aí o site simplesmente caiu em várias ocasiões, e tivemos que aprender em bem pouco tempo, com o avião no ar."

É comum os fundadores sonharem com "o sucesso da noite para o dia", mas não refletirem o suficiente sobre o que acontece na manhã seguinte. Muitas vezes, o empreendedor acorda e encontra focos de incêndio. Veja o caso de Hadi Partovi, cofundador da Code.org, uma organização educacional sem fins lucrativos. Quando lançou um aplicativo de pesquisa de músicas chamado iLike, em 2007, ele subestimou o poder de ser divulgado como um dos primeiros aplicativos do Facebook, que tinha pouco mais de 20 milhões de usuários ativos por mês naquela época.

"Planejamos ter dois servidores para analisar o interesse", diz Hadi. "Na primeira hora, porém, percebemos que isso não seria suficiente. Então, de imediato, dobramos esse número e, em seguida, dobramos de novo. Depois, dobramos mais uma vez." Não demorou para o exército inteiro de cerca de 30 servidores de Hadi ser requisitado para dar conta da demanda.

"A gente já estava vendo que até o domingo à noite faltariam servidores", conta Hadi. Então ele alugou com o sócio um caminhão de mudanças e começou a fazer ligações para perguntar: "Podemos passar aí no seu data center e pegar umas máquinas emprestadas?" Os dois sócios usaram aquele fim de semana para desempacotar e montar essas máquinas para garantir o funcionamento do iLike.

A história se repete: um novo produto de tecnologia viraliza, a equipe é pega de surpresa e todos ficam batendo cabeça, algo altamente ineficiente. E isso levanta a seguinte questão: *alguém no Vale do Silício já ouviu falar de plano de contingência?*

A resposta: *quem tem tempo para um plano de contingência?* Para ser não apenas o pioneiro, mas também o primeiro *blitzscaler* em um novo mercado, você deve aproveitar todas as oportunidades de crescimento – mesmo que isso às vezes signifique se encrencar até o pescoço.

Deixe o circo pegar fogo

Quando se cresce de forma rápida, sempre acontecem incêndios – falta de estoque, falha nos servidores, ligações não atendidas de clientes. Você nem sempre vai saber qual fogo apagar primeiro. **E, se tentar apagar todos de uma só vez, vai apenas se queimar.** É por isso que os empreendedores precisam aprender a deixar o circo pegar fogo – às vezes, até mesmo quando é um incêndio de grandes proporções.

Quando você tem uma empresa de escala acelerada, é *preciso* se concentrar em seguir em frente. Isso será impossível se desperdiçar tempo lidando com fagulhas espontâneas e esparsas. Combater cada incêndio pode fazer com que você perca oportunidades cruciais de desenvolver o negócio – é apenas uma reação, sem nenhuma ação.

O lance é saber quais incêndios *não podem* ser ignorados de modo algum – aqueles cujas chamas talvez se espalhem em pouco tempo e consumam a empresa – e quais você pode deixar correr, mesmo quando as labaredas aumentarem. Deixar algo pegar fogo exige nervos de aço, vigilância e muita prática.

Felizmente para Selina Tobaccowala, ela já havia apagado muitos incêndios (a começar pelo fio no qual tropeçou na época do Evite) quando foi trabalhar em um pequeno site descolado, o SurveyMonkey. O fundador, Ryan Finley, desenvolveu uma ferramenta tremendamente popular para pesquisas on-line e conseguiu escalar apesar da extrema escassez de tudo. "Ele montou o negócio sem um centavo de financiamento", observa Selina. "Para resumir, havia dois desenvolvedores, 10 agentes de atendimento ao cliente... e só."

Quando os líderes da startup a entrevistaram para uma vaga na equipe, Selina percebeu que apenas três pessoas estavam fazendo toda a programação, o que era *incrível* para uma empresa que gerava tanta receita", nas palavras dela. Mas Selina sabia que isso também significava que a tentativa de escalar provavelmente esbarraria em grandes dificuldades. Havia uma questão talvez ainda mais preocupante: o sistema não tinha backup. Por isso, caso fosse corrompido ou caísse, todos os dados preciosos de pesquisa – o ganha-pão da empresa – poderiam desaparecer sem deixar vestígios.

Quando Selina entrou para a equipe, o SurveyMonkey avaliou a probabilidade de perda de dados e determinou que se tratava de um incêndio do tipo impossível de ignorar. De acordo com ela, resolver um problema como esse "é sempre revigorante", em parte porque é necessário avaliar o que é urgente – nesse caso, criar sistemas de backup – e o que não é.

Quando alguém consegue olhar para um incêndio com potencial de acabar com a empresa e considerá-lo revigorante, sabemos que estamos lidando com um bombeiro experiente. Depois disso, Selina se empenhou em resolver uma longa lista de problemas. O SurveyMonkey, como toda startup de crescimento acelerado, não tinha um plano de marketing, tampouco uma estratégia para usuários internacionais. Fora isso, uma confusão de códigos transformava cada customização em uma dor de cabeça. Com agilidade, Selina contratou engenheiros, profissionais de marketing, designers de interface do usuário, tradutores – um exército de especialistas para remover esses entraves.

Seria fácil observar o cenário no SurveyMonkey quando Selina chegou e caracterizar a empresa como caótica ou mal gerenciada. Mas isso demonstraria um desconhecimento profundo do processo de escala. Todas as startups de sucesso estão em constante triagem de prioridades, e é comum empresas que crescem rápido acumularem vulnerabilidades graves por favorecerem o crescimento estratégico, e não a estabilidade a longo prazo.

Às vezes, isso significa pegar atalhos para montar em pouco tempo algo (um produto, uma equipe, um escritório) que precisará ser reconstruído depois, com mais solidez. Talvez sua equipe tenha dificuldade de aceitar isso. No entanto, como Selina comenta: "A curto prazo, você vai precisar jogar fora alguns recursos, e as pessoas também vão entender desde que você explique isso para elas enquanto estão fazendo o trabalho." Ao deixar o circo pegar fogo, é importante a sua equipe compreender que, sim, você está vendo o problema e, sim, está negligenciando a questão deliberadamente. Se o time aceitar isso, é sinal de que você contratou as pessoas certas: profissionais que conseguem identificar e, depois, lidar com os problemas com calma à medida que acontecem – e que sabem separar os incêndios realmente críticos e que exigem atenção imediata daqueles que podem ficar queimando por um tempo.

ANÁLISE DO REID: Como saber quais incêndios podemos ignorar?

Durante toda a vida, aprendemos a prevenir incêndios e a extingui-los quando ocorrem. Porém, para ter sucesso como empreendedor, é preciso deixar que alguns continuem ardendo – muitas vezes, os de grandes proporções. Sempre haverá mais tarefas na sua lista do que você é capaz de dar conta no dia – demandas de parceiros e clientes que não cabem na agenda. Muitas podem destruir a sua empresa num piscar de olhos. Escolher *corretamente* quais incêndios ignorar e quanto tempo vai levar até apagá-los pode ser a diferença entre o sucesso e o fracasso.

Para empresas que estão em escala acelerada, talvez o atendimento ao cliente, em particular, dispare alarmes bem altos. A regra é: "Forneça o atendimento possível, desde que não reduza a sua velocidade" – e, quem sabe, em alguns momentos isso signifique *não ter serviço de atendimento ao cliente.*

No começo do PayPal, o número de usuários começou a crescer de modo exponencial, assim como o número de reclamações. Tínhamos apenas três pessoas no departamento de atendimento ao cliente, então não demorou para os e-mails dos clientes se acumularem. A situação ficou tão ruim que, a certa altura, chegavam 10 mil e-mails por semana – número que foi crescendo –, e ficavam sem resposta.

Como era de se esperar, os clientes ficaram muito frustrados com isso. Logo todos os telefones começaram a tocar 24 horas por dia. Aí fizemos o quê? Silenciamos os telefones de mesa e começamos a usar nossos celulares pessoais.

Eu sei que isso é ruim. Porque é claro que devemos ter foco no cliente e ouvi-lo. Mas o problema é que tivemos que considerar também os clientes futuros: se nos concentrássemos somente nos atuais, poderíamos ficar sem novos clientes. Assim, deixamos essas reclamações de lado até que pudéssemos resolver os problemas. Fomos até Omaha e montamos um call center. Em dois meses, um departamento de atendimento ao cliente com 200 pessoas estava em pleno funcionamento. Problema resolvido – e eu não o teria solucionado nem um segundo sequer mais cedo.

Ao encarar esse tipo de escolha, a primeira coisa que faço é avaliar as chances: *aumentou ou diminuiu a probabilidade de ocorrer um desastre?* Outra coisa: *quais são os danos reais caso ele aconteça?* E ainda: *se acontecer, dá para consertá-lo?*

Se a resposta à segunda pergunta for "danos fatais" – ou seja, é grande a possibilidade de a empresa acabar caso aconteça essa calamidade –, não se desespere. Afinal, muitas startups enfrentaram esse risco desde o começo. O LinkedIn já estava no mercado anos antes de ter um backup do banco de dados. Então é aqui que a probabilidade entra em jogo: *a chance de isso acontecer é de 0,1% ou talvez de apenas 0,01%?* Bem, se é assim, talvez dê para esperar de três a seis meses para resolver.

Por outro lado, se a chance diária de acontecer estiver acima de 1%... some esses dias e em bem pouco tempo você terá 15%. Ou seja, há uma chance razoável de o seu empreendimento acabar morrendo em 30 dias. Então, se vejo uma probabilidade de um desastre atingir um nível desses, reajo assim: "Ok, vamos resolver isso agora." É um incêndio que não devemos ignorar.

Crescer rápido significa torrar dinheiro. Planeje-se para isso.

Em 1998, o Vale do Silício fervia. As empresas de internet estavam se lançando em todos os setores possíveis e choviam dólares e mais dólares em investimentos para elas.

Mariam Naficy, então com 28 anos, acabara de fundar a Eve, uma empresa de cosméticos on-line, com a amiga Varsha Rao. Mas havia um pequeno detalhe a ser resolvido: o domínio "Eve.com" já estava em uso e elas precisavam convencer o proprietário a vendê-lo. Mariam convidou essa pessoa para iniciarem uma negociação.

Só tinha um problema: o domínio pertencia a uma menina de 5 anos, Eve Rogers.

"Uma criança de 5 anos atendeu o telefone, e eu pensei: *O que é que eu vou falar para ela?*", conta Mariam. "E tenho certeza de que a mãe da Eve, na outra linha, estava morrendo de rir. Tipo, vou zoar com a cara dessa empreendedora idiota da Califórnia que resolveu ligar pra cá. *Deixá-la sofrer um tempinho na mão da minha filha.*"

Mariam acabou passando essa negociação bastante incomum para o seu principal investidor, Bill Gross.

"Bill pegou o telefone para falar com a mãe da Eve e negociou a compra. O acordo incluía participação acionária na empresa, um assento no conselho para Eve e viagens à Califórnia várias vezes por ano", diz Mariam.

É isso mesmo: uma menina de 5 anos no conselho da empresa.

"Na verdade, ela não apareceu nas reuniões, mas viajou para cá, sim", esclarece Mariam. Na ocasião, a empresa pagou todas as despesas para a menina passear na Disney. No final, Mariam desembolsou mais de 50 mil dólares para comprar o domínio da garotinha. (Em retrospecto, diz Mariam, provavelmente a melhor opção teria sido ancorar a negociação nessas viagens de graça para a Disney.)

Quando se trata de uma startup, as surpresas são um estilo de vida – e muitas vêm com a etiqueta do preço. Você vai encontrar todo tipo de despesas não contempladas no seu orçamento. Às vezes são bem-vindas, mas mesmo essas podem acabar gerando mais custos, como Mariam descobriu.

Depois que ela negociou o domínio e abriu a empresa, os pedidos chegaram mais rápido do que o esperado. Aí Mariam fez exatamente o que qualquer empreendedor sensato faria: como o mercado estava aquecido na época, levantou o máximo de dinheiro que conseguiu. Foram 26 milhões de dólares no primeiro ano.

"Escalamos a empresa muito rápido; não tínhamos nenhum funcionário e contratamos 120 em seis meses. Foi bom termos levantado aquela quantia alta e saído na frente, porque acabamos em primeiro lugar", diz Mariam. "Cinco empresas de beleza financiadas por capital de risco foram lançadas depois de nós."

Como líder da categoria, com um bando de novos concorrentes na cola, Mariam trabalhou loucamente – "até as dez da noite todos os dias, sete dias por semana" – e gastou muito dinheiro. "Começamos a veicular anúncios na televisão", conta. E nas rádios. E em outdoors. "Ocupamos todos os espaços."

Mariam estava com os bolsos cheios de dinheiro, pois havia levantado mais recursos do que achava que iria precisar. Foi então que... a bolha da internet estourou. O mercado de ações despencou; o clima entre os empresários mudou da noite para o dia. Foi um momento muito dramático para nós no Vale do Silício. Todos os dias, uma nova companhia ia à falência.

"Existia um site dedicado a cobrir empresas em processo de falência. Todo mundo o checava diariamente, além das reportagens do *The Wall Street Journal* e do *The New York Times*. Então parecia que o mundo... Na perspectiva de uma jovem de 29 anos, o mundo inteiro estava praticamente implodindo e era o fim da internet."

"O fim da internet" talvez soe como a frase de efeito de uma piada. Mas, na época, as pessoas realmente acreditaram nisso. A ideia predominante era esta: caia fora o mais rápido possível. E Mariam fez isso. Ela agiu rápido e vendeu a empresa bem a tempo. "Consegui o valor total para os meus investidores. Todos eles ganharam dinheiro. Eu também ganhei. Naquela altura dos acontecimentos, minha sensação era de alívio misturado com cansaço por causa daquela montanha-russa toda."

Como havia deixado os concorrentes para trás em muito pouco tempo, Mariam conseguiu atrair ótimas ofertas dos compradores, apesar do cenário financeiro desafiador.

Moral da história: é provável que Mariam só tenha escapado da falência porque levantou mais recursos do que achava necessário e usou esse dinheiro para escalar a empresa com rapidez. Naquele período, várias startups não tiveram a mesma sorte.

Como aprenderam Mariam e muitos empreendedores antes dela, tudo associado à escala tem um custo financeiro. Contratação. Marketing. Desenvolvimento de produto. Para crescer rápido, você precisa de um arsenal de guerra: não apenas de dinheiro, mas também de experiência e apoio. E é quase impossível saber quanto dinheiro será necessário. Mas é seguro presumir que será muito – em especial quando se tenta crescer depressa.

É por isso que esta é a "regra do Reid" para se obter financiamento em dinheiro: levante mais recursos do que você acha que precisa. (Está lá no último livro dele, *Blitzscaling*. Regra nº 8: levante o máximo de capital possível.) Porque se há algo de que você pode ter *certeza* como empresário é que haverá despesas e problemas não previstos.

Embora tivesse saído relativamente ilesa da crise das empresas de internet, Mariam não se esqueceu das lições que aprendeu com esses empreendedores que levantaram um capital impressionante, gastaram como se não houvesse amanhã e fracassaram de maneira espetacular. "Quando tudo desmoronou, existia muito ressentimento direcionado aos jovens empreendedores com uma quantidade enorme de dinheiro para gastar. As reações foram bem intensas. Falavam assim: 'Graças a Deus, essa gente aprendeu uma lição.' Deixamos de ser alguém para virar absolutamente ninguém. Fomos rejeitados, e isso foi uma grande lição de humildade", diz Mariam.

"Encontrei um banqueiro depois disso, bem mais velho do que eu, e ele me falou: 'A partir de agora, seu maior problema na vida é que você vai ser muito conservadora. Essa será sua maldição.'"

Fiel à praga, quando chegou o momento de lançar sua segunda empresa, Mariam não queria correr riscos a mais. O objetivo dela era o modelo conhecido como *lifestyle business*. Um tipo de negócio previsível e razoavelmente seguro, com um fluxo constante de receita para proporcionar um estilo de vida confortável aos proprietários. Nada de grandes riscos. Nada de grandes tragédias. Ao menos era o que ela pensava.

"Eu disse a mim mesma: *Dessa vez, sei o que estou fazendo*. Preferi agir diferente e não ter nenhum cofundador, nenhum investidor de risco no começo. Vamos descobrir como montar, quem sabe, um *lifestyle business* sustentável – com um bom fluxo de caixa. Essa era a minha ideia no início."

Então Mariam recorreu a um círculo de conhecidos – "meus amigos-anjos" –, que acreditou nela a ponto de apoiá-la com alguns milhões de dólares. Ela usou esse capital para lançar a **Minted**, uma papelaria on-line.

A Minted foi concebida originalmente como uma linha de cartões personalizados, artigos de papelaria e objetos de decoração, todos encomendados por Mariam. Mas, em paralelo, incluiu também um experimento simples e ousado: ela convidou artistas desconhecidos para enviar designs para um concurso on-line. Tanto a participação quanto a votação estavam abertas a todos. Os trabalhos dos vencedores seriam incluídos na oferta de produtos da Minted, ao lado das principais marcas de papelaria.

Em 2008, Mariam estava pronta para apresentar ao mundo a sua seleção um tanto inusitada de artigos de papelaria. "Abri as portas, e não vendemos nada durante um mês inteiro", relembra ela. Para a sua consternação, pelo visto "ninguém queria os produtos de papelaria de marca, que tinham consumido a maior parte dos 2,5 milhões de dólares da verba para o lançamento".

Porém, ao mesmo tempo, os designs vencedores da competição estavam sendo vendidos aos poucos, e logo ela "coletou 60 designs originais dessa forma". De repente, a "coisinha paralela" de Mariam se tornou *a principal*.

Mariam descobriu o poder do *crowdsourcing*, a ideia de que pessoas comuns, quando em grande número, conseguem fazer um trabalho antes reservado a especialistas. As implicações eram claras: com as novas oportunidades criadas pela tecnologia, quase todo mundo poderia se tornar designer de artigos de papelaria. Caso o resultado fosse bom, a pessoa se destacava – e ganhava exposição e seguidores. "Era uma verdadeira meritocracia, possível de ser construída e lançada para o mundo", diz Mariam.

Só havia um problema: do capital de 2,5 milhões de dólares levantado inicialmente, sobravam apenas uns 100 mil dólares para promover os designs do *crowdsourcing*. O plano de Mariam para lançar um *lifestyle business* não tinha dado certo, e agora ela estava sem fundos suficientes para bancar o plano B. No mundo das startups, uma oportunidade inesperada (a parte boa dos problemas inesperados, porém igualmente custosa) pode surgir depois do que se espera ou planeja, e é necessário ter capital para aproveitá-la.

Assim, com relutância, Mariam considerou recorrer a capital de risco – incentivada não só pela oportunidade, mas também por um senso de obrigação. Era importante para ela devolver, no fim das contas, o dinheiro investido pelos amigos-anjos. Por isso, apresentou o conceito de design com base no *crowdsourcing* e garantiu outra rodada de financiamento. Mais uma vez, teve sorte no timing. Um amigo investidor a alertou sobre o aumento da instabilidade dos mercados, então ela levantou o capital o mais rápido que conseguiu, em agosto de 2008.

Duas semanas depois, o Lehman Brothers quebrou e o mercado despencou. Se ela tivesse esperado mais alguns meses – ou mesmo semanas – para arrecadar fundos, ninguém teria dado dinheiro para um experimento pequeno e ousado de *crowdsourcing*. Mais um motivo para se pegar o dinheiro quando e onde puder – afinal, nunca se sabe quando a fonte vai secar.

Mariam acabou conseguindo 89 milhões de dólares em capital de risco para a Minted, hoje uma empresa com 350 funcionários e receita na casa dos nove dígitos, que já enviou produtos para 70 milhões de residências em todo o mundo.

Ao relembrar sua trajetória, Mariam diz que, se pudesse fazer tudo de novo, teria levantado ainda *mais* capital, e mais cedo. "As coisas sempre são mais caras do que a gente pensa e levam mais tempo para se revelarem boas", afirma.

Eis sua regra de ouro: não importa quanto dinheiro você tenha, "aja como se tivesse a metade – porque é necessário levar em consideração os fracassos e as otimizações que derrubam grandes empreendedores o tempo inteiro. Conheço muitas pessoas com boas ideias que estavam no caminho certo... até que simplesmente acabou o combustível".

Saiba quem você é – e quem os seus financiadores querem que você seja

Sem dúvida, um arsenal de guerra pode abastecer o crescimento rápido. Mas também é importante observar o seguinte: **dinheiro não é tudo**. Assim como os investidores devem saber quando dizer "não" a uma startup sem uma boa perspectiva de crescimento, os empreendedores também devem saber quando dizer "não" a um investidor que não tem muito a ver com a empresa.

E é melhor definir esse limite antes de precisar do dinheiro. **Rana el Kaliouby** é cofundadora da Affectiva, líder em IA emocional, cujo software pode ler expressões faciais e indicar o que a pessoa está sentindo. Como ela explica, a tecnologia de reconhecimento facial tem diversas possibilidades de aplicação nas áreas de saúde, educação, segurança no trânsito e muito mais. "Mas não sou ingênua. Se cair nas mãos erradas, essa tecnologia pode se tornar bastante nociva." Por exemplo, se for usada para discriminar pessoas ou para invadir a privacidade delas.

Então, desde o início, as fundadoras da Affectiva decidiram atuar apenas em setores nos quais o consentimento fosse explícito e as pessoas entendessem como seus dados seriam coletados e usados. "Quando saímos do MIT, eu e minha cofundadora, a professora Rosalind Picard, sentamos à mesa da cozinha da casa dela e dissemos: 'Certo, a gente reconhece que essa tecnologia pode ser usada em diversos locais. Como vamos estabelecer os limites?'"

As duas imaginaram várias possibilidades sombrias. "Por exemplo, poderíamos ganhar muito dinheiro com segurança e vigilância, uma área grande de atuação. Mas decidimos que não passaríamos nem perto desse segmento", conta Rana. "E essa resolução foi posta à prova."

Os empreendedores enfrentam provações por conta de desafios de todas as formas e tamanhos. Principalmente quando se trata de capital. Foi o que aconteceu com Rana e a equipe dela.

"Em 2011, íamos fechar as portas mesmo, dali a alguns meses. O dinheiro estava acabando. Então o braço de investimentos de uma agência de inteligência entrou em contato conosco para falar: 'Vamos lhes dar 40 milhões de dólares em financiamento' – o que para nós, na época, era muito dinheiro. 'Mas com uma condição: pivotar a empresa para as áreas de segurança, vigilância e detecção de mentiras.'"

Não foi fácil decidir o que fazer, Rana admite. "Por um lado, poderíamos pegar esse dinheiro e garantir que a empresa sobrevivesse", diz ela. Por outro, a Affectiva estaria violando seus princípios fundamentais, a sua própria razão de ser. "Tínhamos que assumir uma posição."

Elas recusaram o dinheiro.

E, embora o processo tenha demorado mais, a Affectiva acabou levantando recursos junto a outros investidores – que acreditaram na visão da empresa e apoiaram os seus valores essenciais.

"Acho que é importante ser muito claro sobre quais são os seus valores essenciais. Como líderes nesse espaço, também é nossa responsabilidade educar o público sobre os diferentes casos de utilização. Porque gosto de dizer o seguinte: qualquer tecnologia na história da humanidade é neutra. A questão é como decidimos usá-la."

"Isso realmente se tornou um exemplo fundamental para nós, uma história sobre ser estrategicamente paciente – e saber quem somos e o que defendemos", conclui Rana.

ANÁLISE DO REID
Levante mais capital, mas não de qualquer investidor

Em geral, sou a favor do *blitzscaling*, o crescimento super-rápido. É um método comprovado para dar um embalo explosivo à sua ideia. Acredito que o *blitzscaling*, ou a busca por crescimento rápido na qual se prioriza a velocidade em detrimento da eficiência, mesmo diante das incertezas, será o método de desenvolvimento das grandes empresas de tecnologia do futuro. Quando se está tentando conquistar um mercado cujo líder terá a maior fatia, a estratégia correta é, primeiro, atingir uma escala crucial para gerar vantagens competitivas de longo prazo. Essas vantagens devem praticamente inviabilizar a ultrapassagem de qualquer concorrente.

Para realizar o *blitzscaling*, é necessário um arsenal de guerra – e rápido, para conseguir superar a concorrência. Por causa da necessidade de velocidade, quase sempre incentivo os empreendedores a levantarem capital – mais do que eles acham que precisam.

Sei que nem todo mundo se sente confortável com o *blitzscaling*. Priorizar a velocidade em detrimento da eficiência parece arriscado... e de fato é! No entanto, é fácil errar por excesso de cautela, e existe o risco de ser conservador em relação ao capital arrecadado e aos gastos. Talvez você pense que será melhor para os investidores se for o mais eficiente possível na utilização do capital, mas isso não é verdade. Você vai recompensá-los ao criar uma empresa de sucesso, o que pode ser difícil de fazer se os seus concorrentes gastarem mais do que você.

Algumas startups preferem crescer sozinhas – e parte delas, como o Mailchimp, faz isso bem. Mas eu diria que mesmo uma startup de sucesso como o Mailchimp poderia ter avançado mais rápido com investimentos. E, se estava desconfortável em aceitar recursos externos no início, poderia ter feito isso depois – em termos de capital de risco, seriam as rodadas de série B, série C, série D. Trazer níveis cada vez mais altos de investimento para uma startup já bem-sucedida possibilita não só o domínio de um mercado, mas a expansão para outros.

O Mailchimp conquistou o seu segmento por meio de uma rara combinação de sorte, tenacidade e habilidade. No entanto, se tivesse encontrado *o sócio ideal* que entrasse com o investimento de risco, acredito que poderia ter feito isso mais cedo e escalado bem mais rápido.

Observe que enfatizei "o sócio ideal", pois é uma grande parte da equação. E nem sempre é fácil encontrá-lo. Quando dou conselhos a empreendedores, sempre digo que a maioria dos investidores de risco (até três quartos deles) fornece valor e dinheiro negativos, enquanto uma porcentagem bem menor é neutra, e apenas cerca de 10% proporcionam valor e dinheiro positivos. Às vezes, você só precisa do dinheiro. Ainda assim, deve escolher com muito cuidado o investidor de risco que será seu sócio.

Enxergue o investidor como um cofundador financeiro de uma fase mais avançada – um sócio voltado para estratégia e financiamento. É uma função diferente da sua, claro – você continua sendo fundador, continua sendo o CEO, continua administrando o negócio. Mas a relação com os seus investidores deve ser de parceria, e um parceiro que não nos compreende é um dos maiores impedimentos para nós. Então, é preciso encontrar investidores que façam um par perfeito... com o seu produto e o seu jeito de trabalhar. Por essa e outras razões, aconselho fundadores em busca de investimento a aceitarem vários investidores ao longo do tempo.

TEORIAS DO REID PARA O CRESCIMENTO DA SUA EMPRESA

Esteja atento enquanto espera
Quando embarca na jornada do empreendedorismo, você precisa perceber que as condições ao seu redor estão sempre mudando. Se quiser ir longe, às vezes é necessário ter uma paciência estratégica. Mas isso não significa sentar e esperar: significa observar e esperar o momento certo para se movimentar e agir rápido. Em certas ocasiões, significa inclusive providenciar, com antecedência, os recursos para aproveitar uma oportunidade futura.

Comece rápido, mas não se deixe esgotar
Partidas explosivas só funcionam se você sustentar o embalo. É tudo uma questão de ser explosivo nos primeiros passos, mas sem se desgastar demais no processo. Startups são uma maratona de sprints.

Decida, decida, decida
A tomada rápida de decisões é a chave para um crescimento explosivo. Quando está avançando rápido, você pode cometer erros. Mas o maior deles é não ser rápido o suficiente nas decisões, pois a única coisa que importa é o tempo.

Deixe o circo pegar fogo
Quando a sua empresa está escalando com rapidez, o foco é seguir em frente. E é difícil fazer isso se passar muito tempo apagando incêndios. Alguns podem ser graves demais para serem ignorados. Quanto aos demais, é melhor deixar que queimem.

Dinheiro nunca é demais
Talvez surjam oportunidades quando menos espera, e você vai precisar de capital para abrir novas frentes. Não deixe de ter um excedente para bancar um eventual plano B e para experimentar alternativas.

Escolha com cuidado os investidores de risco
Na prática, veja o investidor como um cofundador que chega em um estágio avançado – um parceiro que entende quem você é e a sua visão para a empresa.

6

Aprenda a desaprender

Tudo começou com um par de tênis feitos em casa. Como aluno da Universidade de Oregon, Phil Knight participou de uma corrida sob o comando de Bill Bowerman, o treinador do Hall da Fama. E correr com Bill significava testar em campo os tênis que ele modificava e incrementava, costurando à mão. "Ele sempre fazia experimentos desse tipo", conta Phil. "Achava importante ter calçados cada vez mais leves."

"Naquela época, todo mundo – todos os corredores bons de verdade – usava tênis Adidas ou Puma, e foi uma verdadeira surpresa para mim quando Otis Davis ganhou os 400 metros do campeonato Pacific Coast Conference com um par de tênis Bowerman de fabricação caseira – que eu já estava testando antes de ele usar." O calçado leve e feito à mão contribuiu para uma vitória importante. Phil ficou impressionado e surpreendeu-se ao ver como essa conquista influenciou os atletas amadores. Todos queriam o tal tênis. "E foi assim que tudo começou."

A Nike foi fundada como Blue Ribbon Sports, em 1964, com um investimento de mil dólares – metade do dinheiro veio de Phil Knight e a outra metade, de Bill. O foco era produzir tênis de altíssima performance. "O mundo precisa de tênis de corrida melhores. Essa foi a ideia por trás de tudo." Marca? Publicidade? Nada disso importava para Phil. "Nunca pensei que fosse uma 'celebridade das vendas'." A fórmula dele para conquistar o mercado consistia em desenvolver tênis que levassem a um desempenho campeão – o resto aconteceria naturalmente.

E aconteceu mesmo. Graças ao aval de Steve Prefontaine e de outros corredores de elite, os treinadores e corredores de atletismo do país aderiram aos tênis leves da Nike – que tinham como objetivo melhorar a velocidade, sem ligar para o estilo. "Não tínhamos nos concentrado muito na aparência dos calçados", diz Phil. "A gente falou: 'Se o desempenho do tênis for bom e um grande atleta o usar, vai vender.'"

Isso funcionou até certo ponto. **A Nike como a conhecemos hoje – uma empresa que impulsiona a cultura e define estilos – só existe porque ela passou por uma fase de desequilíbrio.**

A moda dos artigos esportivos de alto desempenho foi superada por outra febre: a dos artigos esportivos *high-fashion*. A Nike estava perdendo essa corrida... e feio. Nas palavras de Phil: "Nos anos 1980, levamos uma surra de uma empresa iniciante, a Reebok."

Os tênis Reebok com velcro foram desenvolvidos para uma nova tendência de exercícios: a ginástica aeróbica. E mulheres estilosas passaram a combinar o terninho executivo com esses tênis para caminhar até o trabalho. De repente, o traje esportivo virou *streetwear*.

Ao longo de quase duas décadas, Phil tinha desenvolvido uma empresa líder e feito o que sabia fazer: projetar, testar e vender artigos esportivos de alto desempenho para atletas. Mas o jogo mudou, e ele teria que desaprender tudo que achava que sabia sobre vencer.

"Após um relatório trimestral de vendas ainda mais desanimador, dissemos: 'Bom, talvez seja hora de tentar uma publicidade'", conta Phil. "Aí entramos em um escritório que tinha quatro caras e uma mesa de jogo. Estavam lá David Kennedy e Dan Wieden."

Claro, eram os fundadores da Wieden+Kennedy. Esses nomes viraram lenda no mundo da publicidade após terem aberto a agência, hoje com milhares de funcionários e escritórios no mundo inteiro. Na época, era uma firma pequena e os dois estavam com sede de bola, dispostos a desafiar Phil tanto quanto ele planejava desafiá-los.

Phil conta o seguinte: "Entrei no escritório do Dan e falei: 'Fique sabendo que eu detesto propaganda.' E Dan respondeu: 'Bom, esse é um jeito interessante de começar.'"

Eles iniciaram pelos princípios fundamentais. A estratégia da equipe da Wieden+Kennedy era: "Precisamos conhecer o cliente. Precisamos conhecer o produto. Precisamos saber quem são, o que são. Temos que representar o que são de verdade." Por meio desse processo de aprendizado mútuo, eles descobriram que Phil não detestava a publicidade em si, só a publicidade *enfadonha*.

E, ao trabalhar com a W+K, ele acabou compreendendo que as coisas relevantes para a Nike – o espírito aguerrido e meio azarão da empresa, as parcerias com atletas de alto nível, a persistência e a insistência na qualidade – poderiam criar não só uma linha de produtos, mas uma marca. E Phil acredita que, no fim das contas, essa marca triplicou ou até quadruplicou as vendas.

Phil deixou sua zona de conforto ao entrar naquele escritório pequeno com uma mesa de jogo, mas manteve foco total na identidade da Nike. A partir da atitude resistente da empresa, a W+K desenvolveu sua primeira campanha publicitária, hoje lendária, para a marca. O nome da campanha era "Revolution" e mostrava, ao som da canção homônima dos Beatles, atletas icônicos e slogans simples e inesquecíveis – além, é claro, de tênis altamente estilosos. Depois disso, claro, veio o icônico slogan que marcou a cultura: "*Just do it*".

A Nike também dobrou o número de modelos de tênis nessa fase – um novo território para Phil. O designer Mark Parker assumiu um papel cada vez maior (e acabou se tornando CEO) conforme a empresa ampliava a variedade de lançamentos, incluindo uma nova categoria de tênis para outras atividades, o tênis de basquete Air Force 1, de 1982, e o icônico Air Jordan, de 1985, que é tanto um calçado quanto uma plataforma de design.

"Quando juntamos tudo isso ao longo daqueles dois anos, nós viramos uma marca", diz Phil. "E foi isso que de fato nos fez seguir o nosso caminho."

Phil estava disposto a abandonar mais de duas décadas de conhecimentos adquiridos com suor para ajudar a Nike a deixar de ser apenas uma empresa de calçados e se transformar em uma marca. Ele entendeu que o mercado de calçados tinha se aprimorado muito no início da década de 1980 e que ele e a Nike não sobreviveriam se não adaptassem. É uma transição que todo líder de uma organização inovadora e de crescimento rápido vai enfrentar; em muitos casos, serão diversas transições. Não basta aprender o básico. Para escalar de verdade uma organização, é necessário aprender a desaprender.

E isso é desafiador, porque nós, seres humanos, temos a tendência – sobretudo à medida que envelhecemos e nos estabelecemos – de nos apegar às estratégias que funcionaram da última vez, sejam elas ainda válidas ou não. Portanto, você precisa questionar a todo momento (e, muitas vezes, descartar) os pressupostos baseados no seu último produto, no seu último emprego, no último ano. Um velho ditado se aplica em especial a organizações ou setores de crescimento acelerado: "O que trouxe você até aqui não vai levar você até lá." Aprender a desaprender é o segredo da mentalidade de escala.

Aventure-se em território desconhecido

É uma história manjada de Hollywood: um rapaz ambicioso arranja um emprego no setor de correspondências, trabalha duro, vira um bajulador com o objetivo de galgar degraus na hierarquia da empresa até chamar a atenção de um mandachuva e começar a sua ascensão...

Mas não foi exatamente assim que as coisas aconteceram para **Barry Diller**. Verdade que ele começou, sim, no setor de correspondências... da agência de talentos William Morris. Porém, enquanto todos os colegas de lá, nas palavras de Barry, "puxavam o saco dos agentes", ele escapulia para a sala de arquivos e ficava estudando. Naqueles arquivos estava toda a história da indústria do entretenimento. "Passei três anos lendo sobre o setor, de A a Z... Foi a minha escola", conta Barry.

Um dia, ele se sentiu pronto para aplicar o que havia aprendido – e sair da agência. Um amigo o apresentou a um executivo de TV em ascensão na ABC, que o convidou para ser assistente dele. Barry não tinha nenhum interesse especial em tirar xerox e atender ligações, mas aceitou o emprego porque, segundo ele, "sempre acreditei em pegar o caminho mais abrangente, fosse qual fosse o foco de interesse. E a televisão era um caminho cheio de possibilidades."

A ABC estava em uma fase ruim, o que era uma boa notícia para Barry. "A ABC era a terceira emissora, a que atirava para todos os lados. Tentava quase de tudo", conta Barry. "Também parecia meio largada. Se alguém quisesse responsabilidade, era só assumir."

Barry aproveitou essa oportunidade para apresentar uma grande ideia.

"Naquela época, só havia séries na TV, de comédia ou drama", diz Barry. "E, em ambos os gêneros, tudo se passava no presente. A série ficava sete anos no ar e Lucy continuava morando no mesmo apartamento. Ela nunca se mudava. Era sempre o meio da história – sem começo, sem fim. Aí eu pensei: *Por que não contamos histórias na TV com começo, meio e fim, como nos filmes?*"

Assim, Barry lançou a ideia então radical do "filme da semana" – produzido especificamente para a TV. Os colegas hesitaram. *Isso não é televisão*, disseram os céticos. *Nós não fazemos isso*. Mas, por ter estudado 75 anos da história do entretenimento na sala de arquivos da William Morris, Barry sabia que havia precedente para uma narrativa no estilo cinematográfico, com base em séries de décadas anteriores, como *Playhouse 90* e *Studio One*.

Barry comprou a briga, e a opinião dele prevaleceu – ou, dito de outra maneira, os executivos da ABC lhe deram corda para se enforcar. "Se alguém achasse que ia funcionar, por que deixariam a responsabilidade com um jovem de 23 anos?", questiona. "Todo mundo achava que seria um fracasso e, de quebra, ainda se livraria do garoto agressivo."

Assim nasceu o nicho de filmes para a TV, que se tornou um elemento permanente do universo da televisão americana, a ponto de ganhar uma categoria própria no Emmy. Entre as produções mais marcantes da ABC estão *Encurralado*, dirigido por Steven Spielberg no início da carreira, e o dramalhão clássico *Glória e Derrota*.

Mas Barry logo esbarrou nas limitações do seu próprio formato. Quando tentou adaptar romances para a tela da TV, não conseguiu fazer justiça ao enredo. "Não dá para fazer isso em duas horas, menos ainda em 90 minutos. A história precisa respirar mais." Então Barry encontrou uma solução criativa... *e* um novo formato: na época, ele chamou de "romance para a TV" o que hoje conhecemos como minissérie. Essas séries de curta duração seriam exibidas em oito ou dez capítulos para contar uma história épica que não cabia em uma única noite. A audiência foi alta, noite após noite, e essas séries trouxeram grandes vitórias para a ABC, com títulos como *Shogun*; *Homem Rico, Homem Pobre*; e uma história em oito partes sobre a escravidão que quebrou todos os recordes de audiência da TV americana, *Raízes*.

O êxito de Barry na ABC desde o início tem um paralelo com muitos dos lançamentos de maior sucesso no Vale do Silício. A ideia dele de produzir filmes para a televisão ia contra o senso comum – e todos previram um desastre. Mas ele estava certo; só ele havia enxergado aquilo. **E os demais não enxergaram pela falta de vontade de desaprender o que já sabiam.**

Para Barry, era algo natural. Ele havia acabado de reinventar a fórmula da TV, *duas vezes*. E fez isso de novo. Após uma década extraordinária na Paramount, em Hollywood, período em que deu luz verde para uma sucessão de filmes emblemáticos, definidores de uma era para um estúdio agitado (*Garotos em ponto de bala, Os embalos de sábado à noite, Grease: Nos tempos da brilhantina, Os caçadores da arca perdida, Flashdance: Em ritmo de embalo, Footloose: Ritmo louco, Trocando as bolas, Top Gun: Ases indomáveis*), Barry quis encarar um novo desafio e voltou para a TV.

Então, em 1988, lá estava ele em uma sala de projeção, apresentando uma nova sitcom ousada para um grupo de executivos, todos com uma expressão impassível no rosto.

"Quando projetamos pela primeira vez uma produção de que participamos para um grupo de pessoas, damos muitas risadas – em parte, por orgulho; em parte, para desafiar os outros a não rirem", diz Barry.

Nesse dia, ninguém – exceto Barry – riu.

Ele já havia encomendado 13 episódios do programa. No entanto, como os presentes na sala deixavam claro, a emissora tinha um desastre nas mãos. Os comentários variaram de "Não dá para exibir isso" a "Tem algum jeito de cairmos fora?".

Barry era CEO da então recém-fundada Fox Television Network – a "quarta emissora", em um setor dominado por três redes havia um bom tempo. Para a novata ter alguma chance, Barry sabia que precisava oferecer aos telespectadores uma alternativa diferenciada: uma programação que quebrasse as regras do horário nobre. O programa que ele tinha apresentado na sala de projeção era o mais diferente possível da sitcom clássica. O filho era um verdadeiro terror. A mãe tinha cabelo azul. O pai era um cara preguiçoso, desleixado e viciado em donuts.

Ah, e era um desenho animado.

O "desastre" de Barry Diller, é lógico, acabou virando a série de maior sucesso na história da televisão, *Os Simpsons*. Hoje em dia, qualquer série de TV animada com tema adulto se parece com ela. Mas, na época, não havia nada nem de longe parecido – o que explica, em parte, o interesse do executivo.

"Durante toda a minha vida, só me interessei por coisas que ainda não tinham sido feitas."

Empreendedores que precisam fazer as coisas do jeito *deles* costumam dizer isso. Barry não foi atraído por *Os Simpsons* apenas porque achou que a série ajudaria sua nova emissora a se destacar da concorrência, mas porque ele se anima com projetos que abrem novos caminhos. Leve Barry a um território desconhecido e ele será forçado a aprender, a se adaptar e a experimentar – o que também ocorre nos seus melhores trabalhos. "Aprendi muito cedo que somos melhores quando não sabemos nada", diz ele.

Barry é o paradigma do que chamamos de eterno aprendiz. Na verdade, ele está na extremidade da curva. Mas essa mentalidade – de abandonar os pressupostos sobre o último produto, o último emprego, o último ano – é essencial para qualquer pessoa que queira deixar a sua marca.

Considerando a estrutura do primeiro livro de Reid, *Comece por você*, talvez Barry seja um exemplo melhor do que é "estar permanentemente em versão beta". Olhe para tudo com uma nova perspectiva, busque novos desafios e novas oportunidades de aprendizagem e jamais presuma que já conhece um jogo novo.

Abandone o que você conhece

Da TV para o cinema e vice-versa, Barry se firmou no alto escalão dos titãs da mídia. Mas depois ficou... entediado.

"Foram 18 anos no comando de empresas de cinema e televisão, e eu sentia que me faria bem nunca mais ver um roteiro na vida", diz.

Enquanto Barry refletia sobre que rumo tomar, a esposa dele, a estilista Diane von Furstenberg, falou sobre o novo canal de compras da QVC. "Vi algo que era inédito para mim", conta Barry. "Era o início da convergência de telefones, aparelhos de televisão e computadores. A tela era interativa, usada para outros fins que não apresentar narrativas. Isso me ganhou", afirma.

Então... Barry a comprou. Ainda em 1992, quando a internet mal existia, ele já estava fascinado pela ideia de uma tela interativa. Viu como isso poderia reorganizar o setor midiático – para não falar do varejo. E o que lhe permitiu dar o salto foi o fato de estar pronto para *desaprender* tudo o que aprendera sobre a arte de fazer TV. Esqueça aquela coisa de contar histórias: era hora de colocar o público no comando.

A QVC se tornou um campo de testes para uma meta ainda mais ambiciosa. Barry organizou um negócio que se transformou na InterActiveCorp, ou IAC. Depois, iniciou uma série de aquisições abrangendo diversas atividades e abocanhou empresas em um ritmo vertiginoso.

A primeira delas foi a Ticketmaster, que logo se tornou a principal plataforma on-line de venda de ingressos para espetáculos e shows. Em seguida, ingressou na área de sites de turismo ao adquirir o Expedia. com. A empreitada seguinte foi o universo do namoro pela internet, com Match.com, Tinder, OKCupid. Depois, Vimeo, Ask.com, The Daily Beast, College Humor, Dictionary.com, Angie's List. Quase tudo que você buscar na internet tem grandes chances de ser uma propriedade Diller. Em pouco tempo, a IAC virou um conglomerado único na internet.

Barry tinha um conhecimento limitado sobre o negócio de muitas dessas empresas e mais limitado ainda sobre o setor em questão. Para ele, essa ignorância é uma vantagem. "Quanto mais se sabe, pior fica." Em vez de confiar no que acha que sabe, Barry gasta tempo e esforço para decompor questões complexas. Assim como Reed Hastings e a equipe montada por ele na Netflix, Barry é, por excelência, um pensador adepto do *first-principle thinking*.

Na verdade, ele não tem escolha senão abordar desse modo todos os novos desafios – é assim que a cabeça dele funciona. "Meu cérebro é mais lento e mais literal", afirma. Barry relata o que faz ao encontrar algo que não compreende: "Tenho que decompor a coisa até a partícula mais ínfima e só então consigo entender. Mas isso é um trabalho prazeroso para mim: atravessar as camadas e chegar à essência."

Assim que desvendava cada novo negócio, ele estava pronto para fazer um *spin-off* daquela propriedade e seguir em frente. Em apenas um ano, a IAC fez *spin-off* da Home Shopping Network, da Ticketmaster e do LendingTree.com. Embora seja considerada um conglomerado de mídia, a IAC, de certa forma, funciona mais como uma incubadora – e, quando a ideia está pronta para sair do forno, Barry já se interessou por outra coisa. É um portfólio que busca a todo momento o equilíbrio entre o desejo de Barry de aprender e o de desaprender.

O que possibilita que ele salte de um campo para outro com tanto sucesso não é apenas a capacidade de aprender e desaprender, mas também o instinto de se afastar das coisas que conhece e trazer a perspectiva de alguém de fora para cada novo negócio.

Na fase inicial da Microsoft, **Bill Gates** tinha certeza de que poderia resolver qualquer coisa. "Eu mergulhava de cabeça no problema" – independentemente de estar relacionado a engenharia, recursos humanos ou vendas. "Achava que qualquer QI era intercambiável e, com ou sem razão, eu me considerava um autodidata em todas essas áreas."

Bill sempre se viu como um eterno aprendiz que conseguia transitar com facilidade entre as disciplinas. E isso funcionou para ele durante anos enquanto enfrentava desafios de software, de engenharia e de gerenciamento em escala. Todavia, quando inaugurou a Fundação Bill & Melinda Gates, encontrou obstáculos inesperados.

Bill tinha lido com sua esposa na época, Melinda, um artigo impactante sobre a morte de milhões de crianças por doenças que podiam ser prevenidas. Ele então se inspirou e começou a direcionar o foco da fundação para doenças que precisavam de cura. "Agiríamos nessa área para resolver o problema", conta. Não era arrogância. Era mais uma prova da crença otimista de Bill na capacidade da tecnologia (financiada com verbas suficientes) de superar quase todos os problemas. Ele sabia que a ciência realizava grandes avanços contra muitas doenças, e achava que era hora de escalar esses progressos para alcançar o maior número de pessoas.

"E eu pensei: *Tudo bem, isso aproveita os meus pontos fortes... Vamos montar uma equipe para fazer isso.*"

Bill tinha aquele pendor do empreendedor de partir para a ação. Mas logo percebeu que, antes de poder agir, havia *bastante* coisa para aprender – sobre a ciência relacionada à questão, sobre o papel do governo, sobre diferenças culturais entre países e até (ou melhor, especialmente) sobre a logística viável de distribuição dos suprimentos.

"Eu achava que a única peça faltando era uma descoberta – a nova vacina ou o medicamento inovador", diz Bill. "Infelizmente, o mecanismo de fornecimento em vários países – o sistema básico de saúde – também era extremamente precário."

Essa foi uma lição difícil sobre a necessidade de concentrar esforços em detalhes triviais, como distribuição, que dão suporte a grandes inovações. "Admito que pensei assim durante um ou dois anos: *Caramba, ninguém mais vai resolver esse problema da entrega?* Até que um dia me convenci de que não, isso não seria resolvido por outra pessoa – e haveria uma vitória de Pirro caso fossem inventadas mais vacinas que não chegassem ao braço das pessoas", diz ele.

A curva de aprendizado foi acentuada para Bill e a fundação. "Entender como trabalhar em países pobres e realizar a distribuição não era uma área de especialização da Microsoft. Sabíamos contratar engenheiros inteligentes."

Bill também teve que estudar os produtos e o funcionamento da indústria farmacêutica. "Tentei descobrir quem tinha o melhor desempenho, tanto em termos de desenvolvimento quanto de seleção dos melhores profissionais da indústria farmacêutica – porque precisávamos nos tornar praticamente uma empresa farmacêutica e, de fato, criar produtos mais bem-sucedidos do que qualquer outra."

Ele procurou ainda desvendar os modelos existentes: quais países estavam fazendo um bom trabalho no combate a doenças e com quais estratégias e métodos. "Mergulhei para valer nos exemplos históricos, como Costa Rica, Sri Lanka, e nos contemporâneos, incluindo alguns países africanos", diz ele. "Conhecer as histórias individuais dos heróis e a estratégia do sistema foi fundamental para nós."

De todos os empecilhos, "o problema da distribuição", como Bill o chama, foi talvez o mais complexo. Por que vacinas e medicamentos foram administrados com eficácia em algumas regiões e em outras, não?

Ele aprendeu que muitas vezes isso depende do governo. "Em países ricos, ou mesmo nos de renda média, os governos são fantásticos", diz ele. "Nós meio que damos como certo o funcionamento do sistema de água, do sistema elétrico, do sistema educacional, do sistema judiciário... Essas coisas funcionam muito bem. Mas em países muito pobres existe atraso no pagamento de salários – e, mesmo no caso de vacinas que salvam vidas, às vezes os fundos não são alocados ou são até desviados. É lamentável que um governo chegue a uma situação tão ruim."

Para lidar com um problema dessa proporção, Bill precisava aprender – ou melhor, *desaprender* – a trabalhar com órgãos federais.

Enquanto ele esteve na Microsoft, o governo foi mais um adversário do que um aliado. Mas Bill sabia que, com a fundação, precisaria descobrir como distribuir vacinas e medicamentos que salvam vidas: "Fazemos o governo assumir o papel dele ou tentamos contorná-lo?" Por fim, diz ele, "percebemos que era preciso fazer com que os governos assumissem a responsabilidade. É a única solução de longo prazo".

Convocar vários governos a se responsabilizarem exigiu "uma longa curva de aprendizado", diz Bill. Cada país tinha um conjunto específico de problemas e um posicionamento diferente sobre como resolvê-los. Alguns aceitaram mais a ajuda do que outros. Por exemplo, o primeiro-ministro da Etiópia queria melhorar os serviços de saúde do país; "portanto, para desenvolver o sistema de saúde e até mesmo aprimorar o sistema agrícola do país, conseguimos trabalhar em parceria. E isso virou um modelo para nós", recorda Bill.

Mas o cenário foi bem diferente na Nigéria, país que já foi responsável por metade dos casos de pólio no mundo – sobretudo porque as vacinas não eram distribuídas de maneira confiável, em especial na conturbada região norte. Nesse caso, a fundação deu apoio a uma iniciativa que driblou o governo e envolveu 200 mil voluntários, que juntos imunizaram 45 milhões de crianças. Isso causou um impacto tremendo na erradicação da doença. Há três anos, a Nigéria não registra nenhum novo caso de pólio. Mas é um esforço contínuo manter as parcerias para garantir que as vacinas cheguem a quem precisa.

Ainda assim, mesmo os desafios mais difíceis têm recompensas a longo prazo.

"As ciências biológicas que nos proporcionam novas formas de inventar vacinas têm se saído muito bem", relata Bill. "Apesar de ainda não termos alguns milagres – uma vacina contra o HIV, uma vacina contra a tuberculose –, eles vão chegar nos próximos 10 a 15 anos. Portanto, vale muito a pena assegurar que o sistema de distribuição estará lá, não apenas para o que temos agora, mas para o que está por vir."

Hoje, Bill tem uma visão de longo prazo porque sabe quanto tempo leva até estabelecer os sistemas e as relações necessárias. Mas esse trabalho confirmou a visão ambiciosa dele: nas últimas duas décadas, houve uma queda de 50% na mortalidade infantil, de 10 milhões de mortes por ano para pouco mais de 5 milhões no mesmo período. Quatro *milhões* e meio de crianças que teriam morrido antes dos 5 anos, de uma doença que poderia ser evitada, continuam vivas graças aos esforços da fundação. É uma realização que figura entre os melhores feitos da humanidade.

ANÁLISE DO REID: Seja um "aprende-tudo", não um "sabe-tudo"

Escolhemos *Mestres da escala* como título deste livro – e do nosso podcast (*Masters of Scale*) – em homenagem aos líderes icônicos que começaram do zero uma empresa ou uma ideia e chegaram até um zilhão. Mas talvez esse nome seja enganoso. A maestria sugere que alcançamos o ápice, que descobrimos como fazer algo da melhor maneira possível. A realidade, porém, é que nenhum de nós atinge de fato um estado final de maestria. Estamos todos aprendendo de modo constante. Ou ao menos deveríamos. Seríamos uma versão beta permanente.

Este é um dos meus mantras: o sucesso deixa uma marca mais forte do que o fracasso. Isso porque, conforme somos bem-sucedidos em algo, sentimos o orgulho e o alento de ter aprendido algo que realmente funciona. E presumimos que essa lição, essa ferramenta, permanecerá válida – e pode continuar a ser adotada por tempo indeterminado. E é exatamente isso que leva você a continuar repetindo o mesmo processo ainda que as coisas saiam dos trilhos.

> Porque, é claro, a mesma ferramenta, o mesmo conhecimento, as mesmas táticas *deixam* de funcionar quando os problemas que está tentando resolver mudam, assim como quando mudam os mercados, os concorrentes, os setores – e até você.
>
> Assim, um empreendedor precisa se perguntar com frequência: *Qual lição antiga devo descartar? E o que tenho que desaprender ou reaprender?* Para desaprender, é necessário abrir mão do que se considerava uma verdade. E é muito difícil eliminar o conhecimento ou a experiência que tornou a pessoa bem-sucedida.
>
> Por exemplo, se eu tentasse abrir uma nova empresa de serviços on-line exatamente do mesmo jeito que lancei o LinkedIn, seria um fracasso. A tecnologia móvel mudou. O processo de viralizar mudou. O ecossistema de busca de empregos também mudou. As plataformas que as pessoas estão usando mudaram. Está tudo diferente.
>
> E isso também se aplica ao seu próximo empreendimento, seja ele qual for. Portanto, caso queira alcançar o sucesso, precisa consultar um manual diferente. No fundo, você deve pensar assim: *Escuta, eu sei que o jogo vai mudar. Das coisas que já aprendi, apenas algumas vão continuar válidas.* Para todos os empreendedores, meu conselho é ter a mentalidade de aprender. É necessário compreender as novas regras do jogo antes de imaginar uma estratégia campeã. Seja um "aprende-tudo", e não um "sabe-tudo".

Descarte todas as regras

Era 1943, o auge da Segunda Guerra Mundial. Qualquer avanço científico ou inovação técnica podia mudar os rumos da guerra – para qualquer direção. O Exército alemão havia criado pouco antes o Messerschmitt Me 262, o primeiro caça a jato destinado a combate, o que lhe deu uma vantagem tática. Os militares americanos tiveram que responder... rapidamente.

Mas os americanos estavam ficando atrás dos alemães na corrida pela tecnologia de motores a jato. Aí surgiu uma oportunidade: o governo britânico ofereceu ao Exército dos Estados Unidos o projeto do motor De Havilland H-1B Goblin, sem cobrar nada. Só tinha um detalhe: os americanos teriam que construir todo o restante do avião.

A Força Aérea entregou essa tarefa à empresa aeroespacial Lockheed Martin. Mas a Lockheed já estava operando com capacidade total. Não havia nenhum espaço sobrando na fábrica, tampouco engenheiros disponíveis. Ela estava sem recursos. Mesmo assim, o engenheiro-chefe da Lockheed, Kelly Johnson, ofereceu-se para chefiar o projeto. "Ele já vinha pleiteando uma divisão experimental de aeronaves", conta Nick Means, diretor de engenharia do GitHub e estudante apaixonado da história da aviação. "O conselho da Lockheed entregou o projeto para ele, em grande parte, para fazê-lo calar a boca, pois achavam que seria algo muito difícil de executar."

Johnson tinha um plano concreto para construir o avião. O primeiro passo era descartar todos os pressupostos da empresa sobre a construção de aviões.

Ele montou uma tenda de circo em um terreno vazio da Lockheed – bem ao lado de uma fábrica de plásticos com um cheiro horrível (daí o nome dado ao projeto: Skunk Works, ou Obras do Gambá). Dentro da lona, um pequeno grupo de engenheiros, projetistas e operários escolhidos a dedo começou a desenvolver um protótipo de avião a partir de um modelo do motor. "O motor nem estava lá ainda, mas eles queriam começar a construir mesmo assim", conta Nick Means.

Era uma forma totalmente nova de trabalhar. "Em geral, para construir um avião, fazemos muitos desenhos, muitos testes de encaixe... Mas, nesse caso, Kelly basicamente descartou todas as regras e disse que os engenheiros e fabricantes estavam livres para produzir ali mesmo peças que coubessem no avião."

A troca imediata de feedback entre designer, engenheiro e fabricante possibilitou que, em questão de horas, as ideias saíssem da prancheta e se tornassem tangíveis. Com isso, gastou-se menos tempo na elaboração de projetos – e mais tempo na construção, na coleta de dados e na iteração com base nos resultados. Graças a essa flexibilidade e à rapidez com que avançaram, eles conseguiram construir o protótipo em 143 dias – um período extraordinariamente curto para se construir um avião a jato.

Na aviação, todo o planejamento e desenvolvimento não significam nada se o avião não voar, óbvio. Mas esse avião voou – e com muita velocidade.

O P-80 Shooting Star produzido pelo Skunk Works de Johnson foi o primeiro avião americano a voar a 800 quilômetros por hora em um voo rasante. O P-80 nunca entrou em combate na Segunda Guerra Mundial, mas, como o F-80, foi usado em batalha na Guerra da Coreia e, como T-33, amplamente utilizado como aeronave de treinamento. Mais de 8 mil aviões foram produzidos, e a Força Aérea americana usou o T-33 até 1997. No final, o projeto desenvolvido pela equipe de Johnson em 143 dias serviu durante 54 anos.

Diversos fatores indicavam que isso *não iria* funcionar, a começar, quem sabe, pelo momento em que Kelly Johnson "descartou todas as regras". Não é algo esperado de um engenheiro aeroespacial, mas a equipe do Skunk Works não tinha tempo para um plano de vários anos. E não podia se dar ao luxo de fazer conjecturas. Precisava responder a uma pergunta urgente. Então, testou as possibilidades.

Atualmente, todas as empresas deveriam fazer a mesma coisa. Porque é provável que mesmo o plano de negócios mais sólido e mais bem elaborado se baseie em suposições – as quais talvez se mostrem erradas quando o produto ou serviço for lançado no mercado. De certa forma, a empresa em si pode ser considerada um experimento. **E, para um experimento ser bem-sucedido, você deve estar disposto a descartar – ou pelo menos questionar – o que acreditava ser verdade.**

Aprendendo a experimentar (e experimentando para aprender)

Eric Ries é o fundador da Long-Term Stock Exchange e autor do livro consagrado *A startup enxuta*. Mas, aos 25 anos, Eric foi cofundador de uma startup desconhecida e improvável, a IMVU, que construía avatares 3-D para plataformas de rede social. A IMVU tinha um plano de negócios fantástico desde o início – Eric sabe, porque foi ele que redigiu. "Eram 50 páginas com texto eloquente, dados extraídos do censo dos Estados Unidos e toda uma análise. Tipo assim, impossível parar de ler", diz Eric.

Mas havia um probleminha. Eric precisava de *clientes* que realmente comprassem o produto, e essas pessoas não tinham lido o plano de negócios. Além disso, não se comportaram conforme o documento tinha previsto.

Antes de lançar o produto, Eric passou noites e mais noites programando, tentando ajeitar tudo. Ainda assim, um pouco antes de o serviço ir ao ar ele ainda estava com medo de que algo desse terrivelmente errado: por exemplo, uma multidão de gente poderia baixar o software e ver o servidor travar.

O software de Eric não travou um único computador. Porque ninguém o baixou.

"Não vendemos uma cópia sequer", admite Eric. "Ninguém quis testar, nem de graça!" O fracasso foi catastrófico, mas deu a Eric uma inspiração crucial para desenvolver uma teoria que ficaria famosa. A empresa dele havia desenvolvido um produto com base em uma premissa tão equivocada que seis meses de programação foram para o lixo.

Para Eric, essa experiência levantou a seguinte questão: *Como poderíamos ter descoberto mais cedo que a nossa premissa estava errada?*

Conforme esmiuçavam os testes de usabilidade, ainda se recuperando do fracasso, Eric e sua equipe compreenderam os erros cometidos e pivotaram a estratégia. Eles acabaram acertando, os avatares se popularizaram e, com isso, a empresa começou a escalar.

Mas Eric nunca se esqueceu daqueles seis meses perdidos. O que mais o chateava não era o fato de terem errado no produto, mas a quantidade de tempo e esforço jogados fora para desenvolvê-lo.

Muitos de nós tendemos a acreditar que, para fazer algo direito, temos que ir devagar, com cuidado, sem ninguém saber. Isso significa dedicar tempo para aprimorar um projeto e não revelá-lo ao mundo até que esteja perfeito. Como diz o aforismo, só temos uma chance de causar uma primeira impressão.

Talvez isso faça sentido nas artes – o poeta sofredor, escrevendo no sótão, pensando onde colocar cada vírgula. Mas para as startups?

É uma estratégia ruim.

O problema: o que você *acha* que sabe – a respeito do que os clientes querem, do que vai funcionar ou não no mundo real – muitas vezes se baseia em premissas não testadas. A solução: teste essas suposições o mais rápido possível.

Para fazer isso, você deve **estar disposto a compartilhar com o mundo exterior o seu trabalho em andamento, ainda imperfeito – logo no começo e, depois, de forma contínua –, para obter um feedback rápido**. Eric apelidou isso de "produto mínimo viável", o MPV (na sigla em inglês): a versão mais crua e menos polida de um produto a ser usada para testar uma hipótese.

Essa terminologia chamativa era nova na época, mas, como Eric reconhece de cara, a teoria dele de testar e aprender tem origem no método científico, desenvolvido ao longo dos séculos. "Não desbravamos nenhum terreno novo de fato, só aplicamos essas lições aos negócios", diz ele.

Vale notar que o método de Eric não tem a ver somente com o aprendizado: trata-se também de como *reagimos* às lições, de modo a alcançar a "perfeição por meio da iteração". Tal como acontece com o método científico, inclui a avaliação dos resultados do experimento e o questionamento: *A minha hipótese foi confirmada? Ou preciso fazer ajustes?* No mundo dos negócios, podem ser ajustes tão pequenos quanto acrescentar um recurso ou tão grandes quanto pivotar a estratégia inteira. (Aliás, foi Eric quem popularizou este termo agora onipresente – pivô –, que vamos abordar no Capítulo 8, "A arte de pivotar".)

Eric foi rápido em colocar a sua teoria em prática na IMVU, e lá os engenheiros começaram a enviar os códigos com mais frequência – em alguns casos, várias vezes ao dia –, de modo a entregar as atualizações do produto para os usuários. Em seguida, a equipe estudava os dados sobre a resposta desses usuários. Em pouco tempo, a distância entre a hipótese, o experimento e os resultados foi diminuindo cada vez mais. A empresa começou a escalar. Mas uma coisa ainda perturbava Eric.

"Tínhamos começado a fazer as coisas de um modo bastante incomum e, sem dúvida, dava certo, mas ninguém entendia *por quê*", diz ele. "Isso enlouquecia os funcionários e os investidores." Eric sabia que precisava traduzir e explicar o "porquê" por trás desse novo método. Então fez uma coisa que transformou o "fundador de uma startup" no "líder de um movimento": aplicou essas ideias sobre a adaptação de um método científico, baseado em experimentos, ao lançamento de novos produtos e negócios, e começou a se aprofundar na pesquisa.

Eric obteve informações de fontes bem variadas: desde teóricos de gestão e estrategistas militares até o sistema *lean*, de fabricação enxuta, da Toyota, que identifica e elimina desperdícios em cada etapa do processo. Em seguida, aplicou esses conceitos ao desenvolvimento de software, do mesmo jeito como um cientista observaria o efeito de um medicamento em uma espécie e aplicaria esse aprendizado em outra espécie.

Durante a pesquisa, Eric deixou a IMVU e se tornou consultor de outras startups. Também começou a postar textos em um blog, anonimamente. Mais tarde, essas postagens se tornaram a base do seu livro. A obra foi lançada no momento certo. No rescaldo da crise financeira de 2008, os empreendedores precisavam fazer as próprias empresas decolarem sem grandes quantias de capital e sem anos de desenvolvimento. Desde então, *A startup enxuta* vendeu mais de 1 milhão de exemplares. E o mais importante: virou um manual para um novo jeito de se fazer negócios.

Mark Zuckerberg é um dos maiores campeões da experimentação no Vale do Silício. Ele começou com um mantra – "Ande rápido e arrebente tudo" – que foi a base para o sucesso do Facebook. E a empresa continua a experimentar de modo constante ainda hoje, mesmo com o porte atual – embora o mantra vigente seja "Mova-se rápido, mas com uma infraestrutura estável". Como afirma Mark: "O tempo todo, não existe apenas uma versão do Facebook em execução: é provável que existam 10 mil. Na prática, todos os engenheiros da empresa podem decidir se querem testar algo."

Com isso, um engenheiro pode lançar uma versão experimental e personalizada do Facebook – não para a comunidade inteira, mas talvez para 10 mil pessoas, ou quantas forem necessárias para realizar um bom teste. Em seguida, consegue obter uma leitura quase imediata dos resultados: *Como as pessoas se conectaram com essa versão? O que elas compartilharam? E de que maneira o fizeram?* De acordo com Mark, munido desses dados, o engenheiro "pode chegar para um gerente e dizer: 'Olha, aqui está o que eu desenvolvi e estes são os resultados. Temos interesse em explorar isso mais a fundo?' Ou seja, não é necessário discutir com os gerentes se a sua ideia é boa. Existem provas."

Mesmo que não tenha bons resultados, o experimento gera um aprendizado valioso e se torna parte da "documentação das lições que aprendemos ao longo do tempo", nas palavras de Mark.

Esse método de testar e aprender não é adequado a qualquer empresa ou produto. Há casos em que lançar uma versão imperfeita de um produto, mesmo que para um público limitado, é imprudente – ou até perigoso. Alguns empreendedores simplesmente não se sentem confortáveis com a ideia de divulgar algo defeituoso para o mundo. Por exemplo, Sara Blakely, da Spanx, acredita que o produto "só tem uma chance" de causar uma primeira boa impressão nos clientes – e é melhor não desperdiçá-la com uma versão de baixa qualidade. Se você tem apenas uma impressão em um canal de varejo contra múltiplas chances na internet, então Sara tem razão!

Muitos de nós sofremos com a imperfeição, mas experimentar exige que desaprendamos as primeiras lições da escola, onde nos ensinaram a só entregar um trabalho final quando estivesse impecável.

Quando tomou a decisão ousada de não adicionar açúcar ou conservantes à sua fórmula de água saborizada com frutas, Kara Goldin, a fundadora da Hint, sabia que, com isso, as bebidas teriam um prazo de validade muito curto. No entanto, ela queria saber se as pessoas iriam gostar do sabor. Então começou a vender essa versão imperfeita da Hint, enquanto pesquisava ingredientes naturais que pudessem estender a vida útil do produto.

"Vários empreendedores com quem conversei costumam se conter por acharem que algo precisa estar perfeito para ser lançado no mercado", diz Kara. "Se você não aceita pilotar o avião enquanto o constrói, se fica muito desconfortável com isso, terá problemas."

Claro, isso não quer dizer que você deva lançar um produto ruim ou que não funcione. "Falo para os empreendedores: 'Caso você não considere o seu produto perfeito, mas o ache *muito bom*... e queira saber se existe um mercado para ele, disponibilize-o em algumas lojas. Basta divulgar, e sempre vai poder aprimorá-lo com o tempo'", diz Kara.

> **ANÁLISE DO REID** — Prepare-se para ter vergonha!
>
> Eu sempre digo: "Se você não ficou com vergonha do primeiro produto que lançou, é porque lançou tarde demais." Por quê? Porque é preciso testar um produto real com clientes reais o mais rápido possível – para ser mais exato, no momento em que tiver a versão *crua*. Mas o objetivo de lançar o quanto antes não é a velocidade pela velocidade. É obter dados sobre os clientes – enquanto ainda dá tempo de *utilizar* essa informação para fazer melhorias. Em seguida, você desenvolve mais e testa mais uma vez, de modo a criar um ciclo de feedback que possibilite um aprimoramento contínuo. Vai precisar fazer isso várias vezes.
>
> Não tenha medo de imperfeições nos produtos de software. Elas não vão arruinar a sua empresa. A velocidade, sim, tem esse poder: você precisa ser capaz de desenvolver com rapidez produtos de que os usuários vão gostar de verdade. Portanto, aprenda a conviver com os pequenos constrangimentos associados à divulgação de algo imperfeito.
>
> Ao longo dos anos, houve quem interpretasse a minha teoria como uma autorização para pular etapas, agir de maneira imprudente ou seguir em frente sem um plano definido. Mas, veja bem, eu falei "Se você não ficou com vergonha do seu produto". Eu não disse "Se você não está morrendo de vergonha do seu produto" ou "Se você não foi condenado pelo seu produto".
>
> No caso de o produto suscitar ações judiciais, afastar usuários ou torrar capital sem nenhum ganho aparente, é provável que você o tenha lançado cedo demais, sim. Experimentar em grande escala traz riscos, sem dúvida, mas também gera oportunidades inestimáveis de aprender e melhorar.
>
> Mostre o seu trabalho cedo. Com frequência. E, acima de tudo, não fique enfurnado na garagem, tentando aperfeiçoar o produto sozinho. Você não só vai perder tempo, como também vai desperdiçar a sua janela de oportunidade. Escrevi mais sobre esse assunto em *Blitzscaling*: "Lance um produto que o incomode" é o número 4 na minha lista de Regras controversas de *blitzscaling*.

Aprendizados sob demanda

Você se lembra da primeira experiência de **Melanie Perkins** como empreendedora, aos 15 anos, vendendo cachecóis feitos à mão para pequenas lojas nas redondezas da cidade australiana de Perth, onde nasceu? Como explicou no Capítulo 2, Melanie descobriu que era capaz de enfrentar algo bastante assustador e ter sucesso. E também que podia criar um negócio em vez de trabalhar para alguém. "Ter aprendido essas duas lições quando era tão nova de fato ajudou a definir o meu caminho", diz ela.

Sua trajetória, desde a venda de cachecóis até a elaboração e administração do Canva, uma plataforma global de design com 50 milhões de usuários, incluiu mais lições, que Melanie chama de "aprendizados sob demanda". Quando ela e o sócio, Cliff Obrecht, tomaram a decisão de lançar uma ferramenta de design, o primeiro passo foi pequeno, justamente para aprender: "Selecionamos o nicho dos anuários escolares porque não tínhamos recursos nem experiência para dar conta do mercado geral no início", explica Melanie. Eles colheram muita informação a respeito de testes com usuários, coleta de feedback e atendimento ao cliente. E, quando a primeira empresa deles, a Fusion Books, conquistou usuários apaixonados, os dois começaram a aprender algo novo: como escalar uma startup.

Ao relembrar esse período, Melanie afirma: "Sinto que, em uma startup, cada aprendizado acontece na hora certa – às vezes, imediatamente após precisarmos dele."

Melanie queria entregar um novo produto: uma plataforma global de design que fosse confiável, totalmente segura e de altíssima qualidade. Ela sabia que, para isso, precisava obter financiamento de investidores de risco para escalar a ferramenta no mundo todo e contratar talentos em tecnologia. Algo fora da sua zona de conforto. "Fui com uma mentalidade de aprendizado. Eu não tinha outra opção, para ser sincera", conta.

"Embora fôssemos uma startup, não sabíamos muita coisa sobre startups nem sobre capital de risco. Eu não sabia que quando alguém diz *Vou financiar você* não significa um financiamento total para a empresa pelo resto da vida, mas sim *Eu teria interesse em participar como investidor-anjo em uma rodada maior, mas você vai ter que organizá-la*."

Melanie procurou investidores de risco para conversar. E conheceu um financiador do Vale do Silício, Bill Tai, quando ele estava na Austrália para uma conferência. Os dois se deram bem, e ele a convidou para visitá-lo na Baía de São Francisco quando passasse por lá. Todos os anos, Bill organiza uma conferência bastante inusitada na região, reunindo empreendedores e investidores de risco, e todos praticam kitesurf. "Então, é claro, precisei aprender kitesurf. Eu não tinha experiência nenhuma com esse esporte. Foi horrível. Eu estava com uma roupa de mergulho completa, fazia frio e talvez houvesse tubarões", conta Melanie.

"Mas deu certo. Recebi um convite para essa conferência de empreendedorismo misturada com kitesurf. Tive que dar uma palestra certa manhã – nunca senti tanto medo. Acabei conhecendo um monte de pessoas maravilhosas. Foi assustador fazer uma apresentação para os investidores e empreendedores mais talentosos que já conheci. E o nosso primeiro argumento de venda foi terrível, mas também bastante útil, porque recebemos muitos feedbacks."

Eis mais um aprendizado sob demanda. A primeira apresentação de Melanie não foi um golaço. Na verdade, ela demorou um pouco até encontrar os investidores necessários para o Canva. Ela aprendeu a encarar cada apresentação como uma oportunidade de aprender e aprimorar a seguinte: "Sempre que terminamos uma apresentação, os investidores podem fazer um determinado número de perguntas no final. Se conseguíssemos mitigar todas essas dúvidas ao explicar tudo antecipadamente, quando encerrássemos a nossa fala estaria tudo esclarecido, e só restaria a eles dizer que iriam investir. A gente tinha essa hipótese. E acabou dando certo."

O aprendizado sob demanda acontece assim: você divulga a sua ideia e escuta com calma o retorno, seja bom ou ruim... Depois, age de acordo, itera e tenta de novo. No caso do Canva, as objeções dos investidores durante as apresentações do produto foram incluídas em um banco de dados. À medida que a plataforma era aprimorada, a equipe também descobria quais investidores teriam mais abertura para ouvir e quais tipos de consultores inspirariam mais confiança nos investidores. E, o mais importante, todos aprenderam mais sobre quem eram como empresa. Em certas reuniões com potenciais investidores, "havia uma grande desconexão entre a nossa filosofia baseada na missão e nos objetivos e uma estratégia mais iterativa de startup enxuta". Ela percebeu que esses investidores "nunca iriam concordar com o nosso jeito de pensar, porque sempre fomos e continuamos a ser pensadores de longo prazo".

Melanie e seus sócios não começaram a jornada do empreendedorismo sabendo tudo o que precisavam. E nem deveriam. Quando você tem a ideia que será o alicerce da sua empresa, não pode se dar ao luxo de passar 20 anos se preparando para trabalhar nisso um dia. Bem antes de estar pronto para começar, outra pessoa terá roubado a sua ideia e a colocado em prática.

Na verdade, você precisa aprender à medida que avança e, assim, resolver problemas cada vez mais complexos. Com sorte, na hora certa descobrirá as respostas para suas perguntas.

De repente, CEO

Tobi Lütke tinha duas paixões: snowboard e programação. Para uni-las, ele lançou uma loja on-line de snowboard, a Snowdevil. Aí aconteceu algo inesperado. As vendas do seu software de e-commerce superaram as das pranchas de snowboard.

Após uma série de reviravoltas (detalhadas no Capítulo 8), Tobi e o seu cofundador viram uma oportunidade maior em jogo, então abandonaram suas raízes na venda de artigos esportivos e se remodelaram como a plataforma de comércio eletrônico **Shopify**. Mas, quando a empresa começou a crescer, o cofundador de Tobi, que administrava os negócios, deixou o barco. É que as coisas tinham mudado demais.

Tobi ficou na dúvida sobre o que fazer. Não se via como um cara de negócios. Na verdade, a parte comercial da empresa lhe parecia uma caixa-preta – algo isolado do papel dele como o cara da tecnologia. "Para mim, os empresários eram todos esquisitos. Eu não sabia o que eles faziam. As pessoas reais que davam o show eram os engenheiros, certo? Pelo menos era assim que eu pensava naquela época", diz ele.

Nos dois anos seguintes, Tobi procurou um CEO para a sua jovem empresa. Um dia, um investidor-anjo o abordou e, discretamente, lhe disse que provavelmente ninguém se importava tanto com a Shopify quanto o próprio Tobi.

Assim, o engenheiro Tobi se tornou o CEO. Ele só precisava aprender a desempenhar essa função.

"Comecei do mesmo jeito que começo qualquer coisa. Pensei: *Certo, eu não tenho ideia de como é isso, não conheço os componentes nem a forma de fazer. Então está na hora de ler alguns livros sobre o assunto*", diz ele. O primeiro foi *Gestão de alta performance*, de Andy Grove. "Andy me ensinou que desenvolver um negócio é bem parecido com um desafio de engenharia. E isso me deu bastante esperança. Tentei segmentar em partes menores todos os problemas que enfrentei – como faço ao desenvolver um software – e dei um passo de cada vez."

Não raro, engenheiros que viram CEOs fazem, desse jeito, um curso intensivo sobre liderança. O fundador do Dropbox, Drew Houston, tem uma história semelhante. Aos 21 anos, Drew estava saindo do MIT e começando um empreendimento: um curso on-line preparatório para o ingresso em universidades americanas. E achou que ele próprio deveria fazer um curso preparatório sobre os fundamentos da administração de empresas. Começou lendo livros.

Drew cita de cabeça a bibliografia do seu programa de estudos: *Muito além da sorte: Processos inovadores para entender o que os clientes querem*, de Clay Christensen e Karen Dillon; *O gestor eficaz*, de Peter Drucker; *O lado difícil das situações difíceis: Como construir um negócio quando não existem respostas prontas*, de Ben Horowitz; *Como Steve Jobs virou Steve Jobs*, de Brent Schlender; *Hard drive: Desejo de vencer*, sobre a história da Microsoft; *Startup: Fundadores da Apple, do Yahoo!, Hotmail, Firefox e Lycos contam como nasceram suas empresas milionárias*, de Jessica Livingston; e o livro já mencionado de Andy Grove ("provavelmente meu favorito sobre gestão", diz Drew).

Ele não queria apenas impressionar com uma lista de obras com títulos impactantes. Cite qualquer um da lista, e Drew saberá dizer quais reflexões extraiu do livro e como aplicou esses aprendizados diversas vezes à medida que suas empresas – e sua experiência – escalavam.

"Sempre achei extremamente útil ser sistemático quanto a aprender sozinho, porque ninguém vai fazer isso por nós", diz ele. Apesar de se sentir bem seguro por entender de engenharia e de lançamento de produtos no mercado, Drew comenta: "Eu não sabia nada sobre vendas, marketing, financiamento de empresas ou gestão de equipe. E é preciso aprender isso em pouco tempo."

Todo fundador conhece esse sentimento. E Drew enfrentou o desafio de aprender a administrar uma empresa como se fosse um aluno se matando de estudar na véspera do vestibular. "Eu entrava na Amazon, digitava, vamos dizer, 'estratégia de marketing de vendas', comprava os livros mais bem avaliados... e mergulhava neles." Quando se deparava com uma obra com potencial de ser útil para algo específico, Drew fazia anotações nas margens e a estudava como se fosse um livro didático. Além de manter esse hábito até hoje, ele faz questão de incuti-lo também em outros líderes da empresa. Drew e sua equipe escolhem um livro para ler nos eventos externos trimestrais da equipe de liderança e outro para um encontro maior, que ocorre duas vezes por ano.

TEORIAS DO REID SOBRE APRENDIZAGEM

Seja um aprende-tudo, não um sabe-tudo
Quando está tentando fazer algo que nunca foi feito, você se vê muitas vezes em um estado de ignorância suprema. Nessas condições, o que possibilita o progresso dos empreendedores é a velocidade com que avançam na curva de aprendizado.

Sempre se afaste do que você conhece
O sucesso é mais marcante do que o fracasso. Assim, quando você descobre algo que funciona ou alcança sucesso em uma área específica, existe uma tendência natural de se estagnar. Mas eternos aprendizes sabem que, se ficarmos parados ou continuarmos fazendo as mesmas coisas que funcionavam no passado, ficaremos para trás.

Acumule sabedoria ao longo do caminho
Líderes e empreendedores costumam traçar um caminho em zigue-zague para chegar ao seu destino. A cada parada, eles devem absorver lições úteis e incorporá-las à sua compreensão maior do mundo.

Estude sobre liderança

Muitas vezes, empreendedores que sabem como abrir um negócio não têm ideia de como *administrar* na prática uma empresa nova. Mas há muitas maneiras de aprender: por meio de leituras, mentores e parcerias com investidores que já trabalharam com outros CEOs com experiência em startups.

Experimente para aprender e aprenda a experimentar

Nunca acertamos na mosca o que os usuários ou os clientes desejam. Testar um produto real com pessoas reais o mais cedo possível é a maneira mais rápida de desenvolver algo que possa escalar.

7

Observe o que eles fazem, não o que dizem

Era o começo do Google, bem antes de o Google Docs, o Google Maps ou o Gmail aparecerem nas telas de computadores do mundo todo. A equipe que fundou a empresa tinha acabado de lançar uma ferramenta de pesquisa ainda incipiente e estava totalmente focada, até obcecada, pelo que chamava de "excelência em pesquisa". O problema era que nenhum de seus integrantes tinha ideia do que seria, na prática, a tal excelência em pesquisa.

A página inicial do site era de uma simplicidade até genial: apenas uma caixa de busca e dois botões, um dos quais dizia "Estou com sorte". Era uma diferença radical em relação a portais atravancados como o Yahoo!, muito usado na época. A página de resultados de pesquisa tinha uma premissa igualmente surpreendente: nada de anúncios, nada de manchetes de notícias. Só ótimos resultados de pesquisa. Mas qual deveria ser a quantidade de resultados? E a aparência?

O cofundador Larry Page queria que o design do Google se baseasse em dados, e não em preferências subjetivas de design. Então, ele pediu para os engenheiros construírem algo que chamaram de "estrutura de experimento". **Marissa Mayer**, uma engenheira importante na equipe de pesquisa do Google, implementou o primeiro desses experimentos, concebido para determinar o número ideal de resultados de pesquisa a serem exibidos em uma consulta no site.

Na primeira etapa do experimento, Marissa perguntou aos usuários quantos resultados de pesquisa eles gostariam de visualizar por página. Prefeririam 20? Ou 25? A resposta foi 30. O feedback dos usuários foi claro: quanto mais resultados por página, melhor. Ao menos isso foi o que eles *disseram*.

Mas algo inesperado aconteceu durante o teste seguinte, de observação do comportamento *real* dos usuários. O Google criou diferentes versões da página de resultados de pesquisa, todas idênticas, exceto pelo número de opções exibidas. Então eles contabilizaram: quantas pesquisas o usuário fez? Até que página ele foi? Quantos acabaram deixando o site?

Ficou claro que menos era mais.

O número ideal eram 10 resultados por página, e não os 30 indicados pelo estudo. "Quando olhamos para os resultados de pesquisas de primeira página por usuário, o número caiu drasticamente, ficou entre 10 e 20; 25 era ainda pior; 30 era o pior de todos", relata Marissa.

O que explicava essa diferença drástica entre a percepção e a ação dos usuários? Acontece que ter mais resultados por página tinha um preço, implicava perder algo extremamente importante para os usuários, mesmo que não percebessem de forma consciente: a *velocidade*. Uma página com 20 ou 30 resultados demorava mais para carregar do que uma com 10. A diferença era quase imperceptível, mas o impacto, inegável.

"O tempo faz muito mais diferença para as pessoas do que elas costumam perceber", afirma Marissa. "Ninguém estava disposto a esperar aquela fração de segundo a mais para obter uma quantidade maior de resultados – até porque, na maioria das vezes, os primeiros 10 links já eram suficientes."

Essa descoberta influenciou diversos processos no Google – foi elucidativo não apenas sobre o número de resultados de pesquisa por página que os usuários desejavam ver e sobre a importância da velocidade, mas também sobre compreender de verdade o feedback dos usuários. Pedir a eles que respondam a perguntas é ótimo quando precisamos entender nuances de opiniões e sentimentos. Mas, se quisermos entender como vão agir de fato, temos de observá-los em ação.

...

Este capítulo fala sobre como desenvolver um produto ou uma empresa em sintonia com os clientes a partir de uma compreensão profunda dos desejos deles e do aperfeiçoamento do produto para atendê-los.

Muitos líderes aprenderam que, para entender os usuários, é preciso ouvi-los: faça pesquisas. Organize grupos focais. Leia os comentários, as postagens nas redes sociais e os e-mails enviados por eles. Todas essas técnicas *vão* aproximá-lo dos seus usuários – e ajudá-lo a entender o que seu produto significa para as pessoas, bem como identificar oportunidades de crescimento.

Mas escutar os usuários também pode deixá-lo perdido.

No experimento sobre resultados de pesquisa, Marissa descobriu o que todo bom gerente de produto e empreendedor sabe: há uma grande distância entre o que os clientes dizem que querem e o que eles de fato fazem. Se você seguir as sugestões deles muito ao pé da letra, talvez fique sem clientes. Uma habilidade essencial para qualquer pessoa que esteja dando vida a um novo produto ou serviço é equilibrar essas duas formas de feedback dos usuários – e, em caso de dúvida, observar o que eles fazem, e não o que dizem.

O problema de prever o futuro

Algo semelhante aconteceu no Facebook, que no início, como todos sabem, era um serviço para estudantes de Harvard, depois se expandiu para outras universidades e, em seguida, para o restante do mundo. Mas se o fundador, **Mark Zuckerberg,** tivesse dado ouvidos ao que os primeiros usuários lhe disseram, a história teria sido diferente.

Pelo que parecia na época, o que os alunos de Harvard mais amavam no Facebook era a exclusividade. E Mark relata o seguinte sobre o lançamento do site em Yale: "Todo mundo em Harvard ficou meio assim: 'Ah, fala sério. Logo eles?' De Yale, fomos fazer o lançamento em Columbia, e o pessoal em Yale falou: 'Ah... como assim? Aqueles caras?'" Cada vez que o Facebook se expandia para um novo campus, os usuários reclamavam. Mas ninguém deletou o perfil ou abandonou o site; na verdade, os acessos aumentaram como nunca. "À medida que a rede crescia e se fortalecia, as pessoas inclusive *gostavam* de fazer parte dela", diz Mark.

O mesmo aconteceu quando o Facebook lançou o recurso de marcação de fotos; com isso, a rede de amigos de um usuário podia vê-lo em imagens que ele nem sabia que existiam. Quando Mark descrevia essa nova função, "a maioria das pessoas falava: 'Não quero esse produto! Não, não e não! Não quero isso'". Porém, mais uma vez, o comportamento divergiu do discurso. E Mark concluiu o seguinte: "As pessoas são péssimas em prever as próprias reações em relação a coisas novas."

A observação de Mark foi corroborada repetidas vezes por empresas de diversos setores. Os clientes nem sempre fazem o que dizem. E há muitas razões para isso. Às vezes, eles descrevem a si mesmos com base mais em aspirações do que na realidade. Por exemplo, a maioria das pessoas vai dizer que gostaria que a cidade tivesse uma ópera municipal, mas poucos compram ingressos para os espetáculos. Outras vezes, o comportamento dos usuários é influenciado por fatores que eles não compreendem totalmente – como o tempo de espera para obter resultados de pesquisa.

Portanto, se quer **aprender de verdade com os seus clientes, você deve estar disposto a segui-los aonde quer que eles o levem e até mesmo a permitir que sequestrem o seu produto** e o usem de maneiras diferentes do que planejou. Claro, você sempre pode pedir um feedback. Mas às vezes é valioso ignorar o que eles dizem e apenas observar o que fazem.

Para ser líder, seja primeiro um seguidor

Aos 14 anos, **Julia Hartz** trabalhava como barista na cafeteria Ugly Mug, em Santa Cruz, na Califórnia, quando teve seu primeiro atrito com uma cliente furiosa. Na verdade, foram vários atritos.

"Aprendi a fazer um latte muito bom lá", conta Julia. "Mas tinha uma mulher que aparecia na porta às 17h55, entrava e gritava comigo por uns bons 15 minutos, reclamando que o café estava ruim." Foi assim durante semanas. "Até que um dia me dei conta: ela não tinha com quem conversar. A questão não era eu. A questão não era o latte."

A questão não era o latte. Quase tudo que você precisa saber sobre atendimento ao cliente está nessa frase. Porque, muitas vezes, os melhores clientes também são os mais rabugentos. E feedbacks ranzinzas dos clientes acionam a roda giratória da sua empresa.

"Essa foi uma das lições mais importantes que aprendi na vida", diz Julia. Ela aprendeu a ouvir não só as palavras dos clientes, como também as entrelinhas. O **Eventbrite**, site de gerenciamento de eventos do qual Julia é cofundadora, prosperou em parte porque ela sabe decifrar o que *de fato* impulsiona seus usuários.

Em 2006, várias empresas já atuavam no segmento de venda de ingressos on-line. Mas Julia e o futuro marido, Kevin Hartz, junto com um terceiro sócio, enxergaram um nicho negligenciado até então: o dos organizadores de pequenos eventos. Esses clientes tinham pouco ou nenhum dinheiro para investir nos eventos. Mas eles eram *muitos*.

Julia resolveu desde o início que a Eventbrite iria "desenvolver o produto lado a lado com os primeiros usuários". Era um público formado principalmente por blogueiros de tecnologia, que começaram a usar a plataforma para organizar encontros.

A questão é que esse tipo de blogueiro é muito eloquente. "Criamos um ciclo de feedback muito restrito envolvendo os nossos usuários mais críticos", diz Julia. "Por aqui, a gente tem uma tendência a gostar de sofrer."

Entre os primeiros clientes loquazes estava o blog de tecnologia TechCrunch. É difícil imaginar um público mais exigente para um novo recurso tecnológico do que os próprios críticos de tecnologia, mas, na visão de Julia, a língua afiada deles – e suas observações ainda mais afiadas – faziam da equipe do TechCrunch um parceiro ideal.

"Para obter um bom feedback, nada melhor do que criar um produto para as pessoas que também o desenvolvem ou que estão sempre escrevendo sobre ele", diz ela.

Nessa fase inicial, Julia fez tudo que pôde para manter ativo o ciclo de feedback da Eventbrite. Tanto ela quanto Kevin disponibilizaram o número do celular pessoal para receber ligações e tratar dos problemas e das reclamações dos clientes em tempo real. Ao responder depressa a todos esses feedbacks, a Eventbrite conseguiu gerar um fluxo de receita com base na cauda longa de organizadores de pequenos eventos, deixados de lado pela concorrência.

Em pouco tempo, os encontros do TechCrunch, cujos ingressos a Eventbrite ajudou a vender, transformaram-se na TechCrunch Disrupt Conference – evento prestigiado no calendário do setor de tecnologia. Ano após ano, a Eventbrite reuniu outros clientes igualmente participativos, os quais a ajudaram a refinar ainda mais o produto e a prepararam para atender a eventos maiores e mais complexos. A Eventbrite evoluiu em sincronia com os clientes.

Porém, por mais que Julia e sua equipe prestassem atenção no que os clientes diziam, as lições mais importantes vieram de monitorar de perto o que esses clientes *faziam* no site da Eventbrite, inclusive à medida que a empresa abarcava novas áreas, até então inesperadas. Foi assim que, por exemplo, ela descobriu que a plataforma se tornara parte do universo de *speed dating* (eventos para se conhecerem potenciais parceiros românticos) na Costa Leste e, mais tarde, um negócio lucrativo se desenvolveu entre promotores de certos modismos improváveis – como ioga com cabras.

"Quando a plataforma começou a ser adotada de maneira orgânica por criadores de eventos em diferentes categorias e locais, uma luz se acendeu para nós", conta Julia. Ela começou a enxergar como a Eventbrite poderia escalar. Mas primeiro precisava encontrar uma maneira de identificar e compreender as necessidades e prioridades distintas de cada grupo.

O segredo para observar o seu cliente é *não* fazer isso de forma tendenciosa – para confirmar algo ou provar alguma hipótese. Mantenha a mente aberta e deixe o comportamento falar por si só.

"No início, os organizadores nos pediam para ajudá-los a vender ingressos por meio de uma transação segura", diz Julia. "Porém, quando observamos quem eram de fato os organizadores e quais eram as suas necessidades, percebemos que desenvolver uma plataforma de facilitação – com prioridade para uma dinâmica de mercado – seria uma das melhores coisas que poderíamos fazer por eles."

Ao mergulhar na psique dos organizadores de eventos, a Eventbrite descobriu que a atividade não era um mar de rosas. "Organizar eventos é um processo repleto de ansiedade", afirma Julia. Não é por acaso que "cerimonialista" figura com frequência na lista das cinco profissões mais estressantes nos Estados Unidos. As preocupações são intermináveis:

As pessoas vão aparecer? Os ingressos vão esgotar? Os palestrantes vão vir? O local vai acomodar todos os presentes? Os fornecedores vão fazer as entregas? O que vai dar errado?

Mas Julia também percebeu que os organizadores de eventos podiam estar entre as pessoas mais inventivas e empreendedoras com quem ela já havia trabalhado. Um caso típico foi o de um homem chamado Chad Collins. Chad e a filha começaram a gravar vídeos das criações de Lego que faziam e a postá-los em um canal no YouTube. Em um ano, acumularam centenas de vídeos e milhões de seguidores. Um dia, a filha de Chad fez um comentário despretensioso: "Seria divertido fazer isso com outras pessoas que adoram Lego." Chad acabou acessando a Eventbrite para organizar um evento para entusiastas de Lego, o Brick Fest Live... e, logo de cara, vendeu 5 mil ingressos.

Mas ele não parou por aí. Começou a pensar em outros tipos de eventos que poderia organizar, incluindo festivais para gamers, inventores e muito mais. "Hoje em dia, ele é um empreendedor da área de eventos em tempo integral. Sou um pouquinho obcecada pelo Chad. Acho até que ele entrou com uma medida protetiva contra mim", brinca Julia. "Mas é porque ele personifica o empreendedor que estamos ansiosos para apoiar."

Com o tempo, os primeiros clientes da Eventbrite expandiram os negócios, o que, por sua vez, atraiu eventos novos e de maior porte: conferências, cúpulas, festivais. E a empresa manteve a prática de observar os usuários de perto – não só na internet, mas também na vida real. Graças a isso, a equipe de Julia começou a notar que, em eventos e festivais maiores, o público demorava para entrar porque havia gargalos na fila. Assim, a Eventbrite investiu em tecnologia RFID (sigla em inglês para identificação por radiofrequência) para possibilitar que os organizadores do festival escaneassem os ingressos com um leitor de chip.

Porém, ao investir nesses equipamentos, a equipe de Julia não se contentou nem considerou o problema resolvido; pelo contrário, eles saíram para observar essa nova tecnologia em ação. Acontece que os leitores de chip de RFID ficavam embutidos em portões enormes e pesados, e isso criou mais gargalos. Nesse ponto a Eventbrite deu um passo ousado para uma empresa que, até aquele momento, era uma plataforma 100% digital: partiu para o hardware e *produziu algo* de verdade, um leitor de RFID pequeno e projetado especialmente para esse fim, a ser fixado em qualquer portão.

Após desenvolver um protótipo, a equipe *mais uma vez* foi a campo para observá-lo em uso. O novo dispositivo de leitura de chip funcionou bem – o único inconveniente era a necessidade de uma chave inglesa para removê-lo de um portão e instalá-lo em outro. Quem anda por aí com uma chave inglesa no bolso da calça? Pensando nisso, a Eventbrite criou *outra* versão, com uma braçadeira fácil de prender. O problema estava, enfim, resolvido.

Se está parecendo que se aprofundar nos problemas cotidianos do cliente gera dor de cabeça... bem, é isso mesmo. Mas Julia está convencida de que todo esse esforço tem um lado positivo: a cada vez que a Eventbrite se dispõe a ajudar um cliente a resolver um desafio, ela cria uma solução que depois pode ser oferecida a outros organizadores de eventos – resolvendo previamente problemas que talvez os demais clientes ainda não tenham detectado. O segredo está em procurar identificar desafios universais, oferecendo uma saída escalável.

Esse tipo de solução proativa de problemas fez com que a Eventbrite deixasse de ser uma startup caótica para se transformar em uma empresa com mil funcionários, distribuídos em 14 escritórios em 11 países. Agir como seguidora dos clientes a tornou líder de mercado.

ANÁLISE DO REID: Trate os clientes como se fossem olheiros

Sendo fundador de uma empresa, você é como um general em campo. E, como tal, fica tentado a se dedicar a muitos alvos, mas seu tempo e seus recursos são altamente limitados. Você precisa encontrar uma maneira de identificar os alvos mais estratégicos e, em seguida, empregar o seu arsenal com rapidez.

No entanto, se prestar atenção apenas no que os clientes dizem e não no que eles fazem, talvez mire o alvo errado. Se reagir demais às afirmações deles, corre o risco de perder o foco no produto principal. Se ouvir clientes demais, corre o risco de se dispersar na tentativa de agradar todo mundo.

Uma das melhores formas de extrair sugestões com base no que os clientes *fazem* (e não no que dizem) é tratá-los como seus olheiros, indo além das barreiras do produto inicial e colhendo opiniões importantes e úteis. Em seguida, é necessário aprimorar a capacidade de interpretar essas informações e se certificar de que está preparado para agir de acordo com esse feedback o mais depressa possível.

Os melhores empreendedores dedicam-se a compreender e atender a uma pequena clientela que representa de maneira precisa a futura base de clientes. Isso é muito importante, porque atender as necessidades desses primeiros clientes talvez seja exatamente o que vai possibilitar a adaptação dos produtos da empresa para o mercado de massa. Esse é um dos motivos pelos quais incentivo os empreendedores a lançarem um produto antes do que gostariam. Lance, observe, reaja... muitas e muitas vezes.

Não é uma questão de velocidade, tampouco de desleixo; é uma dança coordenada entre uma equipe minúscula e sua crescente base de usuários. Em geral, são eles que a conduzem – mas nem sempre. Às vezes, o fundador tem de sair da coreografia e fazer os usuários rodopiarem.

Os fundadores mais visionários conseguem imaginar em detalhes vívidos o que os clientes desejam. Mas também reconhecem que essa visão foi criada pela imaginação excessivamente fértil deles e precisam estar preparados para revisar esse futuro idealizado com base no feedback concreto dos clientes. Esse tipo de informação não pode ser obtido apenas descrevendo o futuro para os clientes, porque a maioria das pessoas não é capaz de visualizá-lo com exatidão.

Observe o que eles fazem... e o que não fazem

No começo do Dropbox, **Drew Houston** estava preocupado – e muito. Ele tinha um motivo forte: os clientes estavam desaparecendo em massa e ele não entendia por quê. Sessenta por cento das pessoas que haviam criado um perfil no Dropbox por indicação abandonaram o serviço e nunca mais voltaram.

"A gente estava se estressando com isso. Aí fomos no Craigslist e oferecemos 40 dólares para todo mundo que aparecesse em meia hora – um teste de usabilidade com pessoas de baixa renda", diz Drew.

Os entrevistados se sentaram na frente de um computador e receberam instruções básicas: "Chegou um convite para o Dropbox no seu e-mail. A partir dele, compartilhe um arquivo usando este endereço de e-mail."

A equipe de Drew planejara observar como cada usuário completaria a tarefa e buscar pistas sobre possíveis melhorias. Mas encontrou muito mais do que isso.

"Das cinco pessoas que apareceram, nenhuma conseguiu. Ninguém sequer chegou perto", conta ele. "A maioria não descobriu nem como fazer o download. Foi muito impressionante, a gente ficou tipo: 'Ai, meu Deus, esse é o pior produto já inventado. É a coisa mais difícil de usar. Só um engenheiro espacial vai conseguir entender!'"

Esse "teste de usabilidade com pessoas de baixa renda" era o que chamaríamos simplesmente de "teste de usabilidade" – e bastante eficaz, inclusive. A equipe de Drew constatou que precisava aprender muito sobre como o produto estava sendo usado na vida real. Assim, passou a observar com mais atenção os assinantes da plataforma e reparou que esse não era o único obstáculo.

"A pessoa clicava para fazer o download, mas, como demorava muito, ia navegar pela internet. Quando voltava para a página, não conseguia descobrir onde o download tinha sido feito. Eram detalhes assim." Só que esses "detalhes" tinham grande impacto na decisão do cliente sobre usar ou não o produto.

Drew e sua equipe entraram no modo triagem, alternando-se entre os testes com usuários e as melhorias no produto. Por fim, apararam todas as arestas e aperfeiçoaram a experiência do usuário. Isso se tornou uma lição que, ao longo dos anos, está sempre entre as preocupações de Drew: nunca presuma que algo intuitivo para a sua equipe é fácil para os usuários. Observá-los é a única forma de ter certeza.

Observe como eles... driblam o sistema

Para criar uma empresa, **Jenn Hyman** inspirou-se totalmente na sua observação do que as mulheres fazem. Primeiro (como lemos no Capítulo 3), um dia ela viu a irmã olhar com tristeza o guarda-roupa lotado e declarar que não tinha nada para vestir na festa daquela noite. Todos os seus looks já apareciam em fotos publicadas nas redes sociais. Era tudo roupa repetida! Depois, Jenn ouviu do presidente de uma grande loja de departamentos que algumas das suas melhores clientes haviam dado um jeito de "alugar" vestidos de grife. Elas compravam, não tiravam a etiqueta, usavam a peça em um único evento e simplesmente a devolviam na semana seguinte.

Ao lançar a Rent the Runway, um serviço de aluguel de vestidos produzidos por estilistas, Jenn presumiu que as clientes usariam a peça alugada em apenas um evento especial: um baile de formatura, um baile de gala, um coquetel. Mas as clientes encontraram um modo inteligente de fazer o dinheiro investido render mais, segundo Jenn: "Elas iam com o vestido alugado a uma festa no sábado à noite e ficavam com ele para usar no trabalho na segunda-feira, com um blazer preto por cima."

Jenn poderia ter se estressado com esse desgaste extra dos vestidos (lavagem a seco e envio são os motores secretos por trás do negócio; aliás, a Rent the Runway administra a maior operação de lavagem a seco do mundo). Ela poderia ter deixado mais explícita a expectativa de que as peças fossem usadas uma única vez ou endurecido as regras quanto ao número de diárias do aluguel. Em vez disso, enxergou uma oportunidade oculta nessa "trapaça". Um convite para desempenhar um papel bem maior na vida das clientes.

Jenn percebeu algo que fez sentido para ela imediata e intuitivamente: eventos especiais não eram os únicos momentos em que as clientes queriam se sentir mais confiantes quanto à aparência – isso era o que elas queriam cinco dias por semana. A Rent the Runway tinha a oportunidade de fazer parte do guarda-roupa do dia a dia das clientes – o que era um negócio muito maior. Jenn pivotou o modelo de negócios baseado em um sistema à la carte, no qual se alugava um vestido por vez, e o transformou em um serviço de assinatura por meio do qual as usuárias podiam alugar várias peças de uma vez e alterná-las. Esse "guarda-roupa na nuvem" virou o novo alicerce da empresa.

Quando era criança, **Payal Kadakia** praticava dança tradicional indiana. Até hoje, o momento em que se sente mais feliz e autêntica é durante uma aula de dança. "Nunca parei de dançar. É parte fundamental de quem sou. Continuei dançando na época do MIT, da consultoria Bain & Company. Jamais me distanciei disso." Como vimos no Capítulo 4, a conexão profunda dela com a dança a fez acreditar fortemente que uma rotina de exercícios mais eficiente não deve ser uma tarefa árdua, e sim uma vocação... ou um refúgio. Ir à aula não deveria ser algo forçado, e sim fonte de inspiração.

Em 2012, motivada por essa convicção, Payal abriu uma empresa que, no começo, chamava-se Classtivity. Era uma plataforma on-line na qual os usuários podiam se inscrever em todos os tipos de aulas – não apenas fitness, mas também pintura, cerâmica e um sem-número de atividades. O modelo de negócios era ficar com uma porcentagem do valor de cada aula oferecida pela ferramenta.

Mas os clientes estavam usando o site mais para pesquisar do que para fazer reservas. "Tínhamos uma lista com centenas de aulas, um ótimo design. E cerca de 10 reservas por mês. Foi um horror", conta Payal.

Não foi a primeira vez que um empreendedor encarou o "estádio vazio no dia da inauguração". E nem será a última. Isso quase sempre significa que ele se equivocou quanto a uma premissa fundamental. "Foi quando me dei conta de que esse não era o jeito de promover a mudança de comportamento que queríamos."

Ao perceber que várias academias ofereciam um número determinado de aulas gratuitas para incentivar as pessoas a se matricularem, Payal se questionou: *E se a gente oferecesse um período de 30 dias para as pessoas experimentarem 10 tipos diferentes de aulas?* Ela imaginou que, quando os clientes descobrissem para qual atividade física tinham "vocação", ficaria bem mais fácil fazer com que voltassem. Então montou um pacote de aulas fitness e chamou esse produto de Passport, que permitia ao usuário fazer aulas diferentes.

O Passport foi um sucesso imediato – tanto que, quando os 30 dias de tour expiravam, alguns usuários começavam a enganar o sistema para "falsificar" passaportes, solicitando um novo a partir de um endereço de e-mail diferente.

A reação de Payal poderia ter sido combater essa prática de experimentar dois pacotes de aulas. Em vez disso, ela se perguntou: *Por que eles estão fazendo isso?* Ao interferir no produto, os falsificadores indicaram o caminho para uma nova oportunidade. Os clientes não descobriam *um* exercício físico que era a sua verdadeira "vocação", eles sentiam-se inspirados pela variedade. "Eles queriam fazer uma aula de spinning na segunda, uma de dança na quinta, uma de ioga no sábado", explica ela. Com base nessa constatação, surgiu a ideia de um modelo de assinatura com a simples proposta de possibilitar que os clientes renovassem o passaporte quando o desejassem (em vez de falsificarem um novo). "Então, fizemos uma pesquisa, e 95% dos usuários disseram que comprariam o produto de novo se pudessem garantir o acesso aos espaços favoritos deles."

Um passe para esportistas diletantes, que libera um vasto cardápio de aulas em uma confederação de academias: essa era uma ideia genuinamente escalável. Em 2013, a Classtivity se reinventou como ClassPass. Por uma taxa mensal de 99 dólares, os usuários têm 10 aulas por mês para explorar seus hobbies à vontade. A ClassPass foi um sucesso instantâneo e hoje está disponível em mais de 40 cidades no mundo todo.

Após Payal ter percebido que os principais clientes dela adoravam exercícios, mas também adoravam variedade, a ClassPass começou a crescer, e de forma acelerada.

Todo negócio voltado para o cliente lida com a "rotatividade" – os usuários que entram e saem –, e é tarefa do líder entender por que as pessoas vão embora. E qual era a razão de parte significativa da rotatividade da ClassPass no início? Membros que se inscreviam em dez aulas, mas só conseguiam ir a seis ou oito. Eles não renovavam porque o dinheiro investido não tinha valido a pena. Para levantar dados sobre a quantidade de aulas desejada pelas pessoas, a empresa lançou uma matrícula ilimitada e a anunciou como uma promoção experimental de verão. Descobriu que muitos usuários queriam apenas cinco aulas, e não dez, então passou a oferecer um novo tipo de passe, de baixo custo. Mas os clientes também adoraram o passe ilimitado – na verdade, ele fez tanto sucesso que a concorrência começou a copiá-lo. Payal sabia que era necessário manter o passe ilimitado para continuar competitiva, mas não podia abrir um rombo no caixa da empresa.

Ela não tinha muita escolha: precisou aumentar o valor do popular passe ilimitado. Alta de preços é sempre algo arriscado para uma startup, mas Payal achou que era a única forma de manter a opção de aulas ilimitadas no catálogo.

Os clientes não concordaram. O assunto começou a borbulhar na internet, e os comentários não eram lá muito simpáticos.

Quando o preço da assinatura ilimitada subiu pela segunda vez, um usuário tuitou: "Levanta a mão quem foi vítima da ClassPass."

Outro interveio: "Cancelando minha assinatura AGORA."

Essa doeu.

Mas a questão é a seguinte: apesar de todas as ameaças, poucos clientes de fato abandonaram o serviço. Se tivesse dado ouvidos aos reclamões, Payal poderia ter reduzido as opções disponíveis para manter os preços baixos. Mas tinha sido justamente a grande variedade de aulas o que fizera a ClassPass virar um sucesso. Payal ficou de olho no comportamento dos clientes: no que eles *faziam*, e não no que tuitavam. Quando a poeira baixou, diz ela, "perdemos pouquíssimos membros".

É inevitável que haja alguma reação contra aumentos de preço – faz parte da natureza humana. Ninguém *quer* pagar mais por alguma coisa. Mas, se a sua visão e o seu modelo de negócios estiverem bem alinhados e se você tiver criado algo que as pessoas adoram, é provável que os usuários se acalmem com o tempo. Ao refletir sobre o tema, Payal afirma que a ClassPass nunca se baseou "apenas nos preços. O atrativo é a sensação de não ter limites. Ainda estamos na jornada de garantir que o produto faça o cliente se sentir assim. E acho que cabe a nós descobrir o caminho, porque essa é a nossa missão principal".

> **ANÁLISE DO REID** — Como evitar uma revolta em massa

A ClassPass não foi a primeira empresa a ter clientes indignados com preços. E, sem dúvida, não será a última. Quando a Netflix aumentou o valor das assinaturas, por exemplo, os usuários ficaram revoltados – não pelo valor em si, mas pelo sentimento que essa alta provocou. "Tenho como pagar", disse um ex-cliente furioso, "mas cancelei por uma questão de princípios."

Gostando ou não, o aumento de preços pode ser inevitável para empresas de crescimento acelerado. O que costuma acontecer no começo é a adoção de uma estrutura de preços insustentável, única maneira de reter um grupo vital de primeiros usuários. Mas, se a empresa mantiver esse modelo de negócios por muito tempo, não sobrevive.

Isso aconteceu com o PayPal. Nossa promessa inicial de pagar aos clientes 10 dólares por trazerem um amigo para a plataforma foi um modo fácil e eficaz de construir uma base de usuários na primeira etapa. Mas o resultado foi um fluxo de caixa com déficit de dezenas de milhões de dólares por mês. No final, ficou tão caro que o cofundador Peter Thiel queria eliminar o incentivo (embora a ideia tivesse sido dele) para os custos não aumentarem.

Mas acabamos encontrando um jeito de manter intacta essa promessa chamativa e atraente. Só tivemos que diminuir um pouco o chamariz. Continuamos a dar ao usuário e ao amigo dele um presente de 10 dólares, mas para isso pedíamos um pouco mais em troca: as informações do cartão de crédito, a validação da conta bancária e uma carga de 50 dólares ao abrir uma conta no PayPal. Ninguém podia nos acusar de não cumprir com a promessa. Mas, quando os interessados passaram a ter mais trabalho, o número de clientes a quem precisávamos pagar caiu na mesma hora.

Ao implementar uma transição crucial para salvar seu negócio de um déficit financeiro, é necessário estar bastante ciente de como fazer isso sem provocar uma reação em massa. As pessoas se mobilizam após declarações muito simples. Elas vão se exaltar se lerem: *PayPal quebra promessa de dar dinheiro aos novos usuários!*, mas é provável que não gastem muito tempo com este comunicado: *PayPal pede um pouco mais de informações aos novos usuários, mas mantém a promessa de lhes dar dinheiro.*

> Você também precisa saber o que os clientes consideram inestimável no seu produto e proteger isso acima de tudo. É a única promessa que realmente importa. Revoltas em relação aos preços esfriam e, caso esteja vendendo algo que os clientes amam de verdade, eles vão acabar perdoando você.

Acolha os sequestradores

O que você faz depois de lançar um aplicativo de namoro que revolucionou o mundo? Bem, primeiro, talvez você jure nunca mais lançar outro, nunca mais *mesmo*. Por mais transformador que o "deslizar para a direita" do Tinder tenha sido, sua cofundadora, **Whitney Wolfe Herd**, sabia que esse gesto simples também alimenta determinados comportamentos bem problemáticos, inclusive o assédio. E, apesar da promessa de nunca mais beber dessa água, ela continuou a pensar em como ajudar as pessoas a se conectarem de modo mais autêntico e significativo por meio de um aplicativo. Com esse objetivo, fundou o **Bumble**, aplicativo de namoro que dá às mulheres o poder de tomar a iniciativa (na época do lançamento, o serviço era voltado para casais heterossexuais). A ideia teve aceitação imediata no teste com usuários, mas a equipe de produto ficou com receio de que as mulheres ficassem relutantes em iniciar um diálogo. Para dar um empurrãozinho, quando havia um *match* com um parceiro em potencial, elas tinham somente 24 horas para enviar a primeira mensagem pelo aplicativo. Se não a enviassem, o *match* era desfeito. Whitney e a equipe acharam que os homens não precisavam do mesmo incentivo para responder, então eles podiam levar o tempo que quisessem.

"Aí lançamos o produto, com a melhor das intenções, de verdade", diz Whitney. Após um tempo, as usuárias se manifestaram e contaram o que estava ocorrendo na prática: "Entendemos por que temos um tempo limitado de 24 horas. Sem problemas. Mas não é justo isso não valer para *eles* nos responderem."

"Ouvimos esse feedback uma vez e aceitamos totalmente", diz Whitney. "Quando ouvimos uma segunda vez, já estava em desenvolvimento.

Fomos rápidos." O Bumble incluiu a exigência de que os homens respondessem em 24 horas, desculpou-se por não ter percebido a diferença de tratamento e agradeceu às usuárias pela ajuda para implementar a melhoria no aplicativo.

"Como qualquer fundador ou CEO obsessivo, nos primeiros dois ou três anos, a maior parte do tempo que eu passava acordada era dedicada ao produto. Fazendo ajustes. Mexendo no aplicativo. Realizando experimentos, falando com as pessoas: 'Por que você está aqui? Como soube do aplicativo – exatamente quando e onde?' Eu queria entrar na mente do usuário", diz Whitney.

Ao longo desse processo, Whitney notou uma coisa. "Ouvimos tanto moças quanto rapazes dizerem: 'Não estou aqui para namorar. Meu marido conseguiu um emprego novo e vamos mudar de cidade.' Ou: 'Estou em busca de novas experiências de vida.' Não tinha nada a ver com namoro."

O fato é que a regra de interação do Bumble – a de que uma mulher poderia dar o primeiro passo com a ajuda do aplicativo – tinha apelo não só para encontrar um namorado, mas também amigos.

"Percebemos que, no fundo, os usuários estavam sequestrando o produto para usá-lo de um jeito diferente", diz Whitney. "Por exemplo, encontrávamos clientes que nos falavam: 'Acabei de achar no Bumble uma pessoa para dividir o apartamento.'"

Os usuários tinham desbravado um novo caminho e Whitney precisou correr para acompanhá-los. A equipe desenvolveu em pouco tempo o Bumble BFF, voltado para a busca de amizades sem envolvimento sexual.

"Para o meu espanto, as pessoas começaram a fazer networking no BFF", diz Whitney. "Não estavam em busca de um colega de quarto, nem de um amigo ou de companhia para a aula de ioga. Queriam abrir um negócio. Queriam achar alguém que trabalhasse com recrutamento de RH."

Assim, em 2017 nasceu uma nova versão do aplicativo, projetada para networking e mentoria profissional: o Bumble Bizz.

Cada uma dessas ideias foi inspirada por clientes que estavam usando o aplicativo de um modo não previsto por Whitney e a equipe. Ao ouvi-los e observá-los, a empresa encontrou oportunidades inesperadas de crescimento.

"Nossa expansão aconteceu simplesmente porque possibilitamos que os usuários explorassem a ferramenta como quisessem e os acompanhamos", afirma Whitney. "Seres humanos só querem se conectar. Não dá para definir o que estão buscando. É necessário deixar que eles definam. E o que estamos tentando desenvolver é exatamente uma plataforma na qual as pessoas possam se conectar."

À medida que o Bumble vai sendo implementado em outros países, Whitney permanece vigilante para identificar ajustes indicados pelos clientes que colaborem para a escala da plataforma em diferentes culturas. As normas do usuário estão passando por um teste sobretudo com o avanço das operações na Índia.

"Embora hoje as mulheres estejam mais empoderadas do que nunca e suas vozes estejam sendo ouvidas, na cultura indiana algumas nem sequer têm permissão para falar com homens, muito menos para conversar em um aplicativo de namoro... menos ainda para *tomar a iniciativa*", diz Whitney.

Mas isso está mudando rapidamente. Nas primeiras semanas do aplicativo na Índia, um milhão de mulheres "tomaram a iniciativa". Nas palavras de Whitney, "será interessante ver como isso vai funcionar – e para onde os clientes da Índia vão nos levar".

O Código de Cultura

Tudo começou como uma conversa entre CEOs de startups. Brian Halligan, cofundador e CEO da HubSpot, juntou-se a um grupo de outros fundadores, que se reuniam para trocar histórias e conselhos. Conforme descreve o seu cofundador e diretor de tecnologia, Dharmesh Shah: "Havia um grupo de CEOs que se reunia uma vez a cada trimestre. Eles se sentavam em círculo... e sempre me veio a imagem de uma terapia em grupo."

Essa reunião em particular ocorreu no início da trajetória da HubSpot. A plataforma de CRM (gestão de relacionamento com o cliente) estava em seu quarto ano, altamente focada em servir outras startups de crescimento rápido. O tema da reunião era cultura, e Brian não tinha muito a acrescentar. "Quando chegou a vez dele, disse: 'Bom, não estamos gastando muito tempo com isso. Estamos ocupados desenvolvendo e vendendo produtos, e vamos lidar com essa parte da cultura mais para a frente.'"

Isso não pegou bem com o círculo de CEOs. "Eles o criticaram pra caramba. Disseram: 'Brian, achamos que você não está entendendo. A cultura é a coisa mais importante a ser trabalhada. É isso que vai definir o destino da empresa no longo prazo. Se não fizer isso direito, o resto não vale de nada.'"

Brian aceitou o conselho e achou que aquilo parecia um trabalho para Dharmesh – uma conclusão que o próprio Dharmesh achou... intrigante. A primeira reação dele foi de resistência. Ele ainda se recorda: "De todas as pessoas que pouco se preocupam com cultura, sou o menos qualificado. Não sei nada sobre isso. Sou introvertido e antissocial. Não fez o menor sentido."

Ele ficou um pouco desconcertado com a tarefa. "Mas, sendo o bom cofundador que sou, acabei aceitando correr atrás disso."

Dharmesh se viu muito fora da sua zona de conforto ao lidar com a questão da cultura. Formado em Ciência da Computação, ele adotou uma abordagem baseada em dados. Começou a fazer perguntas e a analisar resultados.

Enviou uma pesquisa para todos os funcionários da HubSpot, com duas perguntas: (1) "Em uma escala de 0 a 10, qual a probabilidade de você recomendar a HubSpot como uma boa empresa para se trabalhar?" e (2) "Por que deu essa resposta?".

Qualquer pessoa com experiência em pesquisas de satisfação do cliente vai perceber que a primeira pergunta é a mesma usada para medir o Net Promoter Score (NPS) de uma marca. É consenso que a disposição de se recomendar um produto é um indicador confiável de felicidade e lealdade. Dharmesh calculou: *Por que não fazer a mesma pergunta a respeito de uma empresa?* E o resultado foi bastante esclarecedor.

"Aprendemos duas coisas. A primeira: os funcionários estavam excepcionalmente felizes na HubSpot, o que era uma boa notícia. A segunda: estavam felizes por causa das outras pessoas da HubSpot, o que era bom, mas um tanto vago." Ele se questionou: *Como faço para traduzir isso em algo que seja executável?*

Muitos fundadores de startups e líderes de equipe se identificam com esse raciocínio de Dharmesh. A felicidade de um funcionário sempre depende, ao menos em parte, de seus colegas de trabalho. Quando gostamos deles, em geral a jornada é mais agradável. Então a questão passa a ser: do que especificamente você gosta nessas pessoas?

Para responder a essa pergunta para a HubSpot, Dharmesh – como um verdadeiro tecnólogo – escreveu uma fórmula. Ele se perguntou: *Se eu fosse escrever uma função para calcular a probabilidade de sucesso de um determinado integrante da equipe, quais seriam os coeficientes? Que dados seriam incluídos nessa função?*

Para reunir as informações, Dharmesh teve que responder a outra pergunta: "Quais são os atributos das pessoas que tendem a se sair bem na HubSpot?"

Ele fez uma nova pesquisa com a equipe e identificou, entre outras coisas, a *humildade*. "Os funcionários da HubSpot gostam de colegas que não sejam egocêntricos ou arrogantes."

Ao identificar as diferentes características e informações, ele resumiu suas conclusões em uma breve apresentação de slides, a qual chamou de Código de Cultura. Escolheu esse nome "não por ser um código de ética ou de moral. É literalmente um código" – o código do computador que determinou os resultados.

Essa apresentação possibilitou que Dharmesh e Brian compartilhassem e codificassem a visão deles sobre a cultura da empresa. No começo, eram 16 slides, apenas para uso interno. Mas logo cresceu e se tornou uma apresentação voltada para o público, com 128 slides, visualizada mais de 5 milhões de vezes por funcionários em potencial e empresas parceiras empenhadas em definir sua própria cultura (você pode assistir a ela no site CultureCode.com).

Independentemente de como se chega aos atributos-chave da cultura de uma empresa, essa etapa – a de colocá-la no papel e comunicá-la – é fundamental. Por quê? Em parte, porque uma apresentação envolvente e atualizada sobre a cultura reforça esses valores para os funcionários atuais e atrai as pessoas certas – incluindo aquelas que de outra forma não perceberiam que são ideais para a sua empresa. Uma apresentação de cultura cria uma roda giratória, na qual uma cultura excelente produz mais cultura excelente – o que, por sua vez, gera um trabalho excelente.

E, igualmente importante, o ato de definir a cultura também contribui para combater os pontos cegos culturais. "Todos os empreendedores que conheço falam: 'Ah, com certeza, contratamos pensando na cultura'", diz Dharmesh. "Mas tenho a seguinte opinião: só dá para afirmar isso se a cultura da empresa estiver escrita expressamente. Caso contrário, o que o empreendedor está dizendo é que, na prática, contrata pessoas que se parecem com ele."

Quando define a cultura com base em atributos (humildade, curiosidade, colaboração...), você cria uma visão para determinar a compatibilidade cultural para além de percepções individuais. Assim, candidatos com uma *aparência* ou um *jeito* de se expressar diferente do seu podem se identificar com a cultura da sua empresa e ter um senso de pertencimento. Além disso, você ajuda os gerentes que estão contratando a identificar profissionais com base em uma perspectiva mais ampla, para além das inclinações tácitas deles próprios. E isso evita que prevaleça uma cultura sem diversidade.

Dharmesh só se arrependeu de uma coisa: de não ter iniciado antes esse processo. "Se tivéssemos agido de forma mais deliberada no início, teríamos reconhecido mais cedo o valor da diversidade. As empresas assumem todo tipo de dívida, e estamos acostumados a falar de dívida técnica. Mas dívida cultural também é algo muito real. Quando se tem uma cultura não diversa – na qual todo mundo é parecido –, essa é uma das dívidas com maior taxa de juros que uma organização pode ter. Então, se pudesse fazer tudo de novo, eu falaria sobre cultura logo na primeira semana."

Dharmesh afirma também: "Não há nada mais importante e que mereça ser mais trabalhado do que a cultura" – e nós concordamos. "É isso que vai definir o destino da empresa no longo prazo. Se não acertar nisso, o resto não vai fazer diferença."

Para observar o que eles fazem, verifique os dados

Ao longo da jornada de criação de um novo negócio, todos os fundadores passam pelo momento de dar um passo assustador: abrir a outra pessoa o acesso ao e-mail da empresa. Para conseguir escalar, eles precisam achar métodos para compreender os dados dos clientes, que vão além das suas próprias observações diretas e reações instintivas. À medida que a plataforma de eventos Eventbrite crescia, por exemplo, foi necessário que a cofundadora Julia Hartz deixasse de ler todas as mensagens dos clientes. Ela passou a ter equipes de engenheiros e de suporte ao cliente para vasculhar os dados de uso e o tráfego do mecanismo de pesquisa. A equipe de suporte ao consumidor do serviço ainda fazia relatórios sobre os e-mails recebidos. Qual era a responsabilidade de Julia? Buscar de modo incessante novas maneiras de processar todos esses feedbacks.

Uma das suas técnicas é uma reunião regular chamada Hearts to Hartz, a qual reúne representantes da equipe da Eventbrite, incluindo tanto analistas de dados quanto a equipe de suporte que interage de fato com os clientes. "Observá-los se conectando e ver como as experiências de cada um podem convergir foi muito fascinante. Foi como uma manifestação da visão e da verdadeira empatia pelo cliente, associada ao que os dados nos dizem", afirma Julia.

Você pode pensar nesse par como um dos relacionamentos vitais em *Star Trek*: os dados são o seu Sr. Spock, distante e racional. E a empatia com o cliente é o seu Dr. McCoy, passional e demasiado humano. Para obter o melhor de cada um, é preciso juntá-los.

"Na verdade, acho que a nossa equipe de *data insight* foi beneficiada, de certa forma, pelo fato de *não* falar com os clientes o dia inteiro, porque ela está olhando apenas para os dados", diz Julia. A equipe de dados conseguia ver o que as pessoas faziam, e não o que elas disseram que fariam. Mas o retrato fica incompleto até que se entenda o *porquê*. "É aí que entra a equipe de suporte ao cliente. E, em seguida, levar isso ao pessoal que está criando de fato essa conexão humana... reunir tudo isso cria uma imagem matricial dos lugares onde vemos luz e calor", diz Julia.

Essa matriz é uma ferramenta essencial – e disponível – para qualquer empresa. Ao combinar dados e empatia, é possível ter uma visão mais ampla dos desejos e das necessidades dos seus clientes. Não apenas no presente, mas também no futuro.

...

Não é surpresa que uma plataforma digital como a Eventbrite dependa muito de dados – bem como da conexão emocional – para transmitir uma imagem mais completa dos clientes. Mas talvez você se surpreenda ao saber que a empresa de aluguel de roupas de Jenn Hyman, a Rent the Runway, também analisa os dados com profundidade, desde o começo.

"Na verdade, 80% dos nossos funcionários são engenheiros, cientistas de dados e gerentes de produto. Temos pouquíssimos profissionais lidando com merchandising e marketing. A primeira contratação de alto escalão que fiz foi o diretor de dados, entre os 10 primeiros funcionários. Desde o início da empresa, pensamos em dados", diz Jenn.

"Recebemos dados dos clientes mais de 100 vezes por ano", conta ela. "E a cliente nos dá informações: ela usou o vestido? Quantas vezes? Adorou a peça? Ou achou mais ou menos? Usou em qual ocasião? Conseguimos aproveitar esses dados tanto para a compra e a fabricação de peças quanto para o modo de lavar, para aumentar o retorno dos investimentos para determinada unidade e preencher as lacunas de demandas identificadas."

É verdade que, quando se trata de roupas, as escolhas do consumidor são motivadas, em grande parte, pela emoção. Mas isso não significa que os dados não contribuam para os empreendedores entenderem mais a fundo essas escolhas. "Entendemos bastante as clientes, porque elas nos falam não só do estilo que vestem ou de suas medidas, mas também sobre sua vida. Somos os primeiros a saber que estão grávidas ou que têm uma reunião de negócios importante ou vão para Miami no fim de semana seguinte. Então combinamos essas informações e o que sabemos sobre o estoque", diz Jenn.

Com isso, ela e a equipe "sabem mais sobre o que as mulheres querem vestir do que a maioria dos varejistas do planeta", diz Jenn. "E isso nos deu poder não só para comprar peças das marcas, mas também para levar esses dados a elas e criar novas coleções em parceria."

Foi o que aconteceu com Jason Wu, um jovem estilista que ganhou fama após Michelle Obama se apaixonar por suas peças. Com base em *data insights*, a Rent the Runway sabia que as clientes estavam muito interessadas na marca dele. Ao mesmo tempo, tinha a informação de que os modelos produzidos por Wu naquele momento não correspondiam exatamente às necessidades das clientes. A equipe de Jenn mostrou esses dados para Wu e, juntos, eles criaram uma nova linha, a Jason Wu Grey, que se tornou um grande sucesso.

À medida que a Rent the Runway cresce, Jenn e a equipe ficam de olho nos dados para observar o que as usuárias fazem, aprender com isso e incorporar essas informações tanto nas atividades de relação direta com o cliente quanto nos bastidores, reforçando uma conexão saudável.

> **ANÁLISE DO REID** Quando ignorar os usuários
>
> Uma empresa pode escalar de duas maneiras: a fácil e a difícil. E talvez você só descubra que está fazendo do jeito mais difícil quando já for tarde demais.
>
> A maneira mais fácil é quando você acerta o produto logo na primeira tentativa. Quando cria algo que os usuários adoram e querem compartilhar naturalmente.
>
> Esse tipo de escala ocorre de forma orgânica, com os usuários trazendo outros novos.
>
> O tipo difícil de escala ocorre quando você acerta o produto apenas pela metade. Quando cria algo que os usuários até gostam e vão usar, mas não é bom o suficiente para retê-los ou para fazer com que compartilhem com outras pessoas.
>
> Produtos de sucesso em geral surgem do primeiro jeito, mas consigo me lembrar de pelo menos uma exceção: o LinkedIn.
>
> Os primeiros usuários nos adoraram. Eles se autodenominavam *"open networkers"* (pessoas abertas ao networking) e até colocavam "LIONs" – "LinkedIn Open Networkers" – na descrição do perfil. O problema era que nos amavam por algo diferente do que éramos de verdade. Queriam que fôssemos uma rede social na qual "qualquer pessoa pudesse se conectar com o Bill Gates e ser seguida por ele".
>
> Claro que isso não era realista e, em parte por causa disso, os primeiros usuários apaixonados não nos ajudaram a ganhar escala. Ficamos gratos, valorizamos o apoio deles, mas não podíamos oferecer o que eles, no fundo, queriam de nós.
>
> Estávamos diante do dilema do ovo e da galinha. Os recursos mágicos que concebemos para o LinkedIn simplesmente não se concretizariam enquanto não tivéssemos uma vasta rede de usuários, de modo que um

> recrutador dissesse: "Estou procurando um contador em Biloxi, Mississippi, graduado na área de humanas e com mais de 10 anos de experiência" e, com um clique, encontrasse esse candidato.
>
> E, ao contrário dos LIONs, esses usuários valiosos não iriam nos adorar logo de cara. Então, como se atinge esse objetivo? Trabalhando por etapas, conquistando um grupo restrito de usuários por vez. É necessário encontrar algumas pessoas que usem bastante o serviço na fase inicial. E pode ser um segmento de mercado pequeno, restrito, mas profundo, a ser expandido depois.
>
> É muito bom quando os principais usuários adoram o nosso produto, mas escalamos quando *outras* pessoas se apaixonam por ele – o tipo de pessoa que nos interessa.

O contraponto: quando você deve ouvir – com atenção

Como já dissemos, você sempre vai aprender mais ao observar o que os clientes realmente fazem, em vez de só ouvir o que eles dizem. Mas também é importante ouvi-los. Você só precisa saber o que ouvir. E ninguém faz isso melhor do que **Mariam Naficy**, fundadora e CEO do mercado on-line de design Minted, uma empresa privada com receita na casa dos nove dígitos.

Sempre que tem dúvidas sobre o produto ou o rumo da empresa, Mariam convida os clientes para grupos focais ou faz testes com usuários. Mas não delega isso a desenvolvedores de produtos ou profissionais de marketing: ela mesma cria e aplica as perguntas. "Faço a moderação e escrevo os roteiros. As pessoas ficam impressionadas quando vão participar de um grupo focal moderado por um CEO."

Mariam conhece o poder de ouvir *em primeira mão* o que os clientes estão pensando. As respostas diretas e sinceras deles, usando suas próprias palavras, proporcionam a ela descobertas que relatórios de terceiros quase nunca fornecem. Assim, mesmo durante o processo de escala do Minted, Mariam manteve essa conexão direta. Ela acha fascinante entrar na cabeça das pessoas – porque o que encontramos lá sempre nos surpreende. Por exemplo, Mariam constatou que cobrar o mesmo preço por diferentes tipos de papelaria de grife levava a uma espécie de "paralisia por análise". De forma contraintuitiva, precisou alterar os preços só para dar aos clientes um critério para tomar uma decisão de compra.

Observar os clientes de perto também revelou diferenças surpreendentes em termos de necessidades e prioridades, assim como aconteceu com Julia e a equipe dela na Eventbrite. Ao comprarem artigos de papelaria bonitos, internautas da geração X não se interessam muito por saber quem criara o design. Mas os millennials dão bastante importância a isso, de acordo com Mariam. "Eles nos perguntam: 'Por que vocês não estão contando a história desses artistas? Preciso saber mais sobre essas pessoas.'"

Foi assim que Mariam notou também que as cerimônias dos casamentos modernos não são mais decididas apenas pela mulher; ao que parece, os homens da geração millennial se envolvem muito. "Eles se dedicam mais à paternidade e ao casamento. Por meio de um grupo focal, descobrimos que nossos designs de casamento eram femininos demais", diz ela.

Se não tivesse participado desse grupo focal, Mariam não teria pescado essa nuance. Talvez a informação nem tivesse sido incluída no relatório, porque não fazia parte do propósito definido para o estudo. "Ninguém nem pensaria em fazer essa pergunta", afirma. No entanto, quando se está motivado a prestar atenção na íntegra de cada resposta – mesmo nos detalhes que vão além do escopo das perguntas –, talvez seja possível garimpar algo esclarecedor.

No final da década de 1990, **Robert Pasin** se tornou CEO da **Radio Flyer**, uma icônica marca americana que é sinônimo do carrinho de puxar vermelho. Mas a empresa, fundada em 1918 pelo avô dele, um imigrante italiano, encontrava-se em uma encruzilhada: vinha perdendo participação de mercado para concorrentes mais ágeis, que usavam plástico para construir carrinhos de puxar e outros brinquedos. Ele se viu diante de algumas questões existenciais: *O que somos? Um fabricante ou uma empresa de design? Em que podemos ser os melhores do mundo?*

Para obter um norte, Robert queria entender o que a Radio Flyer *significava* para as pessoas. Ele começou a fazer pesquisas com clientes, pedindo que descrevessem os produtos da marca que tiveram quando eram crianças.

Muitos falaram, com nostalgia, sobre o carrinho de puxar, claro. E outros tinham lembranças afetuosas do triciclo Radio Flyer.

"Pedimos que descrevessem o triciclo, e nos diziam: 'Bom, era brilhante e vermelho, tinha um guidão cromado e uma campainha grande'", conta Robert.

Só tinha um problema: "Nunca produzimos triciclos."

Robert identificara a nostalgia *por um produto que a empresa jamais havia fabricado*. Ele poderia ter dado umas boas risadas dessa história do triciclo imaginário dos clientes. Também poderia ter desconsiderado totalmente esse relatório de pesquisa. Em vez disso, ele deu vida a esse produto da imaginação dos clientes.

Ele fez o triciclo.

O triciclo vermelho da Radio Flyer logo virou um dos principais produtos da empresa – e a marca número um em triciclos. Porém, ainda mais importante, Robert entendeu que a percepção dos clientes em relação à marca ia além dos carrinhos de puxar: tinha a ver com a nostalgia da infância, com brincadeiras saudáveis ao ar livre e pequenos *veículos* vermelhos e brilhantes. Desde então, a Radio Flyer passou a fabricar desde patinetes vermelhos até um miniTesla vermelho para crianças.

TEORIAS DO REID PARA CONHECER OS CLIENTES – E APRENDER COM ELES

Observe o que eles fazem, não o que dizem
Observar o que os clientes estão fazendo (ou *tentando* fazer) com o seu produto pode indicar o caminho a seguir. Mas você precisa ter o cuidado de prestar atenção no que eles *fazem*, e não apenas no que *dizem*.

Saiba que suas teorias sobre comportamento humano serão testadas
Sua teoria sobre como indivíduos e grupos se comportam deve fundamentar a estratégia, o design de produto, o programa de incentivos da sua empresa – ou seja, cada decisão que você tomar. Mas esteja aberto e alerta quando os clientes o conduzirem para uma teoria ou uma direção diferente. Isso pode se tornar o ponto de diferenciação do seu produto.

Siga os líderes: seus clientes
Para fazer a sua empresa crescer, talvez você precise abrir mão de controlar tudo. Busque exemplos de hackeamento ou de sequestro do seu produto por parte dos clientes e, em seguida, embarque na ideia deles.

Faça o Sr. Spock e o Dr. McCoy trabalharem juntos
Os dados do cliente são o seu Sr. Spock, distante e racional. A emoção do cliente é o seu Dr. McCoy, passional e demasiado humano. Pense em você mesmo como o Capitão Kirk, responsável por fazer os dois trabalharem juntos, para obter o melhor de cada um.

8

A arte de pivotar

Em 2004, surgiu uma palavra para descrever um novo tipo de mídia, interessante sobretudo para quem tinha um iPod da Apple. *Podcast*. Esse termo deu novo impulso ao formato que mudaria as regras do áudio para sempre: permitiu que qualquer pessoa gravasse e distribuísse o próprio conteúdo, sem compromisso com as regras das emissoras de rádio e seus guardiões. Os programas não eram *só* para iPods; era possível ouvi-los em qualquer computador. Mas o apelo desse nome para uma mídia relativamente nova criou uma onda de interesse entre os primeiros adeptos e amantes do áudio. **Ev Williams** tinha um plano para surfar essa onda.

Ev já se tornara conhecido no Vale do Silício com uma startup chamada Blogger, um serviço pioneiro para os usuários criarem os seus próprios blogs com facilidade. O Blogger capturou o *zeitgeist* cultural, mas enfrentou turbulências como empresa. No último ano em que o negócio era independente, Ev trabalhou no site sozinho, sem equipe e sem salário. Ele acabou vendendo o serviço para o Google. Um sucesso! Então ele ficou livre para tentar uma forma diferente de comunicação.

No fundo, sua paixão era conectar pessoas – ou melhor, conectar as ideias delas – por meio da tecnologia. Ev cresceu em uma fazenda no estado de Nebraska e sempre se sentiu um estranho lá. Era uma criança dedicada aos estudos em uma cidade dedicada ao futebol americano. Interessou-se por programação e, em seguida, por fóruns on-line, como forma de se conectar com pessoas distantes da sua cidadezinha. Mas o que realmente incendiou a sua imaginação foi uma matéria da primeira edição da revista *Wired*. "O texto falava sobre conectar todos os cérebros do planeta", conta Ev. Essa visão o levou a se mudar para o Vale do Silício e criar o Blogger e, mais tarde, despertou sua curiosidade a respeito dos podcasts.

Ev pensou que, se as pessoas demonstravam avidez por se expressar por escrito, talvez estivessem ainda mais abertas a compartilhar ideias conversando pela internet. Ele conseguiu 5 milhões de dólares em financiamento e desenvolveu uma plataforma para facilitar a publicação de podcasts por parte dos produtores de conteúdo e a busca por parte dos ouvintes. Fundou uma nova empresa, a Odeo, e a imaginou como a principal plataforma para podcasts.

Então, quando estava tirando a Odeo do papel, Ev descobriu que um concorrente iria entrar em cena.

E não era um concorrente qualquer. Era a Apple.

Em 2005, a Apple anunciou que iria integrar podcasts ao iTunes, já popular para músicas, o que simplificava e muito o acesso a podcasts para usuários do iPod. É claro, a base consolidada de donos de iPods da Apple representava a grande maioria do público potencial da Odeo. Era uma péssima notícia.

"Isso meio que nos atordoou", diz Ev.

Ele não sabia o que fazer. Procurou o conselho de administração da empresa e perguntou: "Devemos encerrar as atividades? Devemos devolver o dinheiro?"

Mas, para a sua surpresa, os membros do conselho indagaram se Ev tinha outras ideias na manga. "Pensei: *Claro, tenho ideias. Sempre tenho ideias.*" E sabia como conseguir outras para complementá-las. "Fui até a equipe da Odeo e disse: 'Não sei se a nossa praia ainda é o podcasting. Quem tem propostas?'"

Ev e a equipe recorreram a um método testado e comprovado de geração de ideias: a *hackathon*. O processo é simples: reunir todos os funcionários e desafiá-los a ter uma ideia a ser desenvolvida em uma maratona de trabalho. Em geral, uma *hackathon* se destina a resolver um problema restrito e específico – mas, nesse caso, foi uma tentativa de responder a uma pergunta mais ampla: *Qual deve ser o nosso próximo passo?*

Essa *hackathon* se mostrou não apenas frutífera, mas também histórica. O cofundador da Odeo, Biz Stone, e o designer Jack Dorsey elaboraram a ideia vencedora: um programa de mensagens de texto em grupo que surgiu a partir de alguns ajustes secundários que Biz e Jack vinham fazendo nessa ferramenta. Ev gostou da ideia de imediato, porque se parecia com algo que ele havia feito na época do Blogger.

"Desenvolvi um blog para atualizações de status e compartilhei com a minha equipe do Blogger", conta Ev. "Depois, fui viajar com a minha família e, de lá, enviava atualizações de status para um blog. Parecia algo interessante: compartilhar algo que não costumamos compartilhar."

Essas "atualizações de status" seriam mais tarde conhecidas como tuítes, e o produto, é claro, tornou-se o **Twitter**.

Ev e a equipe logo perceberam que o Twitter tinha um grande potencial, o que levantou uma questão difícil: era hora de pivotar a Odeo de modo radical, rumo a essa coisa nova chamada Twitter?

Não foi uma decisão fácil. Nas reuniões do conselho, Ev apresentou os últimos avanços do Twitter e as atualizações sobre a Odeo – a qual, ao que parecia, ainda não estava preparada para morrer. Não estava crescendo, mas possuía usuários engajados. Em geral, decisões assim são as mais dolorosas para o líder. **É fácil eliminar um produto que está dando errado; é bem mais difícil – e mais estratégico – matar um que não tem real potencial para escalar.**

"Na época, eu me lembro de pensar que, às vezes, é melhor simplesmente fracassar para poder seguir em frente, mas a Odeo não era um fracasso total. Então, continuamos fazendo iterações nela e pensando: *Bom, talvez isso dê em alguma coisa*", diz Ev.

Ao mesmo tempo, a equipe usava o Twitter internamente e com amigos e parentes. "Havia uma rede grande o suficiente para que nos conectássemos de um jeito novo", afirma ele.

Em abril de 2007, o Twitter se separou da Odeo. De forma gradual, a Odeo encerrou as operações, e o Twitter ocupou o seu lugar na história.

Neste capítulo, vamos explorar a arte de pivotar. Em inglês, o verbo *pivot* [que deu origem ao neologismo em português] significa, literalmente, mudar de direção; no sentido empresarial, trata-se de desviar do plano original para tentar algo relacionado mas diferente. Muitas vezes, o pivô é uma resposta a mudanças nas circunstâncias ou nas condições do mercado. Pode ser desencadeado pelo surgimento de uma nova oportunidade ou de um obstáculo inesperado ou, ainda, por uma nova compreensão, mais aprofundada, do potencial de um produto. Pode assumir várias formas, desde uma mudança pontual na estratégia até uma reinicialização completa da empresa.

Na verdade, a maioria dos empreendedores pivota diversas vezes até se estabilizar. E é comum isso acontecer inclusive *depois* da estabilização. Talvez você ache que é perigoso. Exige uma mudança de direção rumo a uma nova oportunidade, e isso em geral ocorre antes que ela esteja clara. Além disso, existe um aspecto igualmente desafiador, o de precisar se *afastar* de algo – em específico, de uma ideia que antes inspirava esperanças, sonhos e investimento de tempo e dinheiro. Seres humanos não estão dispostos a abrir mão de ideias antigas. Ao pivotar, você corre o risco de sofrer com a reação dos seus cofundadores, da equipe, dos investidores e dos usuários. Portanto, talvez esse seja o maior teste possível das suas habilidades de liderança.

Mas, por mais difícil que seja abandonar uma ideia pela qual se tem carinho ou uma estratégia outrora brilhante, não raro chega um momento em que um empreendedor precisa fazê-lo. O segredo é saber reconhecer *quando* é hora de pivotar e, em seguida, ser capaz de reorganizar as pessoas para seguirem uma nova direção – mesmo que isso signifique cortar e queimar partes da empresa.

Quanto mais analisamos as startups de sucesso, mais percebemos que muitas começaram com uma proposta *completamente* diferente – depois, pivotaram para se tornar o negócio que de fato escalou e teve sucesso. Porém, mesmo quando estão ligados a uma mudança radical no produto ou na estratégia de negócios, os pivôs bem-sucedidos em geral não se distanciam tanto da primeira missão da empresa. É o que tem acontecido com Ev Williams, especialista em pivotar, cujas quatro startups talvez não pareçam relacionadas. Na verdade, todas surgiram de uma única missão, à qual ele tem dedicado sua carreira.

A reinicialização

Em 2010, **Stewart Butterfield** sentiu vontade de empreender pela segunda vez na vida. Sua primeira empresa tinha passado por transformações imensas. Com Caterina Fake, ele cofundou um serviço pioneiro de compartilhamento de fotos, o Flickr – que surgiu, como já contamos aqui, de maneira inesperada, a partir de um único recurso do jogo on-line malsucedido deles, o *Game Neverending*. É um caso clássico de pivô e foi um prenúncio da empresa seguinte dele, a **Slack**.

Naquela época, já fazia tempo que Stewart e Caterina tinham vendido o Flickr, e Stewart buscava uma segunda chance de lançar um jogo on-line. A nova aposta se chamava *Glitch*, e ele disse a si mesmo que, daquela vez, seria diferente. Não teria que enfrentar os mesmos desafios do *Neverending*. "Avaliávamos que naquele momento tínhamos algum dinheiro. E conexões melhores. Além disso, o hardware de computador tinha melhorado nos anos anteriores. E éramos mais experientes e capazes como engenheiros e designers. Então, nosso pensamento era o seguinte: *Ah, desta vez não temos como fracassar.*"

Sem dúvida, os riscos eram mais altos. Stewart e a equipe de 45 funcionários investiram quatro anos em desenvolvimento, interagiram com dezenas de milhares de jogadores e arrecadaram 17 milhões de dólares. Por fim, o *Glitch* angariou um pequeno grupo de fãs fervorosos.

Mas estava sendo um fracasso.

O jogo "era incrível para a pequena minoria para a qual ele funcionava – essas pessoas passavam 20 horas por semana jogando", conta Stewart. "Mas a maioria dos usuários, 97% dos inscritos, ia embora após cinco minutos."

Stewart e a equipe tentaram reter os novos usuários por meio de uma série de experimentos do tipo *E se a gente testar isso?*. "Sempre parecia que a próxima coisa seria a salvação", comenta ele.

Até hoje, quando Stewart conta essa história, é possível ouvir a emoção em sua voz: ele ainda se pergunta o que mais poderia ter feito. E esses questionamentos compõem um monólogo interno para a maioria dos empreendedores em plena transição.

Por último, Stewart aceitou que tinha dado *game over*: "Na tentativa de mudar a situação, testei as 15 melhores ideias que poderíamos ter, classificadas pelo método de *stack ranking* – e achei que a 16ª não iria funcionar. Afinal, era o que tinha acontecido com as 15 primeiras."

Stewart encarou um dos momentos mais duros em qualquer jornada de empreendedorismo: o dia em que admitimos para nós mesmos e para a equipe que não vai ser *dessa vez* que vamos realizar nossos sonhos juntos. Então, pela segunda vez na vida, ele teria que descontinuar um produto e dispensar uma equipe que adorava.

No dia em que contou aos funcionários que o *Glitch* seria encerrado, ele organizou uma reunião com todos. Foi emocionante. "Quando me levantei e comecei a falar... nem tinha terminado a primeira frase e já estava chorando", conta.

"Cara, é bem difícil, porque muitas vezes o trabalho do CEO é apenas inventar uma história e fazer um número suficiente de pessoas acreditar que ele vai conseguir concretizar algo no mundo. Precisa convencer os investidores, a imprensa, os potenciais funcionários, os clientes. E eu tinha convencido muita gente a trabalhar nesse projeto, a largar tudo o que estava fazendo, pedir demissão, receber um salário baixo em troca de participação em algo que simplesmente não deu certo."

Quando conseguiu se recompor, Stewart disse para os funcionários que se sentia muito mal por dispensá-los – aliás, a ponto de fazer tudo ao seu alcance para compensar a equipe. "Stewart e alguns dos desenvolvedores de site decidiram criar uma página em Glitch.com", conta Tim Lefler, um dos engenheiros do *Glitch*. Com o título "Contrate um gênio", ela apresentava o perfil no LinkedIn, a foto e o portfólio de todos os integrantes da equipe. Assim que saiu o comunicado à imprensa sobre o fechamento do *Glitch*, o site já informava: "Estas pessoas estão procurando trabalho."

Stewart e os sócios também deram cartas de referência e ofereceram um treinamento para os demitidos montarem o currículo. "Stewart e o grupo decidiram: 'Vamos continuar trabalhando até que todos consigam outro emprego'", relata Tim Lefler.

Mas os funcionários da empresa não foram os únicos que ficaram tristes com a notícia sobre o encerramento do jogo. Lembra aqueles fãs fiéis que jogavam 20 horas por semana? Stewart decidiu deixar os clientes escolherem entre receber o dinheiro de volta ou a empresa fazer uma doação beneficente em nome deles. "Conseguimos cuidar de tudo isso de um jeito que gerou muita boa vontade", diz Stewart.

Isso logo daria um retorno.

Embora, na prática, estivessem fechando a empresa de jogos, Stewart e a equipe ficaram de olho na possibilidade de uma última jogada. Ainda tinham cerca de 5 milhões de dólares no banco e a missão de fazer algo, qualquer coisa, desde que escalasse. Stewart tinha oferecido o dinheiro de volta para os investidores, mas eles o desafiaram a encontrar uma nova direção.

Stewart e a equipe verificaram com atenção todos os softwares que haviam desenvolvido, tanto dentro do jogo quanto associados a ele, e se indagaram: *Ainda tem alguma coisa aqui?*

Demorou algumas semanas, mas enfim identificaram algo: um sistema de comunicação interna desenvolvido pela equipe enquanto trabalhava no jogo. Era uma ferramenta de comunicação baseada em chat, a qual possibilitava conversas assíncronas e as armazenava ao longo do tempo. Oferecia ainda canais separados para equipes e temas diferentes. Aquilo tinha potencial, pensou Stewart.

Bem, talvez houvesse uma grande diferença entre uma ferramenta de comunicação baseada em chat e o jogo on-line que ele se propusera a desenvolver, mas, outra vez, tratava-se de um dispositivo que a equipe já usava e adorava. Ao longo de três anos, eles tinham ajustado esse produto para atender às próprias necessidades – para se comunicar de forma rápida e transparente, de modo a tornar a colaboração mais fluida e eficiente. A empresa imaginou que existiria uma procura, em outras companhias, pela ferramenta que acabou se tornando o Slack.

Esse pivô foi uma reinicialização de várias maneiras; quando Stewart criara o Flickr, muitos anos antes, seu jogo on-line ainda estava vivo (ainda que por um fio), o que significa que ele conseguiu migrar a equipe de um projeto para o outro. Mas, neste caso, o jogo já estava encerrado, e as pessoas tinham sido dispensadas. Com isso, ele não apenas estava começando do zero com um produto sem relação alguma com o anterior, mas também tinha que remontar toda a operação, com um novo escritório, uma nova equipe, tudo novo.

Por ter encerrado as operações com elegância, Stewart pôde entrar em contato com alguns funcionários do *Glitch* e pedir ajuda. Uma dessas pessoas era Tim Lefler. "Ele me fez um resumo do que estava acontecendo e falou: 'Ei, gostaríamos de ter você de volta para trabalhar neste produto conosco'", conta Tim.

Na ocasião, Tim já havia conseguido um novo emprego, então por que voltaria a trabalhar para o cara que o demitira? Em parte, porque esse mesmo sujeito se dera ao trabalho de ajudá-lo após a demissão, mas sobretudo porque tinha uma nova ideia que parecia muito boa.

Quando chegou ao escritório do Slack, Tim ficou surpreso ao descobrir que não era o único funcionário do *Glitch* a reingressar na equipe. Na realidade, comenta Tim, "parecia uma espécie de reencontro". O comprometimento de Stewart com Tim demonstra os princípios do meu livro *A aliança*: manter um compromisso mútuo dentro da organização, o qual estabelece uma aliança duradoura.

Dessa vez, Tim não precisou se preocupar com outro encerramento: a reinicialização conhecida como Slack virou um sucesso enorme e abriu capital em 2019. No final de 2020, foi adquirida pela Salesforce.com por 27,7 bilhões de dólares.

A jogada da plataforma

Ao longo da carreira, alguns líderes decidem seguir uma visão de longo prazo. Outros mudam de direção ao encontrarem, por acaso, o negócio que se torna a sua vocação. **Tobi Lütke** sem dúvida faz parte do segundo grupo e é responsável por um dos pivôs mais improváveis que encontramos: da venda de pranchas de snowboard para a escala da potente plataforma de e-commerce Shopify.

Na infância, quando morava em uma cidade pequena na Alemanha, Tobi se apaixonou por computadores e por um passatempo, como soube mais tarde, chamado "programação". Ele tinha a mentalidade e a disposição de um programador: "Adoro mergulhar em algo que é muito interessante e me desligar de todo o resto", diz Tobi.

Já em relação à sala de aula... "A escola era difícil para mim. Eu simplesmente gostava mais de computadores." Graças ao que Tobi classifica como "a sabedoria do sistema educacional alemão", contudo, ele pôde deixar a escola mais cedo para iniciar um estágio como programador. Acabou emigrando da Alemanha para Ottawa, no Canadá, onde a paixão da juventude começou a perder o brilho. Ele atuou como programador, mas descobriu que não sentia mais o mesmo prazer depois que a atividade se tornou um trabalho diário. Então, pivotou rumo a uma nova carreira, com o objetivo de "reencontrar a programação como um hobby". Como já ocorrera antes, um hobby se tornou a sua nova carreira.

No Canadá, Tobi virara entusiasta do snowboard, e lhe ocorreu que poderia combinar essa paixão com as suas habilidades técnicas. "Eu tinha acabado de fazer uma pesquisa extensa sobre quais seriam as melhores pranchas para mim, então tinha um bom panorama. Pensei: *Ei, posso vender pranchas de snowboard pela internet, isso seria um bom ponto de partida para um negócio.*"

Em 2004, ele montou uma loja virtual de snowboard, a SnowDevil, na expectativa de que demoraria somente alguns dias para lançar os produtos na internet. Mas logo encarou um contratempo.

"Primeiro, tentei encontrar o software certo para usar no negócio e fiquei surpreso por não achar nada. Não que não houvesse softwares de e-commerce, mas não passavam de sistemas de gerenciamento de banco de dados, terríveis para o usuário, na melhor das hipóteses. Era bastante óbvio que tinham sido desenvolvidos sem a participação de alguém que já houvesse administrado um negócio de varejo", diz Tobi.

Ele decidiu que a melhor opção era simplesmente criar o seu próprio software, do zero.

"Descobri a Ruby on Rails, uma tecnologia nova que achei muito boa, e fiz aquela coisa de trabalhar sem parar, provavelmente umas 16 horas por dia, durante alguns meses", conta. Tobi fez a programação do site inteiro e, enfim, lançou a sua loja de snowboard. "Acabou que deu supercerto. Comecei a vender para os Estados Unidos e o Canadá e um pouco para a Europa também", comenta.

Para Tobi, codificar o back-end do site – a parte que recebe pagamentos, processa pedidos e atualiza listagens de produtos – tinha sido apenas um meio de atingir um objetivo, mas logo clientes de vários países se mostraram interessados em mais do que pranchas de snowboard e casacos com isolamento térmico. As pessoas começaram a pedir que Tobi também desenvolvesse um software de back-end para as suas lojas na internet.

Essa é uma encruzilhada que muitos empreendedores vão reconhecer. Para concretizar a sua visão inicial, eles sempre precisam resolver problemas secundários ao longo do caminho. **E, de vez em quando, resolvem um problema tão incômodo e prevalente que essa solução complementar se torna mais valiosa do que a ideia original.**

A possibilidade de realizar uma mudança começou a se firmar, e Tobi se viu desenvolvendo uma plataforma de e-commerce para varejistas do mundo todo. O objetivo era tornar mais fácil o processo de abrir uma loja on-line, para que outros varejistas não precisassem se digladiar com sistemas pouco amigáveis, como acontecera com ele. Era só fazer um cadastro, em um único lugar, e acertar tudo em questão de minutos. "O Shopify era o software que eu gostaria de ter encontrado quando criei a minha loja de snowboard", resume Tobi.

Mas, quando ele tomou a decisão oficial de mudar de pranchas de snowboard para carrinhos de compras digitais, seu cofundador pivotou para fora do negócio. O sujeito topara montar uma loja de pranchas de snowboard e não estava, bem, inclinado a surfar a nova onda da Snow-Devil. "Ele falou: 'Isso está crescendo. Está virando uma coisa diferente'", conta Tobi.

Assim, Tobi perdeu o seu cofundador e CEO. Essa é uma consequência bastante frequente de um pivô e, embora dolorosa, é necessária. Às vezes, a equipe que foi atraída para a primeira missão não se sente inspirada pela mudança de rumo.

Mas o próprio Tobi achou empolgante essa nova empreitada. "Percebemos que a empresa tinha a ver com uma coisa pela qual somos apaixonados: o conceito de empreendedorismo on-line. A internet deve ser participativa e democrática por conta das oportunidades. Então, fomos atrás dessa ideia ou de uma resposta para a pergunta: 'Como seria o mundo se o empreendedorismo fosse muito fácil?'", explica.

Dessa maneira, o programador Tobi se tornou CEO da plataforma que ficou conhecida como Shopify, hoje uma empresa multinacional de e-commerce com sede em Ottawa, Ontário. A ideia começou como uma versão melhorada do carrinho de compras de uma loja virtual de snowboard e se transformou em uma plataforma mundial para inúmeras lojas on-line.

Esta é uma das chaves para o sucesso de Tobi: ele transformou o Shopify em uma plataforma que não só possibilita que comerciantes montem lojas on-line com facilidade, mas também deixa desenvolvedores de aplicativos criarem lojas especializadas para esses comerciantes.

Ao abrir o Shopify dessa forma, Tobi tomou a decisão consciente de permitir que os desenvolvedores ganhassem dinheiro com a sua plataforma, em vez de tentar mantê-la fechada para que só ele mesmo pudesse capturar a receita disponível. "Para fazer a plataforma deslanchar, em suma, colocamos na mesa todos os aspectos econômicos do Shopify e os entregamos para os desenvolvedores de aplicativos de terceiros", diz Tobi.

Isso o ajudou a atrair em pouco tempo mais e mais usuários. Em retrospectiva, essas decisões pavimentaram o caminho para o sucesso mundial do Shopify. Mas foram escolhas difíceis na época. "É um caminho difícil, porque deixamos na mesa vários aspectos econômicos que poderíamos pegar para nós mesmos, sem grandes dificuldades – ou, na verdade, tratava-se de investir no nosso próprio futuro ao entregá-los para os outros", explica Tobi. "E, para a maioria das empresas, isso é algo muito difícil de se fazer."

A combinação de uma plataforma forte, uma loja de aplicativos com muitos usuários e uma comunidade de desenvolvedores ajudou a proteger o Shopify da concorrência e criou um ciclo de feedback positivo que incrementou a inovação, atraindo mais usuários e mais desenvolvedores.

Mas, como Tobi enfatiza, isso leva tempo. "Desenvolvemos boa parte da tecnologia de base em 2009, e só em 2018, quase uma década depois, cruzamos a 'linha do Gates'. Acho que Bill Gates disse o seguinte: 'Só vira uma plataforma quando as pessoas que desenvolvem coisas para ela passam a ganhar mais dinheiro do que nós.'"

Em 2018, mais de 1 milhão de empresas faturaram mais de 40 bilhões de dólares em vendas usando o Shopify, e os desenvolvedores de aplicativos para a plataforma faturaram mais de 90 milhões de dólares. Tudo graças a esse primeiro pivô, quando Tobi decidiu deixar de vender o próprio produto para ajudar outros comerciantes a vender os deles.

> **ANÁLISE DO REID** — Um pivô deve parecer uma decisão conjunta

Um pivô é mais do que uma curva acentuada à esquerda. Primeiro, há a oportunidade em cuja direção se está pivotando. Você consegue enxergá-la com clareza para seguir rumo a ela? Consegue convencer outras pessoas a ir com você?

Em seguida, é necessário se afastar da sua ideia antiga. Talvez isso seja absurdamente difícil, porque a nossa tendência natural é resistir. Você corre o risco de receber uma reação negativa dos seus cofundadores, da equipe, dos investidores e dos usuários. É provável que esse seja o maior teste das suas habilidades de liderança, porque a sua credibilidade será objeto de análise. Aliás, ainda dá para acreditar em você?

Trabalhar para uma startup é como ir à guerra juntos. Quando se está na trincheira com o resto do pelotão, estabelece-se uma grande confiança. Se já tiver demonstrado seu zelo por alguém, este fará o mesmo por você.

Eis a chave para gerenciar um processo de pivô: caso se sintam cuidados, os funcionários vão continuar cuidando de você.

Acredito que, como CEO, você sempre deve manter a equipe principal durante um pivô. Precisa fazer com que eles sintam que foi uma decisão conjunta. Não precisa ser um processo democrático; aliás, *não deve* ser democrático. Mas tem que ser *participativo*. As pessoas precisam sentir que têm voz, que o voto delas conta, que a empresa leva em consideração seus interesses.

Quando a equipe está dividida entre manter uma estratégia antiga ou pivotar para uma nova, por exemplo, talvez pareça inteligente minimizar os riscos e trabalhar ambas as ideias ao mesmo tempo. É a maneira mais democrática de manter a paz, certo? Mas, como fundador, você jamais vai querer dizer: "Estamos trabalhando em X e também em Y porque a minha equipe gosta das duas ideias." Pode até ser uma solução conveniente, mas vou lhe contar como essa história termina: igual a Thelma e Louise, de mãos dadas, em um carro saltando de um penhasco.

Na verdade, é um dever seu com a equipe forçar uma decisão: X ou Y, escolha um. No fim das contas, é responsabilidade do fundador fazer essa escolha. Só não se esqueça de carregar a sua equipe com você.

No caminho certo

Às vezes, circunstâncias extraordinárias levam um líder a pivotar em um momento da carreira. Mas não foi isso que aconteceu com **Stacy Brown-Philpot**. Tendo crescido no oeste de Detroit, ela obteve um MBA em Stanford e foi trabalhar no Google, onde atuou durante oito anos. Em 2013, tinha acabado de voltar de uma viagem a trabalho para a Índia e estava tudo indo... bem. "Olhei em volta e estava em um escritório elegante, com duas janelas que iam do chão ao teto. O cachorro que eu tinha estava lá, com uma caminha para ele. Tinha uma mesa. Um sofá. Um assistente. Tinha tudo o que a maioria das pessoas sonha em um cargo em empresa, mas eu sentia que ainda precisava fazer alguma outra coisa. Pensei: *Preciso encontrar algo que me cative, que me permita realizar mais*", conta Stacy.

Por sorte, Stacy conheceu pouco depois Leah Busque, a fundadora do **TaskRabbit**, um aplicativo popular que conecta quem busca e quem se oferece para realizar serviços diversos. Stacy experimentou a ferramenta e adorou a causa que ela apoiava. "Sou uma pessoa com uma mentalidade de cumprir missões", diz Stacy. "Falamos muito no Vale do Silício sobre missionários e mercenários, e estou no grupo dos missionários, sem dúvida. A missão do TaskRabbit de revolucionar as tarefas diárias realmente me encantou e me fez voltar para Detroit. Assim, me reaproximei de pessoas boas e dedicadas que perderam o emprego por causa do fracasso de um setor inteiro, não conseguiam encontrar uma oportunidade, mas tinham uma forte ética de trabalho."

Em 2013, Stacy se juntou ao TaskRabbit como CEO de operações e logo percebeu que enfrentaria desafios básicos e profundos para obter escala. Ela examinou os números e concluiu: *Para chegar aonde queremos, vamos precisar fazer algumas coisas de um jeito diferente nesta empresa.*

Stacy se concentrou em uma área específica: o sistema de ofertas livres que conectava os dois lados do mercado – os *taskers* (candidatos a realizar uma tarefa) e os clientes (os contratantes) –, o qual impulsionava o TaskRabbit. No sistema da época, os *taskers* tinham que passar por um processo de apresentação de propostas para cada tarefa e, com isso, muitos se viam em uma competição desvantajosa para oferecer o serviço pelo preço mais baixo. Ao mesmo tempo, era comum os clientes perderem muito tempo para classificar todas as propostas e escolher uma vencedora.

Ao que parecia, essa estrutura aberta de "vale-tudo" funcionava na metade dos casos; alguns *taskers* e clientes se beneficiavam dessa disputa de propostas, mas os outros 50% dos usuários tinham uma experiência ruim, ou pelo excesso de opções confusas ou pelo pagamento baixo ocasionado pela concorrência entre as propostas. Stacy entendeu a dinâmica em jogo. Clientes insatisfeitos "mencionavam a experiência ruim para 10 vezes mais pessoas do que aqueles que tiveram uma boa experiência", afirma. "Aquilo simplesmente não iria funcionar a longo prazo. Precisávamos fazer mudanças."

Isso exigiria um pivô considerável para o TaskRabbit – uma mudança para aumentar a estrutura e a confiabilidade, dar menos escolhas ao usuário e diminuir o caos. Stacy e a equipe tinham uma intuição forte em relação a esse sistema aprimorado, mas isso exigia que reinventassem por completo o modo de conduzir os negócios. Elaboraram então um plano para descartar as ofertas de trabalho de caráter indefinido – como "sósia de celebridade" ou "palhaço de festa de aniversário" – e otimizar os tipos de tarefas para que fossem oferecidas em apenas quatro categorias populares e fáceis de compreender: serviços de faz-tudo, limpeza doméstica, ajuda em mudanças e assistente pessoal.

Além disso, o TaskRabbit resolveu deixar outras decisões nas mãos dos *taskers*. Assim, eles passariam a escolher coisas como quando trabalhar, de que maneira e quanto cobrar por hora, de modo que a taxa não fosse mais definida, na prática, por um processo de leilão.

Os *taskers* não teriam mais que conferir, ansiosos, o celular para saber se alguém tinha apresentado uma proposta melhor para determinada tarefa. Ao mesmo tempo, para os clientes, bastaria entrar uma única vez no site ou no aplicativo para agendar uma tarefa com um *tasker* – sem a necessidade de conferir uma longa lista de propostas. Em vez disso, eles visualizariam uma lista com uma pré-seleção de *taskers* recomendados com base no preço, nas avaliações e nas habilidades.

Quando se está considerando um pivô importante como esse, o ideal é sempre testar a ideia primeiro. E Stacy queria realizar um experimento com *novos* usuários – clientes que usassem a plataforma pela primeira vez, sem nenhuma suposição arraigada sobre o que ela *deveria* ser. Londres foi selecionada para o teste de mercado porque, de modo geral, as pessoas ali já tinham ouvido falar da marca TaskRabbit, mas o serviço nunca fora disponibilizado na cidade.

Para a alegria de Stacy, a iteração otimizada do TaskRabbit teve um bom desempenho no teste: a taxa de solicitações de tarefas aumentou e a taxa de conclusão subiu de 50% para 80%. "Sabíamos que estávamos no caminho certo, então adotamos isso nos Estados Unidos", diz Stacy.

Se os britânicos tinham adorado, os americanos também iriam adorar, certo? Não foi bem assim. Alterar um sistema existente nunca é tão simples quanto apresentar um novo. E, nesse caso, o problema não foi necessariamente a mudança em si, mas como os *taskers*, em particular, ficaram sabendo da notícia. Para eles, a plataforma era a comunidade deles, o meio de vida. Stacy sabia disso, é claro, mas acreditava que as novidades traziam benefícios evidentes. "A gente pensou: *Os taskers vão ficar muito animados, porque isso será ótimo para eles*", conta Stacy.

"Falamos das mudanças para eles no mesmo dia em que informamos o *TechCrunch*, o *USA Today* e o público em geral." Foi um erro... e os *taskers* ficaram revoltados. "Eles se chatearam sobretudo porque não avisamos que íamos fazer isso e, em parte, porque precisariam trabalhar de um modo diferente."

Com base nos fatos, Stacy implementou um programa benéfico no TaskRabbit – que garantiria uma compensação mais justa para os *taskers* e também tornaria o processo mais otimizado e fácil de usar para os clientes. Mas alterar as regras que regem toda uma plataforma não é algo trivial, ainda mais se nos esquecermos de informar os usuários a respeito disso. Para piorar, o TaskRabbit não era somente uma plataforma, era uma comunidade que despertava um sentimento de posse nas pessoas. E, quando isso acontece, elas têm a expectativa de dar a opinião... ou pelo menos de saber das notícias antes de lê-las na internet. Ao deixar de envolver a comunidade desde o início, Stacy minou sem querer o engajamento dos *taskers*.

Analisando hoje, Stacy vê com clareza o que o TaskRabbit deveria ter feito na ocasião. "Naquela época, havia mais de 20 mil *taskers* trabalhando e ganhando dinheiro com a plataforma. Deveríamos tê-los tratado como parte da cadeia de comunicação. Mas, ao contrário disso, dissemos: *Quer saber? Eles são apenas usuários e vão saber das coisas como todo mundo.*" A gestão do TaskRabbit deveria ter colocado essa suposição à prova fazendo uma verificação do humor dos usuários para ter certeza de que todos estavam prontos para pivotar com a empresa.

Apesar desse tiro pela culatra, Stacy e a equipe mantiveram as mudanças. No começo, perderam receita e usuários. Com o tempo, porém, o novo sistema aumentou a satisfação do cliente, deixando os usuários mais contentes tanto de um lado quanto do outro do mercado, e gerou mais lucratividade. O pivô funcionou.

Além disso, provocou melhorias na cultura do TaskRabbit. Após a empresa aprender – apesar de ter sido da maneira mais difícil – a importância de envolver a comunidade nas principais decisões, "foi criado um conselho dos *taskers*", conta Stacy. "Nesse conselho, alguns integrantes estão bastante empolgados com o TaskRabbit e outros são sempre céticos. Nós lhes dizemos: 'Queremos muito a opinião de vocês e, uma vez que vocês embarquem conosco nessa ideia, também gostaríamos que nos ajudassem a falar com o restante da comunidade.'" Stacy acredita que, se o conselho já existisse durante o pivô, a mudança teria sido mais suave.

E houve outra consequência não intencional... e extraordinária: após o TaskRabbit se livrar da competição de ofertas entre os *taskers*, eles começaram a formar uma comunidade de apoio e compartilhamento. Passaram a dar aulas e postar vídeos para ensinar competências uns aos outros e aumentar o faturamento de cada um – o que gerou um ciclo dinâmico e autossustentado que beneficiou a todos.

Hoje, o TaskRabbit aproveita o poder dessa comunidade em crescimento para realizar treinamentos e promover o desenvolvimento. "Alguns *taskers* criam cursos, e nós os pagamos para fazer isso", diz Stacy. É uma maneira de não só ampliar as habilidades, mas também de dar a eles um trabalho com significado e propósito – e renda –, que quebra a rotina de apenas completar as tarefas.

Mas Stacy só se deu conta mesmo do verdadeiro poder dessa comunidade quando ele literalmente bateu à sua porta. Um *tasker* foi à casa dela para consertar um interruptor, e ela percebeu que a mesma pessoa já lhe havia entregado um bolo de aniversário. Então, perguntou o que ele havia feito para deixar de entregar bolos e passar a realizar reparos elétricos. "Foi graças à comunidade do TaskRabbit. Fiz algumas aulas, aprendi e agora estou ganhando o dobro do que ganhava com a plataforma", explicou o homem.

> **ANÁLISE DO REID — Como saber quando é hora de pivotar**
>
> Todo mundo prefere achar que praticamente nasceu com a sua grande ideia escalável. As pessoas contam histórias do tipo: "Quando eu tinha 2 anos, já sabia o que faria aos 40." Mas isso costuma ser invenção. Os planos mudam. As pessoas pivotam. Então, você deve pensar assim: *Quando chegar a hora, que eu possa pivotar com inteligência e o mais cedo possível.*
>
> Isso não significa que você não será persistente em relação ao seu plano ou ideia inicial. Nem que vai entrar em pânico e desistir assim que surgirem complicações. Só significa ter consciência de que pivotar faz parte do jogo.
>
> Aconselho as pessoas a pensar nos grandes pivôs em termos da confiança que depositam na proposta de investimento delas. Você diz: *Bem, para tirar essa intuição do papel, tenho a ideia número um, a número dois, a número três, a número quatro.* Após testar cinco ideias, você deve se perguntar: *Minha sexta ideia é tão boa quanto as outras cinco ou é melhor?*
>
> Se perceber que está raspando o tacho em busca de ideias para fazer o plano inicial dar certo, é aí que precisa pivotar... o quanto antes. As pessoas se equivocam ao pensar: *Só vou pivotar para algo diferente quando a empresa estiver correndo risco de fechar.* Até lá, quase com certeza já será tarde demais. É necessário agir *antes* de ser abatido pelo mercado.

A recuperação: pivotando durante uma crise

No começo de 2020, quando eclodiu a pandemia da covid-19, a CEO da **Nextdoor, Sarah Friar,** notou que estavam acontecendo coisas interessantes na plataforma, projetada inicialmente para ajudar os vizinhos a se conhecerem. Primeiro, houve uma alta de cerca de 80% nos níveis de engajamento. Fora isso, havia uma mudança na *natureza* das interações. As pessoas não davam mais apenas um oi e pediam uma recomendação de faz-tudo. Elas estavam usando a plataforma para descobrir se havia alguém na vizinhança precisando de ajuda durante a crise – e pareciam estar dispostas, até ansiosas, para oferecê-la.

"Vimos que as conversas sobre 'ajuda' na plataforma aumentaram 262% no primeiro mês da pandemia", diz Sarah. Na maioria das comunidades atendidas pela Nextdoor, passaram a vigorar restrições para sair na rua, e quem era mais suscetível ao vírus estava se isolando em casa. "De repente, todo mundo passou a oferecer ajuda: 'Posso fazer compras no mercado para você, posso buscar um remédio na farmácia...'" Alguns usuários começaram a se organizar: Sarah testemunhou, em seu próprio bairro, a formação de um grupo de apoio por meio da Nextdoor, o qual reuniu mais de 500 pessoas.

O líder desse grupo dedicou tempo para juntar os vizinhos que precisavam de apoio e aqueles dispostos a colaborar. Sarah decidiu arregaçar as mangas dentro da sua própria plataforma local e foi apresentada a uma senhora chamada Elizabeth. "Ela se sentiu muito mal por ter pedido ajuda. Percebi que estava na defensiva quando nos falamos pela primeira vez, porque fez questão de me dizer que estava bem fisicamente", conta Sarah. Elizabeth tinha problemas de saúde que a deixavam mais vulnerável ao vírus e não podia se arriscar saindo de casa. Sarah levou remédios e pão para ela.

Tudo isso a inspirou a criar soluções e recursos novos na Nextdoor – e a plataforma logo pivotou, passando de uma mera rede de conexões entre vizinhos para algo mais parecido com uma central ativa de assistência e informações.

A primeira iniciativa de Sarah foi criar a Central de Ajuda para assuntos relativos à covid-19, um recurso essencial, com informações precisas sobre a pandemia e sobre as maneiras de apoiar o comércio local. Em seguida, lançou o Mapa de Ajuda do Bairro, para facilitar que vizinhos encontrassem e oferecessem ajuda, considerando a proximidade de suas casas. Depois, ainda em 2020, essa ferramenta demonstrou que tinha poder de permanência, transformando-se em um Mapa de Ajuda para o Eleitor, conectando quem precisava de ajuda para imprimir o registro de eleitor e vizinhos que podiam imprimir esse documento em casa.

Quando a pandemia começou, a Nextdoor estava em processo de teste alfa de um novo produto do Groups. Sarah decidiu suspender essa etapa e lançá-lo de uma vez. "Ele estava emperrado no trabalho árduo da iteração, e nós simplesmente dissemos: *Ok, chega disso, vamos tirar esse band-aid.*" O Nextdoor Groups possibilitou encontros virtuais que contribuíram para amenizar o impacto psicológico do distanciamento social, uma ideia cujo valor para os vizinhos idosos não acaba com a pandemia.

Poderíamos dizer que a pandemia causou um incêndio na Nextdoor e forçou a empresa a elaborar novas ideias e tomar decisões sobre projetos que não estavam totalmente prontos para serem lançados. "Acho que, em épocas de crise, os clientes dão um pouco mais de margem de manobra para coisas que talvez não estejam perfeitas", diz Sarah. "Se souberem que as intenções são boas, serão mais compreensivos em relação a produtos que podem estar em uma situação relativamente precária."

Conforme a Nextdoor continuava a adaptar a plataforma no decorrer dos acontecimentos, Sarah também se viu pensando no futuro. Ela pediu que a equipe considerasse questões como: *Quais temas estão surgindo? O que será diferente no futuro? O que vai permanecer igual? Quais são as abordagens inovadoras e criativas para unir as comunidades?*

"Acho que uma coisa muito boa, se é que se pode dizer algo positivo sobre uma pandemia, é que deixei de achar que estava catequizando as pessoas a respeito da Nextdoor. Elas entenderam (...) o poder da proximidade, a necessidade de os vizinhos estarem na linha de frente da nossa rede de apoio. Não precisamos mais nos esquivar disso. Mas, quando ouvimos comentários maldosos – por exemplo: 'Mas alguns vizinhos não são meio doidos?' –, eu fico tipo: 'Pode ser, mas talvez eles saiam para buscar algo que vai salvar a vida de alguém'", afirma Sarah.

Se um pivô é definido como uma mudança rápida em resposta a acontecimentos ou obstáculos inesperados, é justo chamar 2020 de Ano do Pivô. As startups que já tiveram que lidar com os desafios comuns da escala – levantar financiamento, contratar pessoal, ajustar a proposta, desenvolver a cultura da empresa – precisaram acrescentar toda uma camada extra de complicações, que vão do pânico generalizado, passando por uma queda brusca no volume de negócios e uma grande diminuição da renda disponível dos consumidores, até as exigências de distanciamento social e muitos outros aspectos.

De certa forma, a tendência natural dos empreendedores é prosperar em épocas e situações desafiadoras, diz o fundador do BuzzFeed, **Jonah Peretti**. "Percebi que **épocas de crise favorecem as empresas lideradas por seus fundadores, porque são pessoas que gostam de improvisar**. Eles pensam nas coisas com base em princípios fundamentais e não têm problemas em se adaptar e mudar a empresa."

Ele complementa: "Em momentos assim, é necessário estarmos totalmente abertos a mudar tudo o que estávamos fazendo e a buscar oportunidades que não sabíamos que existiam." Isso é aproveitar os pontos fortes dos fundadores. Também favorece os empreendedores o fato de estarem acostumados a lutar – em geral, é algo que eles *apreciam*.

No caso de Jonah, a pandemia transformou o que deveria ser um ano excepcional para o BuzzFeed em um período no qual a empresa precisou suar para equilibrar as contas. O maior impacto foi a perda de anunciantes do site. "Vimos dezenas de milhões de dólares simplesmente evaporarem", diz Jonah. Por isso, o BuzzFeed teve que cortar cerca de 40 milhões de dólares em custos, contendo a expansão internacional e reorganizando o negócio, dando um foco maior ao e-commerce, à receita proveniente de *transactional platform* e à receita programática (que se beneficiou do aumento de tráfego do BuzzFeed no ano passado). Enquanto isso, por causa da crise, talvez o BuzzFeed acabe fortalecendo seu relacionamento com as empresas clientes – algumas das quais recorreram ao site para obter ajuda na transição para o e-commerce.

Uma crise aumenta a pressão para se tomarem decisões inteligentes e rápidas... e, ao mesmo tempo, estreita a margem de erro. Ela força o empreendedor a usar os recursos limitados – inclusive a própria energia – de forma mais eficiente e sábia. E exige que um líder assuma de fato esse papel e mobilize equipes desgastadas.

Neil Blumenthal, cofundador da Warby Parker, esteve à altura do desafio de diversas maneiras. Quando começou a pandemia de covid-19, a

Warby Parker teve que fechar as lojas, além de boa parte da sede da empresa. Mas Neil precisava garantir que o negócio on-line continuasse a atender aos pedidos dos clientes. "As pessoas precisam dos seus óculos para funcionar no dia a dia", afirma ele. O primeiro passo de Neil foi assegurar a cadeia de suprimentos e o funcionamento dos centros de distribuição. "Depois, foi uma questão de entender os benefícios do seguro-desemprego caso dispensássemos temporariamente o pessoal. Em seguida, tínhamos a seguinte questão: o que fazer com 120 locações de varejo quando as lojas estavam fechadas?" Conforme elas reabriram, a Warby Parker instituiu controles rígidos em relação ao tráfego na loja e a "experiências de compra guiadas", nas quais um vendedor desinfetava cada armação de óculos antes e depois de um cliente experimentá-la.

Neil explica uma lição que aprendeu: uma das competências mais críticas durante uma crise é a comunicação. "É necessário se comunicar duas a três vezes mais do que antes e também simplificar essa comunicação", afirma. Neil e o cofundador Dave Gilboa faziam uma reunião geral por semana, a qual era gravada e compartilhada com todos. "Durante a pandemia, passamos para dois vídeos para todos por semana, mais curtos, para transmitir uma mensagem mais fácil de absorver. Eram divulgados às terças e quintas, para a equipe ter as informações necessárias para tomar decisões fundamentadas e saber o que estava acontecendo – porque a gente perde aquela conversa de corredor quando não está no escritório. Perde todos os meios informais de comunicação e precisa supri-los com uma comunicação bem mais estruturada e formal."

Ellen Kullman, ex-CEO da DuPont (que enfrentou a sua própria parcela de crises ao longo dos anos) e atual CEO da Carbon, uma startup de impressão 3-D, salienta a necessidade de "criar uma trajetória própria" durante uma crise. A maioria dos líderes já tem uma trajetória planejada para a empresa, mas uma crise pode destruir esse plano e forçá-la a pivotar para o Plano B, depois talvez para o Plano C ou D. Conforme isso acontece, "é necessário escrever a nossa própria história. Não jogue com as cartas que recebeu, jogue com as que quiser". Isso quer dizer que o líder deve traçar uma nova trajetória incorporando o fato de as coisas terem mudado – e deixar claro que a empresa está se adaptando a essa transformação, com uma visão clara do que isso vai significar no futuro e um plano sólido de como vencer nesse novo ambiente. "Se não tivermos uma hipótese específica a respeito do resultado, não vamos saber – tampouco os funcionários – se estamos ganhando ou perdendo", diz Ellen.

Brian Chesky, cofundador do Airbnb, sentiu essa incerteza de forma bastante intensa quando a empresa sofreu um baque forte durante a crise da covid-19. Em meados de 2020, "estávamos nos preparando para abrir o capital", conta ele. "Eu estava me dedicando à papelada e também trabalhando em um grande lançamento. Tínhamos um plano e eu estava confiante. De repente, parecia que eu era o capitão de um navio cujo casco tinha sido atingido por um torpedo."

O Airbnb viu os seus negócios quase paralisarem porque muitas pessoas deixaram de viajar, praticamente de uma hora para outra. "Primeiro, tive uma sensação de pânico... então me lembrei de que precisava respirar." Isso é válido para qualquer líder durante uma crise: reserve um tempo para diminuir o ritmo, familiarize-se com a nova situação e fique de olho nos seus níveis de estresse.

Porém Brian diminuiu o ritmo por pouco tempo; ele logo começou a executar uma série de pivôs para ajudar o Airbnb a reagir à crise. A empresa focou mais em aluguéis de longa duração e estadias de pelo menos um mês, para atender à demanda de quem queria se deslocar temporariamente durante a crise. E também começou a oferecer mais experiências locais e virtuais – de shows transmitidos da sala de estar a um tour por uma fazenda de ovelhas na Nova Zelândia, e até festas ao som de salsa, tudo on-line. Brian vê essas novas opções como um acréscimo de longo prazo ao catálogo do Airbnb e espera que continuem populares, mesmo com a retomada dos antigos hábitos de viagem.

Eis o principal conselho de Brian para quem está se adaptando a uma crise: concentre-se nos seus princípios básicos. Pense, como organização, no que está tentando conquistar e defender – e no que você, como líder, considera mais importante. "Quando as coisas estão muito ruins, é difícil tomar decisões de negócios, porque não podemos prever como tudo vai se desenrolar. Mas podemos nos perguntar: *Como quero ser lembrado ao longo desta crise?*", diz Brian.

Stacy Brown-Philpot, do TaskRabbit, e **Danny Meyer**, do Union Square Hospitality Group, compartilham de uma opinião: a crise é um momento para se pensar grande e olhar para além da própria empresa. Stacy afirma: "Eu gostaria de ver as empresas aqui no Vale do Silício se unirem e coordenarem mais iniciativas de assistência. Temos melhor acesso à tecnologia, temos uma compreensão mais profunda de como ela pode e deve funcionar, mesmo quando coisas horríveis acontecem, e sabemos como nos comunicar com bastante rapidez e eficiência."

O objetivo de Stacy é que o TaskRabbit esteja "pronto quando e onde for necessário, mas também que coordene o trabalho com outras empresas de tecnologia. Todas nós, unidas, podemos contatar e mobilizar milhões de pessoas, colaborando com iniciativas para a população se recuperar em uma situação de crise".

Danny, por sua vez, já está olhando além dos seus restaurantes e pensando em como a crise da pandemia pode ser uma faísca que trará uma mudança nesse setor, necessária há muito tempo. "Como um de meus colegas falou: 'O setor de restaurantes é como um paciente de 90 e poucos anos com covid-19 e doenças preexistentes. Na verdade, não foi preciso que o novo coronavírus nos derrubasse. Praticamente qualquer coisa teria causado isso. Mas ele realmente realizou esse feito.'" Danny já passou muito tempo conversando com colegas do setor, aos quais perguntou: "Essa crise gerou uma oportunidade de resolvermos coisas com as quais nenhum de nós conseguiu lidar no passado, sozinhos?" Agora eles estão buscando maneiras de melhorar a forma como os funcionários de restaurante são pagos e o sistema de gorjetas. Também pensam em soluções para o problema dos impostos sobre a folha de pagamento e das leis relativas a bebidas alcoólicas, além da questão do relacionamento com os proprietários dos imóveis.

Wences Casares, CEO da Xapo, uma plataforma de carteira de bitcoin, e **Matt Mullenweg**, fundador da Automattic, acreditam que uma crise pode ser um bom momento para tornar uma empresa mais adaptável e flexível – sobretudo quando se mexe na estrutura dela. Mais especificamente, ao se pivotar para um esquema de trabalho remoto. Se existe uma mudança positiva causada pela pandemia, é o fato de empresas grandes e pequenas terem testemunhado em primeira mão os benefícios da transição para uma força de trabalho totalmente remota. Mas Wences e Matt vinham propondo o modelo de escritório descentralizado anos antes de isso se tornar uma necessidade. Wences afirma que o fato de ter centenas de funcionários distribuídos em escritórios regionais menores ou em home office (em mais de 50 países) lhe possibilitou recrutar com mais facilidade os melhores talentos de qualquer lugar do mundo. Mas é preciso fazer a coisa direito, reforça ele. "A diferença entre ir trabalhar em um escritório e trabalhar remotamente é como a de morar com os pais e sair de casa para morar sozinho. Se a pessoa não estiver muito ciente do que está fazendo, é fácil acabar se sentindo desconectada e desligada do mundo." Os novos contratados da Xapo são aconselhados a ser mais disciplinados em relação à rotina do que se estivessem indo para o escritório e a criar um espaço de trabalho separado e distinto de onde conduzem as atividades da vida pessoal.

A empresa de Matt, a Automattic, com uma estrutura totalmente baseada em trabalho remoto, administra a plataforma de blogs WordPress. Ele observa que "uma empresa com escritórios remotos se torna excelente praticamente pelas mesmas razões de uma empresa com escritórios presenciais. São coisas como confiança, comunicação, transparência, mente aberta e iteração." Se você estiver lidando com uma situação inesperada de trabalho remoto por conta do fechamento do escritório ou tiver decidido optar por esse esquema – por exemplo, trabalhar de casa um dia por semana –, Matt sugere tornar isso uma oportunidade de fazer um pivô pessoal e repensar a sua maneira de trabalhar. "Durante boa parte da vida, vivemos de modo automático", diz ele. "Acho que todas as chances de ampliar o horizonte, de reimaginar, de olhar para as coisas com um novo olhar, com cabeça de iniciante, têm um grande impacto na vida de qualquer pessoa, independentemente da forma como ela trabalha."

Quando uma mudança, como implementar um sistema de trabalho remoto, é imposta a uma empresa, Matt aconselha que se faça a pergunta positiva: "Certo, o que *se torna possível* ao trabalharmos remotamente?" Talvez você decida que uma reunião virtual por videoconferência é bem melhor do que uma reunião por telefone, então invista em fones de ouvido e quem sabe até em câmeras melhores, para que haja profissionalismo onde quer que as pessoas estejam. Ou talvez você descubra que, apesar dos investimentos em tecnologia de videoconferência de última geração, determinados objetivos simplesmente são mais fáceis de alcançar por e-mail. As alterações na rotina de trabalho viram uma boa oportunidade de reexaminar – e aperfeiçoar – as normas e os processos.

É possível que uma crise demande não só um simples pivô, mas um de grandes proporções – e não há dúvida de que isso pode ser penoso e, em alguns casos, catastrófico. Mas, como esses exemplos demonstram, épocas difíceis têm um lado positivo. Uma crise pode obrigá-lo a focar mais e agir com mais rapidez. Não existe um limite para a inventividade quando o caos ao nosso redor nos força a repensar suposições e a olhar para o mundo a partir de uma perspectiva nova. Como vimos ao longo deste livro, algumas das maiores startups que existem hoje nasceram de uma situação tensa.

ANÁLISE DO REID: Acima de tudo, seja humano durante uma crise

Como ajudar o seu negócio a enfrentar uma crise? Pensando não apenas nele, mas em todas as *pessoas* envolvidas – dentro e fora da empresa.

Em épocas de crise, torna-se mais importante do que nunca parar e falar: *Ok, acima de tudo, sou humano. Vou me certificar de que estou agindo de modo responsável com os meus funcionários, com a comunidade, com a sociedade. O que eu preciso fazer?*

Comece adotando uma atitude de solidariedade e cuidado – não apenas quanto ao que é bom para a empresa e os funcionários, mas também para a comunidade, as famílias e a sociedade como um todo.

Como empreendedores, estamos muito focados em montar uma empresa e escalar os negócios. É algo bastante difícil de fazer. O medo está presente, assim como o fracasso. Além do desafio espinhoso de criar algo novo, do nada. E nos concentramos muito para fazer isso... tanto que é fácil nos esquecermos dos *motivos*.

É importante você lembrar a si mesmo que está fazendo isso porque é o que possibilita gerar novos negócios, empregos, produtos, serviços. É o que gera o futuro. Mas sempre será necessário fazer uma pausa e dizer a si mesmo: *Ok, acima de tudo, sou humano. Vou me certificar de que estou agindo de modo responsável com os meus funcionários, com a comunidade, com a sociedade. O que eu preciso fazer?*

TEORIAS DO REID SOBRE ADOTAR UM PLANO B

A mudança
Mesmo os empreendedores mais focados, com uma visão específica em mente, devem mudar e se ajustar de maneira constante a transformações na tecnologia, no mercado ou no mundo em geral. Pivotar dessa maneira não significa desistir da visão; na verdade, esses pivôs costumam ser mais bem-sucedidos exatamente por serem guiados por ela.

O interruptor
Em geral, um pivô ocorre em uma empresa que já existe; por exemplo, quando ela muda de estratégia. É importante obter feedback inicial sobre esse tipo de mudança – ou, pelo menos, comunicá-la ao maior número de partes interessadas que puder *antes* de acionar o interruptor.

A guinada
Alguns pivôs são uma reação a um acontecimento inesperado: um problema ou uma oportunidade que se manifesta de forma repentina. Pode ser algo que esteja bloqueando o caminho à frente, exigindo uma manobra hábil para evitar uma colisão, ou algo atraente que tenha despontado pelo caminho. Talvez você ache que vale a pena dar uma guinada para investigar essa possibilidade e, quem sabe, ir atrás dela.

A reinicialização
Não é frequente, mas acontece de um pivô ser um desvio completo da missão inicial da empresa. Uma reinicialização total como essa pode funcionar, mas raramente ocorre sem solavancos.

A recuperação: pivotando durante uma crise
Crises podem causar um pivô indesejado. Mas também podem criar oportunidades de aprender, experimentar e realizar melhorias nos seus negócios atuais. Assim, mesmo ao lidar com uma crise, olhe para o futuro e faça perguntas como: *Diante dessas restrições, quais são as novas possibilidades criativas? Como podemos tornar a empresa mais flexível e mais forte a longo prazo?*

9

Não pare de liderar

Ela não estava esperando aquela ligação.

A americana **Angela Ahrendts** já tinha atingido um nível máximo de competência como CEO da Burberry. Em apenas oito anos, ela liderou a marca de origem britânica durante uma recuperação que ficou muito famosa. O preço das ações subiu 200%. O faturamento e o lucro operacional dobraram. A mudança foi tão radical que Angela foi apontada pela imprensa britânica como a executiva mais bem paga do Reino Unido.

A família de Angela estava adaptada e feliz com a vida na Inglaterra, e ela havia acabado de compartilhar um plano com o conselho da empresa: dobrar a receita mais uma vez nos cinco anos seguintes.

E aí a Apple ligou para ela.

Ou talvez tenha sido uma agência de recrutamento. O que importa é que o CEO da Apple, Tim Cook, achava que ela deveria se tornar a próxima líder de varejo da empresa. "Respondi: 'Eu me sinto honrada, extremamente honrada por terem considerado o meu nome, mas tenho o melhor emprego do mundo e estou me dedicando a uma missão. Então, não, obrigada.'"

Seis meses depois, eles ligaram de novo. "E eu falei: 'Olha, só se passaram seis meses, e nada mudou. Não tem por que conversarmos. Ah, a propósito, tenho dois filhos fazendo universidade em Londres. E meu marido acha que vamos morar aqui pelo resto da vida. Então me deixem quieta. Agradeço, mas não estou interessada.'"

Líderes em processo de recrutar talentos, anotem uma coisa: a persistência compensa. A Apple voltou a procurá-la. Falaram: "'Que tal só tomar um café com o Tim?' Fiquei tipo: 'Ai, *sério?*' Aí pensei: *Você não quer ser indelicada nem arrogante. Ele é o maior CEO do mundo.* E respondi: 'Tudo bem, vou tomar um café com ele.'"

Porém, por mais convincente que Tim Cook fosse cara a cara, ela recusou a proposta. Um monte de vezes.

"Eu disse ao Tim: 'Pode acreditar, não sou a pessoa certa. Você não me conhece. Sou intuitiva. Sou criativa. Não sou gerente de loja.' Ele respondeu: 'Temos as lojas mais eficientes do mundo. Acho que já temos vários bons gerentes.' E falei: 'Mas também não entendo muito de tecnologia. Não sei programar'", conta ela.

"Com muita calma, ele disse: 'Já temos bastante gente para fazer isso.' Então só depois de um tempo percebi que, na verdade, ele estava em busca de liderança; ele queria que as equipes voltassem a ser muito unidas."

Angela sofreu para se decidir. Ela se perguntou: *Por que é que, quando a vida está perfeita, chega alguém querendo virá-la de cabeça para baixo?*

Mas acabou concluindo: é a *Apple*. Ela precisava aceitar. E deixou o prestigiado cargo de CEO de uma marca de moda londrina em crescimento para comandar a divisão de varejo da nave mãe do Vale do Silício. A Apple estava dominando o setor de varejo. Em 10 anos, havia quadruplicado o número de lojas pelo mundo. Mas esse crescimento trazia consequências negativas.

Eis o desafio de Angela: preservar a magia emblemática da Apple ao mesmo tempo que gerenciava um público imenso, abrangendo tanto consumidores resistentes a novas tecnologias quanto os obcecados por novidades. Para conseguir isso, era necessário ter uma visão poderosa. E também um agente de mudança que unisse uma equipe global. Angela estava pronta para o desafio.

E como foi quando ela chegou na empresa?

"Eu odiei."

A franqueza de Angela surpreende, mas a resposta, nem tanto. Sempre que estiver mudando de empresa – e sobretudo quando se tratar de gigantes tão diferentes quanto a Apple e a Burberry –, você vai descobrir que é difícil. Afinal, é *diferente*. As regras, os objetivos, os pressupostos, a comunicação. "Foi como mudar para Marte. Era como se fosse um idioma diferente", diz Angela.

"Fiquei bastante insegura nos primeiros três ou quatro meses. Mas aí a gente precisa ter uma conversa interior, não é? Não existe no mundo uma maneira de aprender tudo. E eles não me chamaram para isso. Me chamaram porque sou talentosa, e devo me concentrar em colocar isso em prática. Em qualquer lugar, os primeiros seis meses são difíceis. Então percebi que tinha que fazer as coisas do meu jeito e que tinham me chamado exatamente para isso."

Antes de Angela reorganizar as equipes, ela precisou reorganizar a si mesma. E todos os líderes de uma organização em processo rápido de escala conseguem se reconhecer na história dela. Porque as coisas que assustaram Angela quando ela saiu da Burberry e foi para a Apple não são muito diferentes da desorientação que os líderes sentem *na empresa de sempre* conforme ela escala.

Liderança em escala – e liderança *conforme* a escala é realizada – significa adaptação e evolução constantes. Não dá para seguir um único estilo ou estratégia. Você estará liderando durante processos de transição. A empresa estará em constante mudança ao seu redor. E isso significa que, naturalmente, sua liderança será de um tipo muito resiliente, gerando uma equipe e uma empresa resilientes.

Angela estava havia três meses no cargo de chefe de varejo e vendas on-line quando sugeriram que ela enviasse um e-mail de apresentação aos 70 mil funcionários da Apple. Ela tinha outras ideias.

Por ser mãe de três adolescentes, Angela sabia que um e-mail prolixo não era a melhor maneira de se comunicar com os funcionários mais jovens da Apple. "Fico imaginando meus três adolescentes em uma Apple Store, e eles não leem e-mail. Aí eu falei: 'Vou fazer um vídeo'", conta ela.

"Não fazemos vídeos", disseram.

"Eu respondi: 'Vou fazer um vídeo e não quero um estúdio, nem cabelo e maquiagem. Vamos usar um iPhone. Serão três reflexões em no máximo três minutos, sem edição, sem nada.'"

Assim, Angela gravou o primeiro comunicado em vídeo para os funcionários da Apple em sua mesa, com um iPhone. "Só falei: 'Oi, desculpem por eu não ter entrado em contato antes, mas vamos fazer esses vídeos. Vou falar com vocês uma vez por semana, porque quero que saibam qual é o nosso plano, para onde estamos indo. Quero que a gente se conecte.'"

Angela começou a gravar o vídeo e, um minuto depois, o celular tocou. Era a filha dela. Enquanto a câmera ainda gravava, Angela se desculpou, atendeu a ligação e disse: "Angelina, a mamãe liga de volta para você em dois minutos." Em seguida, retomou a mensagem para os funcionários da Apple.

Quando a gravação foi concluída, aconselharam que Angela editasse a ligação, "porque a Apple precisa ser perfeita", conta ela. "E falei: 'Não, não precisa ser perfeita. Eles têm que ver que sou autêntica. E também que coloco meus filhos em primeiro lugar.' No dia seguinte, devo ter recebido 500 mensagens de pessoas me agradecendo por ter atendido a ligação da minha filha."

E, simples assim, Angela começou a estabelecer uma conexão com a sua equipe da Apple – algo que ela sabia que era necessário ao se propor a realizar mudanças em uma empresa cujo sucesso depende de permanecer inovadora e ágil. Quer tenha 70 mil funcionários ou apenas sete, um líder precisa de duas coisas para criar uma equipe forte e unida: uma missão nobre e o contato diário com as pessoas. Angela conseguiu juntar um pouco de ambas naquele vídeo de três minutos.

Antes disso, como CEO da Burberry, Angela esteve à frente de uma recuperação impressionante após anos de vendas estagnadas. Ela chegou à Burberry depois de ter ocupado, com sucesso, um alto cargo na Liz Claiborne, e se viu encarregada de 11 mil funcionários que não estavam muito entusiasmados com a empresa. A Burberry havia perdido a sofisticação do passado e se tornara uma marca comum.

Angela e o designer-chefe, Christopher Bailey, decidiram fazer tudo ao alcance deles para reforçar as características britânicas da empresa. Ela havia identificado, de maneira sagaz, o único fator decisivo que iria desencadear todo o resto. A partir dali, todas as decisões estariam ligadas a esta: dos modelos à música tocando nas lojas da Burberry, a Grã-Bretanha estaria no comando.

Mas Angela sabia que a empresa também precisava de um objetivo inspirador – algo que engrandecesse o trabalho de cada funcionário, para deixar de ser uma transação e se tornar um propósito. Ela acrescentou um novo elemento crucial para a marca da Burberry: impacto social. As receitas das vendas sustentavam a Fundação Burberry, de apoio a causas sociais.

Cerca de seis meses após começar a implementar essas mudanças, Angela decidiu que era hora de convocar pessoalmente os líderes da Burberry para a ação. Duzentos dos principais executivos da empresa, espalhados pelo mundo, viajaram para participar de uma reunião externa. Traçaram planos e estratégias para a recuperação dos negócios. Então Angela foi sincera com o grupo.

Ela se levantou e falou: "Olha, é isto que estamos fazendo. E sei que alguns de vocês estão céticos. Estão aqui há muito tempo e talvez pensem que a maneira atual de fazer as coisas é a melhor, mas não está dando certo." E aí veio a surpresa: "Será um prazer conversar com vocês depois desta reunião e oferecer o melhor pacote de aposentadoria. Caso contrário, vocês precisam sair daqui com uma crença total em tudo o que estamos fazendo."

Foi um discurso duro em um momento complicado. Muitos líderes evitam esse tipo de conversa difícil, mas a verdade é que, sobretudo em um processo de recuperação, as pessoas querem franqueza e clareza sobre a adoção de uma nova missão. E Angela sabia que, se a equipe não estivesse unida e totalmente comprometida, não seria possível disparar.

Essa reunião deu o pontapé para Angela começar a promover uma conexão mais forte com a sua equipe global. Na Liz Claiborne, ela havia aprendido uma lição importante sobre como se conectar, dada pelo então CEO da empresa, Paul Charron, o qual era conhecido pelo costume de passar no escritório dos funcionários para ver como as coisas estavam indo. Angela fez isso na Burberry e também deu prioridade a comemorar o sucesso dos funcionários. Ela instituiu programas de premiação para gerentes e funcionários em todo o mundo e, em várias ocasiões, viajou para participar desses eventos, registrados e compartilhados na internet para a empresa toda vê-los. Ela produziu vídeos para homenagear as conquistas dos departamentos – e os exibiu nas reuniões do conselho.

Mas o maior incentivo de todos para o moral da equipe foram os resultados que começaram a aparecer. Quando as lojas da Burberry começaram a ver um crescimento de dois dígitos nas vendas, ficou evidente que o estilo de liderança de Angela era, igualmente, visão e conteúdo.

O sucesso de Angela na Burberry chamou a atenção de Tim Cook. Inicialmente, ela pode ter hesitado em assinar com a Apple, mas não conseguiu resistir ao desafio que Tim lhe propôs. Desde sua inauguração, a Apple Store tinha um status quase mítico como uma meca para fãs fervorosos da Apple. Mas, à medida que a popularidade da marca foi aumentando, a clientela também cresceu e se modificou. O desafio passou a ser manter o fascínio das lojas para os aficionados por tecnologia e, ao mesmo tempo, atrair um público mais convencional.

Atingir esse objetivo exigia uma visão grandiosa. Mas também uma coordenação prática da rotina das equipes de varejo, as quais são separadas por barreiras de idioma, fusos horários e distância geográfica. Os comunicados feitos pelos vídeos gravados por Angela no iPhone, que então haviam se tornado um hábito, contribuíram bastante para forjar e fortalecer essa conexão. Angela gravou esses vídeos todas as semanas, ao longo de quatro anos, de onde quer que estivesse no mundo. E, com frequência, as gravações tinham como convidados diferentes executivos seniores dos escritórios da Apple em todo o mundo, para estabelecer o sentimento de uma equipe coesa.

Angela também trabalhou para criar um contato mais humano em toda a rede de lojas de varejo da Apple: por exemplo, desenvolvendo aplicativos para ajudar funcionários de lojas diferentes a se conectar e a resolver problemas juntos.

A missão que ela instituiu nas Apple Stores começava com uma pergunta inspirada em uma citação de Tim Cook. "Tim sempre falava: 'O varejo da Apple nunca se limitou às vendas.' E, se não se trata apenas de vender, então do que se trata?", conta Angela.

Qual foi a resposta que ela encontrou? Comunidade e conexão. Angela ajudou a lançar o Today at Apple, um programa de atividades e aulas diárias gratuitas oferecido em todas as Apple Stores do mundo. A missão era estimular a conexão e a interação presencial nas comunidades locais – ao mesmo tempo que se tentava conquistar novos clientes, ao ensiná-los a usar os produtos.

O Today at Apple não era bom apenas para os clientes e para os negócios. O programa também deu às pessoas que trabalhavam nas lojas um maior senso de propósito: elas se sentiam empenhadas nisso e podiam dar um toque pessoal ao projeto. "Falamos para as equipes de varejo: 'Vocês são o coração da sua comunidade'", diz Angela.

Por conta desse papel, a opinião dos gerentes de loja contava muito para decidir quais produtos e serviços dariam mais certo. Isso incluiu programas realizados nas lojas, como o Teachers Tuesdays, no qual educadores podiam aparecer e aprender sobre aplicativos para a sala de aula. Algumas lojas tinham "salas de reunião" onde empreendedores podiam se encontrar e aprender com líderes de negócios. E, nas manhãs de sábado – uma alternativa a ficar em casa vendo desenhos animados na TV –, havia uma aula de programação, a "Hour of Code", aberta às crianças.

Angela implementou outras novidades nas Apple Stores, como substituir o balcão de caixa tradicional por agentes de atendimento ao cliente que circulavam e concluíam uma compra de qualquer ponto da loja. Outra coisa desapareceu: o Genius Bar, com seus tempos de espera insondáveis e assistentes irredutíveis nos fundos da loja. Agora os clientes podiam agendar remotamente uma solicitação de reparo e trazer os dispositivos na hora marcada.

Angela considera o Today at Apple a sua conquista mais marcante (ela saiu da Apple no início de 2019 e agora faz parte do conselho de administração da Ralph Lauren e do Airbnb). O programa aproveitou os principais pontos fortes dela como líder e agente de conexão.

E, como ocorre quando há conquistas dessa importância, o programa continua a evoluir e a melhorar mesmo após a saída de Angela. É assim que um líder une equipes globais: inspira-as com uma missão que lhes dê um norte e, depois, as conecta umas às outras. E então observa como elas assumem a responsabilidade por essa missão e se tornam, elas próprias, líderes.

Dando o ritmo

"Para começar a fazer uma batida simples, o ritmo mais básico de vários estilos musicais populares no Ocidente é o *four-on-the-floor* no bumbo – é meio que um ponto de partida. Depois, a gente acrescenta o *backbeat* da caixa e, provavelmente, algumas coisas do chimbal."

Quem afirma isso é **Chris Tomson**, baterista da banda de indie rock Vampire Weekend. Essa batida "quatro no chão" é bem conhecida pelos bateristas. É o ritmo de entrada para outras batidas mais complexas. Chris confia no *four-on-the-floor* desde o comecinho do Vampire Weekend, em 2006. Ou quase isso.

"Nos dois primeiros ensaios do Vampire Weekend, que aconteceram em quartos de alojamento em Columbia, eu iria tocar guitarra", conta ele. "Mas isso acabou não acontecendo, principalmente porque não achamos um baterista."

Então, Chris disse que iria tentar, e o guitarrista virou baterista.

Como não havia aprimorado a técnica ao longo de anos, como faz a maioria dos bateristas profissionais, ele foi forçado a se basear em batidas simples e eficazes. "Nada de frescura, de ornamentação, apenas esse *backbeat* que faz a música crescer."

Apesar de o som do seu instrumento estar no fundo da música, Chris sabe que também é o alicerce da banda: suas batidas definem o ritmo que os demais integrantes vão seguir. É ele que mantém todos em sincronia.

Mesmo após esses anos todos, não espere que Chris comece a roubar a cena durante os shows do Vampire Weekend, mergulhando em solos de bateria de 20 minutos. Para alguns, isso não é problema, mas Chris afirma: "Sempre achei que, se eu não fosse muito notado no decorrer de um show, seria uma apresentação de sucesso para mim. Chego a pensar que é mais legal e mais durão da parte do baterista tocar sem ego. Não se trata de se exibir, mas de servir totalmente ao contexto da banda e à música."

Mas, afinal, o que um líder de negócios pode aprender com o baterista do Vampire Weekend? Para a nossa surpresa, muitas coisas. Porque todo líder precisa criar uma batida cultural para a sua empresa – uma que consiga, nas palavras de Chris, colocar a banda inteira em sincronia. A batida de um grande líder não força as pessoas a segui-lo, mas as inspira a *querer* seguir na mesma direção.

Não existe uma cadência "correta" para um líder ou uma organização. Isso vai depender do seu temperamento, das suas experiências e das pessoas que lidera. Talvez tenha como foco a eficiência, a inovação ou o equilíbrio entre vida profissional e pessoal. Ou talvez seja uma combinação de tudo isso.

A batida de **Jeff Weiner** era a gestão solidária. Mas nem sempre foi assim. Antes de se tornar CEO do **LinkedIn**, Jeff ocupou, durante sete anos, vários cargos de liderança no Yahoo. Um dia, mais ou menos na metade desse período, um panfleto sobre um seminário de gestão foi parar em sua mesa. Na mesma hora, Jeff o atirou na pilha de "coisas a fazer um dia, talvez nunca".

Jeff desenvolvera um ceticismo saudável em relação aos consultores de gestão – porque ele próprio já tinha trabalhado com isso, no início da carreira. "Existe um velho provérbio que diz que às vezes os consultores pegam o seu relógio e lhe dizem que horas são", afirma Jeff. E ele concordava com isso.

Mas outros integrantes da equipe de liderança de Jeff no Yahoo passaram pelo programa e o recomendaram fortemente. Por fim, a curiosidade venceu e ele se inscreveu no seminário – cujo foco era o lado humano da gestão –, coordenado por um consultor chamado Fred Kofman.

Esse evento mudou por completo o pensamento de Jeff.

"Eu nunca tinha ouvido ninguém falar daquele jeito sobre liderança e sobre a importância de permanecer atento e consciente", conta Jeff. A mensagem de Kofman envolvia "sair da sua própria cabeça" como líder, se colocar no lugar das pessoas com quem você está trabalhando e tentar entender de onde elas vêm: suas motivações, seus pontos fortes, suas fraquezas.

Jeff conta que antes disso tinha uma estratégia de liderança mais egocêntrica. "Acho que cometi o erro de sempre esperar que as pessoas ao meu redor fizessem as coisas do meu jeito." De acordo com essa maneira de pensar, o líder marcha na frente e os demais devem segui-lo. Jeff sempre considerou isso um modo natural e confiante de liderar... mas mudou de ideia.

Um tempo depois, quando estava pensando em sair do Yahoo, ele combinou de jantar com Kofman. "Eu estava falando sobre o que queria fazer em seguida", diz Jeff. Ele ainda não tinha especificamente o LinkedIn em mente, mas comentou com Fred que estava interessado em se dedicar ao objetivo de "expandir a sabedoria coletiva do mundo".

Esta foi a resposta de Fred: "Entendo a sua empolgação com isso. Mas sabedoria sem solidariedade é cruel, e solidariedade sem sabedoria é loucura."

"Caramba, Fred, isso é do Dalai Lama?", indagou Jeff.

"Não", disse Fred. "Isso sou eu depois de tomar umas cervejas belgas."

Qualquer que tenha sido a inspiração para a frase, Jeff se identificou com ela de maneira profunda. Em particular, a palavra *solidariedade* se tornou um mantra para ele e um princípio importante do novo estilo de liderança que iria exercer ao sair do Yahoo e ingressar no LinkedIn, em 2008.

Como o novo CEO do LinkedIn, Jeff comandou um crescimento espantoso: nos 10 anos seguintes, a empresa saltou de 338 funcionários para mais de 10 mil; de 32 milhões de usuários para 500 milhões; e de 78 milhões de dólares em receita para 7,9 bilhões. E ele alcançou esses números tendo a solidariedade no centro da sua filosofia e do seu estilo de liderança.

Conforme resume Jeff Weiner: "Gerentes dizem às pessoas o que fazer. Mas líderes as inspiram a fazer." E não é nada mau ter ritmo e talento para a bateria.

Como Jeff se propôs a dar esse ritmo ao LinkedIn, seu primeiro passo foi estabelecer contato humano direto – com, literalmente, todas as pessoas da empresa.

Jeff sabia que seria uma empreitada e tanto, porque eram mais de 300 funcionários. Contudo, para se considerar um "líder solidário", raciocinou ele, é necessário se preocupar com as pessoas o suficiente para dedicar tempo a elas. Além disso, era a maneira mais confiável de obter uma leitura precisa da cultura existente. "Antes de tomar qualquer decisão sobre os planos para o futuro, eu queria ter certeza de que compreendia o que estava acontecendo... Dessa maneira, poderia aprender o máximo possível com as pessoas que tinham desenvolvido a empresa até aquele momento", diz Jeff.

Embora solidariedade implique compreender as pessoas e ter disposição e capacidade para ver tudo com base no olhar e na perspectiva de quem está ao seu redor, também exige autoavaliação e reflexão... e um esforço para resistir a reações emotivas e instintivas. Como diz Jeff, devemos tentar "ser um espectador dos nossos próprios pensamentos, sobretudo quando ficamos emotivos. Se algo for um gatilho para nós, precisamos nos desprender desse pensamento antes de sentir aquela raiva automática e nos questionar: *Espera aí, pelo que será que eles estão passando para fazerem isso?*"

Ao pararmos para refletir sobre esses fatores, conseguimos redefinir debates, transformando possíveis conflitos em trocas mais colaborativas. Trocar um acesso de raiva esporádico por uma conversa mais produtiva talvez pareça relativamente insignificante, mas essas simples interações humanas se somam. Quando começamos a verificar isso na organização inteira – não apenas entre funcionários, mas também entre clientes, acionistas, imprensa e analistas –, "pode realmente criar bastante valor", explica Jeff.

Embora ele lidere de forma solidária, isso por si só não vai necessariamente inspirar as pessoas. Quando estamos tentando criar uma cultura coesa, existem três batidas específicas que um bom baterista pode definir. "A primeira é ter uma visão clara", diz Jeff. "A segunda é a coragem de ter convicções. E a terceira é a capacidade de comunicar com eficácia essas duas coisas."

Uma visão clara diz respeito ao que se está tentando realizar como organização. É fundamental saber com precisão aonde se quer ir – o motivo pelo qual se está escalando uma montanha. "Quanto mais única e atraente for a visão, maior será a probabilidade de as pessoas a seguirem", diz Jeff.

Coragem de ter convicções significa sustentar e defender essa visão, mesmo (ou sobretudo) quando há resistência.

Por último, é necessário saber comunicar a visão e a convicção – seja por meio de palavras, ações ou, de preferência, ambas – para criar uma narrativa atraente da qual as pessoas vão se lembrar.

Jeff é quase obsessivo em relação a comunicar a visão e os valores do LinkedIn ao seu pessoal. Ele e a equipe trabalham para encontrar a linguagem mais adequada possível. E, após ela ser lapidada, ele a repete várias vezes. A batida dos tambores é incessante.

Alguns líderes têm medo de se repetir, supondo que o público de interesse vai se cansar de ouvir a mesma coisa. Jeff insiste que eles estão equivocados. Ele cita o trabalho de um célebre redator de discursos políticos, David Gergen, que orientou alguns dos comunicadores mais eficazes do mundo, para explicar sua crença de que um líder deve repetir mensagens relevantes mesmo quando se cansar de ouvi-las da própria boca. "É contraintuitivo", reconhece Jeff. Como é o líder que está proferindo as palavras, ele está muito ciente dessa repetição. Mas as demais pessoas estão focadas em outras coisas... e precisam ouvir as mensagens várias vezes até serem absorvidas.

Garantir que a batida do tambor chegue – em alto e bom som – torna-se ainda mais importante em tempos de crise. Para o LinkedIn, uma das maiores provas de fogo ocorreu em fevereiro de 2016, quando previsões mais pessimistas fizeram com que o valor das ações da empresa despencasse mais de 40% em um único dia. Em vez de tentar desviar o foco das notícias, Jeff convocou uma reunião geral para encarar o assunto de frente. Um vídeo no qual ele fazia um discurso viralizou. Sua principal mensagem para os funcionários era: embora as ações possam ter se desvalorizado, essa foi a única coisa que mudou. "Nós continuamos com a mesma missão, a mesma cultura, os mesmos valores e líderes. E o trabalho que estamos fazendo nunca foi tão importante quanto agora", disse Jeff para o seu pessoal.

Esse é um exemplo claro de como a cadência compartilhada pela equipe pode ser um bastião forte e solidário que a une e a protege das aflições, seja em épocas de guerra ou de paz.

> **ANÁLISE DO REID** — Mantenha o ritmo da batida
>
> Um dos erros mais comuns cometidos pelas empresas ao escalar é perder o ritmo da batida. Isso pode acontecer quando entram centenas de funcionários novos – ou milhares – e eles ficam tão distantes do líder a ponto de nem sequer escutarem a batida, na verdade. Assim, apesar de talvez entenderem "o quê", pode ser que não tenham clareza sobre o "como". Ou seja, sabem qual é o trabalho deles e o que a empresa está tentando fazer,

mas não valorizam a maneira de chegar lá. O "como" tem tudo a ver com a cultura e os valores de uma companhia, os quais devem ser comunicados de forma clara.

Em níveis menores de escala, a organização é compacta o suficiente para um líder forte conseguir transmitir o ritmo da batida diretamente a cada integrante da equipe. Afinal, é provável que eles interajam com frequência. Mas, à medida que a empresa escala, esse tipo de diálogo se torna inviável. O líder simplesmente não tem tempo para se relacionar com todos os funcionários de forma individual. Sendo assim, ele precisa adotar uma transmissão do tipo um para muitos, de modo que todos os funcionários escutem a batida do tambor. Angela Ahrendts usou vídeos periódicos para se dirigir à equipe inteira da Apple, enquanto Brian Chesky, do Airbnb, envia um e-mail aos domingos para todos os funcionários para mantê-los informados sobre o que é prioridade para ele. Você pode ler mais sobre essa questão no meu livro *Blitzscaling*, no qual "Do diálogo para a transmissão" é uma das principais transições da escala.

Esse diálogo demanda mais do que palavras. Manter o ritmo da batida também inclui um comportamento firme por parte da liderança, o qual reforce a cultura e os valores da empresa. Por exemplo, muitas vezes as organizações recompensam quem alcançou resultados sem se preocupar com a forma como eles foram atingidos, sem questionar: isso foi feito de acordo com a nossa cultura e os nossos valores?

Essa tendência de celebrar e recompensar "o quê", e não o "como", é uma das maneiras pelas quais as empresas perdem sua personalidade à medida que crescem. Você precisa ter uma visão clara não só do que deseja conquistar, mas também de *como* deseja fazer isso, e deve compartilhá-la em alto e bom som, com frequência – sobretudo se a empresa tiver ganhado escala e você estiver disseminando essas mensagens para 5 mil, 10 mil ou mais de 15 mil funcionários. Quando há mais pessoas, aumenta a distância entre a equipe e a liderança – o que significa que você precisa tocar o tambor com mais força e com uma frequência maior só para ser ouvido.

A pessoa que fala (e busca) a verdade

No decorrer de mais de 40 anos, **Ray Dalio** fez das discordâncias construtivas um alicerce da sua empresa, o lendário fundo de hedge Bridgewater Associates. Como fundador, Ray conduziu a empresa ao longo do processo que transformou um negócio operado por um homem só, de seu apartamento, no maior fundo de hedge do mundo, o qual administra cerca de 160 bilhões de dólares para cerca de 350 clientes institucionais espalhados pelo globo.

Mas esse caminho não foi uma linha reta. A história começou em outubro de 1982, nos corredores do Congresso dos Estados Unidos. Ray era um jovem investidor internacional, com cara de inteligente, de terno escuro e gravata listrada, que ganhou destaque por ter previsto que o México não pagaria a dívida externa. Ele enxergou a chegada de uma crise global – uma recessão contínua, até mesmo um colapso econômico total – e foi convocado pelo Congresso para testemunhar sobre isso.

Ray não foi o único a prever o futuro dessa maneira. Um livro intitulado *The Coming Currency Collapse* [O colapso cambial por vir] estava galgando posições nas listas dos mais vendidos. Memorandos internos da Casa Branca aconselhavam o presidente Ronald Reagan sobre como lidar com um declínio econômico duradouro. Ray estava ali para alertar o público. Veemente e confiante, ele apostou a própria carteira de investimentos na queda da economia.

Porém...

"Não tinha como eu estar mais equivocado", afirma Ray. "Era exatamente o fundo do poço do mercado de ações – e, depois disso, o mercado passou a subir. Perdi dinheiro meu, dos meus clientes. Na época, tinha uma empresa pequena, mas precisei dispensar todo mundo e fiquei sozinho, então tive que pedir 4 mil dólares emprestados ao meu pai para pagar despesas da minha família."

Foi uma perda terrível e humilhante para Ray e a empresa. Hoje, olhando em retrospecto, é fácil entender como ele cometeu esse erro: enxergou o surgimento de um padrão e achou que tinha o panorama completo. Mas não percebeu uma coisa. Não conseguiu prever que o Fed iria afrouxar a política monetária, o que revigorou os mercados e levou ao boom econômico dos anos 1980.

Um erro compreensível, mas também evitável. Se tivesse consultado alguém ou desenvolvido um sistema para comprovar as suposições antes de apostar alto, Ray poderia ter protegido os investimentos e minimizado a exposição da empresa. Para resumir, ele precisava de mais oportunidades para que as pessoas lhe dissessem que estava errado.

Ray trabalhou duro após o desastre de 1982, e a Bridgewater acabou se recuperando e começou a se expandir. Mas ele estava determinado a não voltar a cometer os mesmos erros. "Sigo o princípio de que errar não é problema, mas não aprender com o erro é", diz ele.

Ray se indagou: *Como posso encontrar pessoas inteligentes e que discordem de mim?* Então, reinventou a maneira como a sua equipe interagia com ele e entre si. Ele disse aos funcionários: "Acho que, em todas as organizações ou relações, é necessário que as pessoas decidam como vão agir umas com as outras. Vou ser radicalmente honesto e transparente com vocês, e espero que vocês sejam radicalmente honestos e transparentes comigo."

"Transparência radical" virou um princípio definidor para a Bridgewater e para Ray, em particular: um método formal e rigoroso de dizer a verdade, o qual valoriza, acima de tudo, o fato de se falar a verdade sem fazer concessões. A ideia por trás desse método é simples: que vençam as melhores ideias.

Para a transparência radical funcionar, os integrantes da organização – sobretudo os que estão no poder – precisam ser claros e francos sobre o que motivou certas decisões. De imediato, Ray começou a dar o exemplo para esse comportamento: após tomar cada decisão, ele refletia sobre ela e registrava os critérios ou princípios que a orientaram. Conforme ele explica, fazer isso "gera clareza mental e nos possibilita comunicá-la para os outros".

Depois, Ray compartilhou todo o seu processo de reflexão com o pessoal da empresa usando fitas, vídeos e documentos escritos para explicar cada princípio por trás do que estava acontecendo no dia a dia. Os funcionários podiam assistir e decidir por si mesmos: *Faz sentido? Eu faria algo diferente?* Assim, formam-se grupos de discussão a respeito dos princípios.

Mas isso não significa que as pessoas possam desconsiderar essas resoluções ou simplesmente optar por criar as suas próprias regras. Um dos princípios norteadores de Ray é: faça questão de que ninguém confunda o direito de reclamar, dar conselhos e debater abertamente com o de tomar decisões.

Algumas organizações resistem a propor um debate aberto, e um dos motivos comuns para isso é não querer que resulte em caos ou em falta total de limites. No entanto, é algo fácil de evitar, desde que seja comunicado com clareza que os líderes continuam a desempenhar esse papel e a tomar as decisões-chave – além de estarem comprometidos em ouvir e considerar de fato as contribuições vindas de qualquer pessoa, de qualquer setor da empresa.

Conforme Ray continuava a registrar e a compartilhar os seus princípios na Bridgewater, eles foram ganhando vida própria. O que começou como um memorando interno se tornou um PDF para download que em pouco tempo ultrapassou os limites da empresa (o arquivo já foi baixado cerca de 3 milhões de vezes). Em seguida, virou o best-seller *Princípios*, um aplicativo para iPhone, um livro infantil e um perfil popular no Instagram.

Cabe observar que, quando convidamos as pessoas a falarem à vontade, como fez Ray, nem sempre gostamos do que ouvimos. Em certo momento, os colegas de Ray na Bridgewater lhe disseram que parte da franqueza radical compartilhada por ele e outros na empresa às vezes era pesada – e, em alguns casos, estava afetando o ânimo da equipe.

Por ironia, o fato de os colegas de Ray serem capazes de lhe dizer essa dura verdade – e de ele ser capaz de escutá-los – é uma boa justificativa para adotar um sistema de franqueza radical e discordâncias construtivas. As críticas lhe mostraram que o sistema funcionava, mas que talvez precisasse de ajustes. Por isso, a empresa também desenvolveu protocolos e diretrizes para conservar o tom construtivo e positivo das divergências e críticas. Por exemplo, quem discordava foi instado a seguir uma regra de dois minutos, a qual limitava a duração de uma divergência, e a recorrer a colegas na empresa que servissem como mediadores. E as diretrizes sugeriam que todos (inclusive Ray) deveriam se esforçar para encarar as críticas de um jeito mais positivo – por exemplo, passando a ver um fracasso como uma oportunidade de aprendizado.

Para obter o máximo da transparência radical, diz Ray, é necessário adotá-la com disposição para exercer o respeito mútuo, estar aberto às opiniões dos outros e compreender que a equipe é uma só... mesmo se as opiniões forem contrárias.

Sheryl Sandberg, do Facebook, também defende esse método. Ela acredita que cabe aos líderes instar os funcionários a serem totalmente sinceros, porque as pessoas simplesmente não se manifestam quando não se sentem à vontade para falar – e, com isso, deixa-se escapar informações críticas. Sheryl aprendeu essa lição anos antes de ir para o Facebook. Foi nos primórdios do Google, quando Eric Schmidt a contratou para estabelecer a receita publicitária que alimentaria o crescimento da empresa. Para gerar essa receita, ela precisou montar uma equipe.

Sheryl começou com um grupo acolhedor de quatro pessoas, que estavam preocupadas com o crescimento futuro da equipe e os efeitos disso na dinâmica de trabalho. Logo no primeiro dia, ela lhes garantiu que todos participariam das entrevistas dos novos contratados.

Duas semanas depois, a equipe havia triplicado de tamanho, e se tornou problemático 12 pessoas entrevistarem os candidatos. "Então, após uma semana, aquela promessa que fiz para que eles se sentissem à vontade com o crescimento precisou ser retirada", diz ela. Sheryl estava diante de um desafio clássico de liderar com escala – quando as suposições de uma semana são derrubadas na semana seguinte.

À medida que a equipe crescia, ela continuou a entrevistar todos os novos integrantes. Quando o número de funcionários chegou a 100, Sheryl percebeu que a fila de entrevistados estava atrasando o processo de contratação. Em uma reunião com os seus subordinados diretos, afirmou: "Acho que eu deveria parar de fazer as entrevistas." Ela estava certa de que eles interviriam dizendo: "De jeito nenhum. Você é uma ótima entrevistadora. Precisamos da sua recomendação pessoal para qualquer cargo na equipe."

"Sabe o que eles fizeram?", pergunta Sheryl, bem-humorada. "Elogiaram a ideia. Aí pensei comigo mesma: *Virei um gargalo e ninguém me contou. A responsabilidade é minha.*"

Repare que Sheryl não se incomodou com o fato de a equipe aplaudir a decisão dela de se afastar. No entanto, ficou inquieta por ninguém ter lhe dito a verdade antes. Ela sabia que os negócios do Google demandavam, a todo momento, uma tomada rápida de decisões e que, para tanto, ela necessitava da opinião sincera de todos. Mas esse tipo de abertura não ocorre naturalmente.

"Eu me dei conta de que se manifestar precisava ser algo seguro", diz Sheryl.

Essa é uma lição de liderança à qual os empreendedores, em particular, devem dar atenção. As habilidades que fazem de alguém um fundador brilhante e visionário – alguém intensamente focado na visão da empresa – nem sempre são combinadas com as de um bom comunicador.

ANÁLISE DO REID: Explorando o conflito construtivo

Sócrates, filósofo da Grécia Antiga, é conhecido por defender o poder do diálogo argumentativo e cooperativo para estimular o pensamento crítico. De acordo com a sua proposta, hoje chamada de método socrático, uma pessoa fazia perguntas e a outra respondia, até que, juntas, chegassem a apenas uma hipótese. De vez em quando, a discussão se acalorava, mas ambas as partes entendiam que estavam se desafiando em prol de uma verdade maior.

Cabe mencionar que, muito provavelmente, Sócrates foi condenado à morte por causa de suas crenças – e por difundi-las para uma parte considerável da juventude de Atenas. Portanto, podemos afirmar que desafiar o pensamento consagrado nem sempre agrada as pessoas. Mas eu diria que explorar o conflito construtivo não só é uma boa ideia, como também é fundamental para o processo de tomada de decisão. Não conseguimos definir uma estratégia ou escolher uma direção de forma efetiva se não estivermos dispostos a enfrentar questões difíceis e a discordar a respeito de algumas ideias. Líderes ponderados prosperam em situações de discordância, porque isso lhes fornece as informações necessárias para melhorar as próprias ideias antes de as divulgarem para o mundo.

Todos nós temos um limite do quanto nos sentimos confortáveis com conflitos. Algumas pessoas crescem ao longo de um debate animado; outras acham isso altamente estressante. Porém, se o chefe não puder ser contestado em um espaço seguro, essa será a regra para a equipe. Acredito que seja seu trabalho como líder incentivar as críticas construtivas. Ao explorar de maneira positiva as divergências da sua equipe, você aprimora as ideias e estimula um ótimo desempenho, com foco.

O domador de piratas

Nunca é fácil para um líder assumir o comando de uma empresa já estabelecida. E, quando se trata do Uber, em uma fase de turbulências e escândalos, como foi em 2017, que tipo de pessoa gostaria de se jogar nesse atoleiro?

Dara Khosrowshahi é esse tipo de pessoa. Líder com experiência no comando de empresas de crescimento rápido desde os 20 e poucos anos, quando seu chefe, Barry Diller, pinçou do nada esse americano de origem iraniana e o colocou em uma posição de liderança sênior, ele sabia o que era ser jogado na parte funda da piscina para submergir ou nadar. O pai de Dara ocupara uma posição de liderança como empresário de sucesso no Irã, mas perdeu tudo e foi forçado a fugir do país durante a revolução iraniana – reconstruindo a carreira e a vida do zero nos Estados Unidos. Com isso, Dara testemunhou de perto que é possível sobreviver e se reerguer mesmo após a derrota mais devastadora.

Mas... ir para o Uber em 2017? Ao ser questionado sobre como foi a sensação, Dara responde: "Estou suando porque me lembrei daquela primeira semana."

Vamos explicar um pouco o contexto no qual Dara estava prestes a se meter: primeiramente, cabe reconhecer que o Uber era um sucesso enorme, sem dúvida nenhuma. Impulsionado por mais de 22 bilhões de dólares em financiamento de capital de risco, a empresa se tornara quase onipresente ao redor do mundo em 2017 e operava em 600 cidades.

Mas esse tamanho tinha um custo: conforme escalava com rapidez, o Uber começou a perder o controle da sua cultura empresarial, assolado por uma combinação de liderança tóxica e táticas de negócios questionáveis. Em pouco tempo, a empresa recebeu uma enxurrada de notícias negativas na mídia, incluindo relatos de brigas políticas internas, denúncias de espionagem corporativa e até investigações criminais. A atitude arrogante em relação aos gastos por parte da liderança da empresa, chefiada pelo fundador Travis Kalanick, só piorou a situação.

Houve desentendimentos com agentes reguladores, empresas de táxi e até mesmo com motoristas do próprio aplicativo. Tal repercussão atingiu o Uber em seus principais mercados e obrigou-o a recuar de alguns, como a China. Em casa, a postura polêmica do Uber de cobrar tarifas mais altas em horários de pico chegou a um ponto crítico com a campanha #DeleteUber.

Além disso, sabia-se que existia uma cultura machista extremamente agressiva na empresa. Em fevereiro de 2017 – seis meses antes de Dara assumir o cargo de CEO –, um post publicado em um blog por Susan Fowler, que trabalhara como engenheira no Uber, escancarou a misoginia e o assédio que prevaleciam na organização.

Única mulher no conselho de administração do Uber, Arianna Huffington participou ativamente da tentativa de corrigir a cultura da empresa. Ela achava que o Uber era uma demonstração clara de um problema maior do mundo das startups da época – em suas palavras, era "toda uma cultura de idolatrar o altar do hipercrescimento. Nela, permite-se que aqueles com alto desempenho façam qualquer coisa". Quando o conselho começou a tomar medidas severas no Uber, Arianna fez esta promessa, em nome dos demais integrantes do órgão: "A partir de agora, não serão mais tolerados 'idiotas geniais' no Uber."

No entanto, o poder do conselho era limitado. Cabia ao novo CEO embarcar nesse navio-pirata e tomar as rédeas da situação – de preferência, sem perder por completo o lado bom do espírito corajoso de corsário que ajudou a impulsionar o êxito inicial do Uber. Afinal, muitas startups de sucesso têm qualidades parecidas com a dos piratas: ousadia, inventividade, vontade de se aventurar em regiões desconhecidas (e, às vezes, no território de terceiros) e uma inclinação para desrespeitar ou quebrar regras.

Como afirma o fundador do Mailchimp, **Ben Chestnut**: "Só existem piratas entre os fundadores de startup. Quem se junta a uma startup? Gente maluca, porque é muito arriscado. Eles têm uma atitude hostil por se sentirem injustiçados. Querem provar algo. Não querem regras. Querem fazer de tudo."

Mas, algumas vezes, esses fundadores piratas enfrentam problemas à medida que a startup deles cresce – pois chega um momento em que esse navio pirata precisa se alistar na Marinha. Precisa se tornar uma organização mais madura e responsável. Em geral, os fundadores de startups recorrem a ajuda externa nessa fase. "Os fundadores constroem algo excelente e depois contratam outras pessoas para manter o negócio. E elas são diferentes deles", explica Ben. O forasteiro costuma ser um executivo experiente que sabe como "administrar as coisas" e implementar sistemas.

Para Dara, a primeira surpresa ao ingressar no Uber foi conhecer os demais líderes no comando dessa operação notoriamente aventureira. "O público tinha uma percepção da empresa que não batia com as pessoas que conheci quando cheguei lá", diz ele. Dara encontrou uma organização repleta de funcionários inteligentes e competentes que poderiam muito bem ter abandonado o navio e conseguido bons empregos em outro lugar, mas que queriam resistir porque acreditavam no Uber.

Dara viu de perto que os empregados da companhia, em sua maioria, não eram bandidos fora da lei. Mas era evidente que a cultura da empresa tinha dado margem para certo nível de comportamento imprudente. Portanto, ele estava diante de um desafio familiar para líderes responsáveis por empresas em escala rápida: como domar os piratas somente o necessário, *sem exagero*?

Um bom ponto de partida foi diferenciar os piratas éticos dos criminosos. Talvez os piratas éticos derrubem as regras convencionais de negócios, mas eles não infringem as leis nem fazem coisas que causam danos reais. Eles são movidos por um código de moral próprio, forte (pense no capitão Jack Sparrow de *Piratas do Caribe*). Já os piratas criminosos não possuem essa bússola moral. Eles farão quase qualquer coisa em busca de sucesso, glória, emoções e riquezas.

Dara sabia que, para endireitar o barco no Uber, ele precisaria encerrar com firmeza a era dos piratas violadores de regras e encorajar os guerreiros éticos que havia encontrado em suas tropas. Desde o começo, adotou uma estratégia de liderança que começara a desenvolver quando ainda trabalhava para Barry Diller, como chefe do site de viagens Expedia. Em vez de chegar e tentar impor uma nova cultura no Uber, Dara tentaria incentivar as pessoas que já estavam lá a contribuírem para moldar e conduzir a transformação necessária.

Assim, ele perguntou de imediato aos funcionários do Uber: *O que vocês acham que deveria representar a cultura do Uber daqui em diante?*

Antes de Dara, as diretrizes culturais do Uber incluíam expressões típicas das ruas". Mas, quando ele começou a receber respostas dos funcionários, ficou claro que todos estavam prontos e ansiosos para abandonar esses absurdos. Na verdade, alguns dos tópicos tinham o objetivo específico de superar a cultura tóxica na qual trabalhavam. Houve apelos para celebrar a diversidade de origem, raça, religião, gênero e sexualidade. Existia a seguinte ideia: "Ofereça o que for, desde que contribua para o que chamamos de Uber."

Ele descobriu ainda que os membros da equipe estavam comprometidos em "fazer a coisa certa". Mas, para tanto, queriam obter a confiança de todos, sem ser microgerenciados a todo instante.

Para Dara, isso remetia a uma lição específica que aprendera no Expedia, em 2005. Como CEO do site de viagens, então em dificuldades, ele "trabalhava dia e noite, tomando uma decisão após a outra". Na visão dele, todo esse esforço significava que estava realizando um ótimo trabalho. Isso até um jovem gerente da Expedia lhe dizer: "Dara, você fica nos falando o que fazer, e não para onde ir." O gerente explicou que isso desmotivava as pessoas e que, na verdade, não era tão produtivo assim – porque o fato de a equipe se acostumar a receber ordens de Dara sobre o que fazer significava que, quando o chefe não estava por perto, nada acontecia. Então esse gerente pediu: "Você pode só dizer para onde quer que a gente vá... e deixar que a gente descubra como chegar lá?"

Hoje, Dara afirma: "Para mim, foi tipo, caramba, um choque. Precisei me esforçar bastante – porque eu era um tanto controlador – para me desapegar do que as pessoas estavam fazendo e começar a falar sobre a nossa direção e a confiar na minha equipe para nos levar até lá."

Isso que Dara descreve é um desafio para quase todos os fundadores, pois a maioria começa como um solucionador de problemas acostumado a fazer tudo sozinho. Mas a função do líder não é microgerenciar e encontrar soluções, é definir para a equipe tanto o que é o sucesso de um projeto quanto quais são as limitações reais e, em seguida, deixá-la encontrar as soluções.

Com isso em mente, Dara se empenhou com afinco em não ser prescritivo demais com a equipe do Uber. Conforme colhia as opiniões de todos, surgiu a mensagem que daria o ritmo da batida: *só precisamos agir corretamente.* "Não queríamos definir para os funcionários o que era correto", diz Dara. Então, ele lhes disse: "Vocês já sabem como agir. E, de agora em diante, é isso que nós vamos fazer."

Dara também iniciou um programa de escuta liderado por funcionários, chamado 180 Dias de Mudança, cujo foco urgente era a relação tensa da empresa com os motoristas (esse problema ganhou mais atenção pública quando viralizou um vídeo de Travis Kalanick gritando com um motorista do Uber). Dara, que faz questão de se encontrar com motoristas locais em todos os lugares para onde viaja, adotou uma postura totalmente diferente a respeito dessa relação crucial.

"Chamamos os motoristas de 'motoristas parceiros'. E eu queria *tratá--los* como parceiros", diz ele. A contribuição dos funcionários gerou algumas mudanças imediatas a favor dos motoristas, como autorizar gorjetas e pagá-los pelo tempo que esperam os passageiros atrasados. Também foi lançado um novo aplicativo Uber Driver, desenvolvido e testado com a participação dos motoristas parceiros em todas as etapas.

De modo geral, Dara tentou reparar as relações da empresa afastando o confronto e priorizando a colaboração. Essa atitude foi incorporada nas negociações de concessão mútua com órgãos municipais de transporte, como o Transport for London (TfL), que queria revogar a licença do Uber. Antes, a empresa teria ido para o confronto direto por conta dessa questão. Nessa ocasião, o próprio Dara pegou um voo para se encontrar com o chefe do TfL. "Em vez de acontecer por meio dos advogados, dessa vez o diálogo foi travado entre duas pessoas sentadas à mesa, conversando, talvez sem concordar em tudo, mas tentando chegar a um acordo", diz ele.

Na maioria das vezes, no decorrer da reorganização da empresa, há um momento em que o líder de repente sente isto: "Conseguimos sair do fundo do poço... agora estamos no caminho certo." Quando Dara completou um ano e meio à frente do Uber, perguntaram-lhe se já tinha chegado essa fase. Ele foi sincero: "Ainda estou aguardando esse momento. O pior já passou, mas transformar a cultura de uma empresa é difícil e leva muito tempo."

Por isso, neste exato momento, o navio-pirata do Uber ainda não foi totalmente incorporado à Marinha... e talvez nunca seja. Quem sabe isso não seja um problema, pois, sob o comando de Dara, a confusão arrefeceu, a cultura machista foi mitigada e os "idiotas geniais" já nem precisam mais se dar ao trabalho de tentar uma vaga na empresa.

ANÁLISE DO REID — Por que até mesmo os piratas precisam evoluir?

Há várias décadas, as startups têm uma afinidade com os piratas. E tudo começou – assim como muitas coisas na tecnologia – com Steve Jobs. Quando estava desenvolvendo o primeiro Macintosh, Jobs disse a famosa frase: "É melhor ser pirata do que entrar para a Marinha." A equipe do Mac embarcou nessa e criou uma bandeira pirata feita em casa, com o logotipo colorido da Apple como tapa-olho. No Vale do Silício, a imagem do pirata perdurou.

É fácil ser seduzido por essa imagem do empreendedor como pirata. Quem não quer se imaginar saltando pelo cordame com a espada em punho? E, verdade seja dita, as startups em estágio inicial são muito parecidas com um navio-pirata. Os piratas não convocam uma reunião de comitê para decidir o que fazer... Eles atacam rápido, quebram as regras e assumem riscos. Esse espírito de corsário é necessário para sobrevivermos quando balas de canhão estão sendo disparadas e estamos em desvantagem.

Mas algumas startups ultrapassam os limites do heroísmo e se tornam escória, em especial na etapa de crescimento. É muito fácil passar da prazerosa afronta à ortodoxia para a crença de que só importa vencer, sem se importar com a ética.

Existe um segundo problema na pirataria: ela não escala. Se você for bem-sucedido como pirata, suas reservas de tesouro vão aumentar. Os territórios sob seu controle vão se expandir. Mas não dá para proteger e vigiar essas terras todas só com uma frota destrambelhada de navios-piratas.

É por isso que, em certo momento, todas as startups precisam descartar uma cultura sem lei, de vale-tudo, e evoluir para algo mais parecido com a Marinha – uma instituição não menos heroica, porém mais disciplinada, com regras de combate, linhas de comunicação e estratégia de longo prazo. Você pode ler mais sobre piratas éticos e almirantes em comando no meu livro *Blitzscaling*, no qual discutimos a transição fundamental do pirata para a Marinha.

A formadora de estrelas

Como vimos, líderes de empresas em processo de escala são chamados a fazer o trabalho árduo de definir a missão e o tom, conectar as partes e as personalidades díspares e organizar um ambiente caótico. Mas, quando **Marissa Mayer**, funcionária número 20 do Google, tornou-se a primeira mulher a ser contratada como engenheira na empresa, ela enfrentou outro tipo de desafio de liderança. Desde o primeiro momento, o Google precisava de um exército de profissionais de alto desempenho, flexíveis e versáteis que ajudasse a empresa a chegar rápido ao patamar seguinte. Em outras palavras, o Google precisava de várias estrelas, mas não tinha tempo para procurá-las e contratá-las. Assim, a própria Marissa precisou criar essas estrelas.

Na época, o Google era composto por várias equipes pequenas trabalhando em diferentes produtos e recursos. Na hora de lançar novas soluções, cada grupo recorria a Marissa para tratar de ajustes de design ou engenharia. Isso lhe proporcionou uma visão nítida dos produtos e das equipes espalhados pelo caos organizado da empresa. Ela também era uma das poucas pessoas que entendiam do funcionamento dos sistemas do Google.

Com o aumento da complexidade da empresa, surgiu um novo imperativo: o Google necessitava de mais gerentes de produto – pessoas com agilidade de raciocínio para dar conta, sem falta, de todos os aspectos da variedade de produtos de uma empresa em rápido crescimento e que conseguissem dominar o assunto com maestria e rapidez, assim como Marissa e os demais funcionários da equipe inicial haviam feito, de modo impressionante. Mas como esses profissionais seriam encontrados?

Foi aí que Marissa fez uma aposta histórica com o seu gerente, Jonathan Rosenberg. "Jonathan queria contratar profissionais experientes, com MBA", conta ela. "Apostei com ele que eu poderia contratar recém-formados e treiná-los para ser excelentes gerentes de produto no Google e que desse jeito seria mais rápido."

A primeira pessoa recrutada por Marissa foi Brian Rakowski, de 22 anos, que acabara de se formar na faculdade. Qual foi o projeto escolhido por Marissa para ambientá-lo? Ela lhe entregou... o Gmail inteiro.

Fez a mesma coisa com outros contratados: "Chamamos todos eles e os colocamos em cargos que estavam vagos. Com certeza, eram as pessoas de 22, 23 anos mais estressadas do mundo."

Marissa chamou essa prova de fogo de programa de Gerente de Produto Adjunto (APM, do inglês *associate product manager*). Desde o início, o programa APM do Google se baseou no princípio de expor novos gerentes a diversos produtos, e não apenas a um. O eixo da proposta era uma rotação anual, movendo os novos gerentes de produto para outros departamentos.

Quando se aprende a desempenhar uma função, é da natureza humana a tendência de querer permanecer nela durante um tempo – assim, primeiro os integrantes do APM foram relutantes quanto à rotação. Mas Marissa os ensinou a aproveitar essa oportunidade – e idealizou uma espécie de jogo de palavras para explicar os benefícios.

Quando acontecia uma rotação, os integrantes do projeto tinham de preencher os espaços em branco na seguinte afirmação: *Eu fazia X e agora vou fazer Y e, com essa mudança, vou aprender Z*. Por exemplo: *Eu trabalhava no AdWords e agora vou mudar para a Busca. Com isso, vou aprender a diferença entre lidar com usuários que são anunciantes e usuários que são consumidores*.

Esse programa se transformou em uma máquina bem azeitada que forjou de forma rápida e precisa os gerentes de produto de que o Google necessitava. Ao mesmo tempo, o sistema incentivou a disseminação de ideias pela empresa, trouxe recursos para novos projetos e moldou uma mentalidade nova para os já existentes.

"Após passar por disciplinas diferentes, a pessoa conhecia alguém que trabalhava no YouTube, nas redes sociais ou na infraestrutura", diz Marissa. "Isso começou a criar uma conexão maravilhosa na organização."

Em 2002, o primeiro ano do programa, Marissa contratou oito gerentes de produto adjuntos. Em 2008, esse número havia chegado a 20 por ano. Hoje, mais de 500 profissionais já passaram por esse programa. Implementado após uma aposta, o APM é um dos grandes sucessos desconhecidos da empresa. Talvez não seja tão famoso quanto o Gmail, a Busca e a IA, mas muitos desses produtos mais populares não teriam sido viabilizados sem ele.

O sucesso de Marissa indica outro atributo fundamental de um líder: a capacidade de nutrir e desenvolver talentos internos. Contratar profissionais experientes e renomados é caro e às vezes impossível, porque existe um número limitado deles e talvez o talento ideal não esteja disponível em determinado momento. Além disso, trazer pessoas de fora o tempo todo não vai formar e fortalecer a cultura da mesma maneira que a opção por desenvolver os talentos internos. Para citar Barry Diller, conhecido por formar jovens talentos em suas várias empresas: "Se você contrata gente de fora para cargos altos, você é um fracasso como líder."

Após um tempo, as pessoas que Marissa ajudou a formar no Google acabaram saindo para explorar outras áreas do vasto universo tecnológico e foram para outras empresas. A própria Marissa fez isso ao migrar para o Yahoo, em 2012. É uma empresa pioneira em diversos serviços on-line que hoje são imprescindíveis para nós, mas não conseguiu capitalizar essas conquistas e havia passado pelo desgaste de ter quatro CEOs em cinco anos, então precisava urgentemente de uma reestruturação quando Marissa foi para lá.

Diante dessa situação grave, ela não podia contratar uma equipe totalmente nova em grande escala. Podia, no entanto, transformar os funcionários de que dispunha na equipe de que precisava.

Marissa logo percebeu que o problema do Yahoo não era falta de talento – isso havia de sobra por lá. Mas a energia e o entusiasmo necessários para instigar tanto talento estavam adormecidos, sufocados por diversas camadas de burocracia e anos de má administração. Marissa lembra que, na primeira semana, um funcionário lhe disse: "Muitos de nós estamos aqui há anos esperando que a liderança e o conselho se resolvam. É hora de partir pra cima? A gente pode mesmo executar, fazer coisas, criar coisas?" Marissa lhe garantiu que era, de fato, "hora de partir pra cima" – e que ela estava lá no Yahoo também para remover os obstáculos e deixar a equipe se concentrar em concretizar as ideias.

Essa ideia de o líder "remover os obstáculos" foi algo que Marissa aprendeu com o seu antigo chefe no Google, Eric Schmidt. Segundo ela, Eric sempre dizia: "O líder não tem como continuar colocando a mão na massa para coisas como programar ou projetar. A função dele é direcionar a equipe e tirar os empecilhos do caminho. Para que ela execute o melhor trabalho possível, o líder precisa remover todos os obstáculos."

Pensar em liderança dessa maneira é uma inversão dos papéis programados: é o líder quem faz o trabalho pesado e nada glamoroso que possibilita o sucesso dos demais – para fazer uma analogia com o futebol americano, é o bloqueador que mantém os adversários afastados e abre espaço para o companheiro de equipe marcar um *touchdown*. Esse é um princípio fundamental da liderança servidora, que inverte uma convenção dos negócios ao encorajar o líder a tentar compreender e resolver os problemas e as necessidades dos funcionários, e não o contrário. Ex-CEO da plataforma de gerenciamento de risco MetricStream, Shellye Archambeau comenta o seguinte sobre o seu papel como líder servidora: "Meu trabalho é correr um pouco à frente dos demais para tirar as pedras, garantir que não haja árvores bloqueando a estrada. Trata-se de facilitar o trabalho deles. Preciso descobrir que problemas eles têm e como posso ajudá-los a resolvê-los."

No Yahoo, Marissa logo começou a remover as pedras e árvores caídas que obstruíam o caminho da equipe. Uma das suas primeiras ações foi nomear um especialista em "acabar com a papelada". O trabalho dessa pessoa era identificar os entraves causados pela burocracia excessiva da empresa. "Queríamos que os funcionários indicassem os processos que não faziam sentido para eles", conta Marissa. Para tanto, foram realizadas reuniões semanais, chamadas de "PB e J", iniciais em inglês para processo, burocracia e gargalos. Todos os funcionários podiam sugerir um problema para o especialista em papelada resolver, contanto que também propusessem uma solução. Com esses ajustes, o Yahoo começou a funcionar melhor – e esse processo também capacitou a equipe a fazer parte da solução.

Marissa também queria incentivar o surgimento de ideias novas. O Yahoo não era uma folha em branco como fora o Google, ela não tinha como fincar os alicerces de uma nova empresa, mas podia trazer à tona as ideias que, na visão dela, já estavam em algum canto, talvez escondidas sob a sujeira. Assim, decidiu aproveitar seus funcionários e transformá-los nas máquinas de gerar ideias de que necessitava.

Ela lançou o Desafio do CEO, que convocava toda a equipe, independentemente do departamento, a propor novas ideias para desenvolver a empresa. E havia uma grande recompensa em jogo: caso uma ideia gerasse um adicional de 5 milhões de dólares por ano, haveria um prêmio de 50 mil dólares para cada pessoa responsável por ela. "Achei que receberíamos umas 20 ideias e talvez déssemos sinal verde para seis delas", confessa Marissa. No entanto, mais de 800 propostas foram encaminhadas, das quais Marissa e a equipe aprovaram quase 200. Essa leva de ideias novas no Yahoo ocasionou grandes inovações (como os anúncios em vídeo na página inicial) e novas receitas em grande escala.

Desenvolver as competências necessárias com as pessoas que já estão na equipe é mais simples em uma startup menor, em que a cultura da empresa ainda está em formação e há mais tempo para realizar essa missão. Já em uma empresa maior não é algo impossível de se fazer, mas é necessário ficar de olho no relógio. Esse relógio estava correndo no Yahoo desde o momento em que Marissa pusera os pés lá. Muitos investidores já tinham perdido as esperanças em relação à empresa; o único valor real que ainda viam nela era a participação no gigante chinês da internet Alibaba.

No começo da gestão de Marissa, o investimento do Yahoo no Alibaba garantiu sua sobrevivência e até ajudou a financiar algumas das primeiras iniciativas de Marissa para revitalizar a empresa. Mas, quando os investidores se apressaram para vender as participações no Alibaba, o tempo de Marissa e da equipe simplesmente se esgotou. Contudo, é importante observar que, nos últimos seis trimestres da gestão dela, o Yahoo superou diversas vezes as projeções de Wall Street, bem como as suas próprias previsões; e a empresa criou, em cinco anos, quase 2 bilhões de dólares em novas receitas, inventadas internamente. Marissa acha que, se ela tivesse mais um ano de trabalho, o Yahoo poderia ter contornado a situação.

A reorganização nem sempre funciona, mas mesmo nesses casos existem lições a serem aprendidas. Marissa mostrou que a sua estratégia para formar talentos dentro da empresa oferecia grandes resultados – não apenas em empresas bem-sucedidas como o Google, mas também naquelas em decadência como o Yahoo.

TEORIAS DO REID SOBRE LIDERANÇA

O bom baterista
O ritmo da batida de um grande líder não obriga as pessoas a segui-lo, mas as inspira a caminhar na mesma direção por vontade própria. Sua batida depende do seu temperamento, das suas experiências e da sua empresa. Ela pode ter como foco eficiência, inovação ou equilíbrio entre trabalho e vida pessoal. Ou talvez seja uma combinação de tudo isso.

O líder solidário
Um princípio fundamental da liderança solidária é a disposição para ver tudo através do olhar e da perspectiva das pessoas ao seu redor. Ela também requer um pouco de autoavaliação e reflexão... e um esforço para resistir às reações emotivas e instintivas. Ao prestar atenção nas pessoas que lidera e se abrir para aprender com elas, você vai ajudar a sua equipe a encontrar o próprio ritmo.

A pessoa que fala (e busca) a verdade
Como alguém que fala a verdade, esteja preparado para registrar os critérios ou princípios que orientam as suas decisões. Fazer isso clareia a mente e ajuda a expressar o seu pensamento para as demais pessoas. E, embora o feedback de fluxo livre seja inegociável para empresas radicalmente transparentes, é importante desenvolver protocolos e diretrizes para que as divergências e as críticas aconteçam de forma construtiva e positiva.

O agente da conexão
Quer a equipe tenha 70 mil funcionários ou apenas 7, um líder precisa de duas coisas para criar um grupo forte e unido: uma missão digna e contato humano diário. Inspire as pessoas com uma missão que lhes dê norte e, em seguida, conecte-as umas às outras. Você verá que elas se responsabilizarão por essa missão e assumirão uma posição de liderança.

O capitão do navio
Na fase inicial, muitas startups têm qualidades típicas dos piratas: ousadia, inventividade, vontade de se aventurar em áreas desconhecidas. Em vez

de tentar domar essas qualidades e impor uma nova cultura de cima para baixo, incentive os piratas a contribuir para moldar e direcionar a transformação necessária, rumo a uma cultura que se pareça mais com a Marinha – com regras de combate, linhas de comunicação e estratégia de longo prazo.

O formador de estrelas
Contratar profissionais experientes é caro e, às vezes, inviável, porque o talento ideal pode não estar disponível. Os melhores líderes são capazes de fomentar e desenvolver talentos internos. Depois, assumem o papel de identificar gargalos e remover obstáculos para que as suas novas estrelas possam brilhar.

10

O cavalo de Troia

Howard Schultz cresceu em um conjunto habitacional no bairro de Canarsie, na margem leste do Brooklyn. Seu pai lutou na Segunda Guerra Mundial, mas não viveu o sonho americano que esperava quando voltou para casa.

Ele retornou da guerra com febre amarela e teve grave dificuldade financeira. Apesar do crescimento da economia americana no período pós-guerra, não lhe ofereciam muitas oportunidades, pois ele havia deixado os estudos no ensino médio. Teve uma série de empregos sem muito futuro, o pior dos quais como entregador de fraldas de pano. Enquanto fazia uma entrega, ele escorregou em uma camada de gelo, fraturou o tornozelo e quebrou o quadril. Acabou demitido por causa do acidente e ficou sem nenhum benefício, seguro, plano de saúde ou qualquer forma de proteção social.

"Um dia, quando eu tinha 7 anos, cheguei da escola e, quando abri a porta do apartamento, vi meu pai deitado no sofá com um gesso do quadril até o tornozelo", conta Howard. "Com essa idade, como eu poderia entender o impacto que isso teria em mim? Sei que fiquei assustado por testemunhar uma fase difícil para os meus pais. Isso me sensibilizou em relação às pessoas que vivem nas áreas mais pobres."

Anos depois, no seu próprio negócio, a **Starbucks**, Howard tentou montar o tipo de empresa para a qual o pai "nunca teve chance de trabalhar.

Uma empresa que tentasse manter um equilíbrio entre lucro e consciência social". Howard começou a pensar sobre como sustentar esse equilíbrio delicado desde o começo da carreira.

Em 1986, ele morava em Seattle e trabalhava para a primeira Starbucks – uma empresa local relativamente pequena, com poucas lojas. Uma viagem de negócios decisiva a Milão lhe deu uma ideia mais abrangente do papel que o café pode desempenhar na vida das pessoas. "Fiquei encantado com o fato de ter dois ou três cafés em cada rua. O que presenciei foi o romance, o palco e a alegria do expresso", conta ele.

"Quando estava na Itália, eu frequentava esses cafés todos os dias e comecei a perceber uma coisa: via sempre as mesmas pessoas cultivando essa rotina. Elas não se conheciam, mas havia uma camaradagem ali, por conta de uma ideia de pertencimento, de comunidade, e da conexão humana promovida pelo café."

Howard voltou para Seattle, saiu da Starbucks e fundou a sua própria empresa de ascensão rápida, com vários cafés no estilo dos de Milão. Enquanto isso, a Starbucks original comprou a Peet's Coffee, com sede em Berkeley, na Califórnia. Os proprietários ficaram sobrecarregados e perceberam que tinham dado um passo maior do que as pernas... então decidiram vender a Starbucks. E deram a preferência a Howard.

Com a sua visão de um novo tipo de cafeteria, ele conseguiu atrair investidores e o valor necessário para adquirir a Starbucks – na época, eram seis lojas e um estabelecimento antigo para torrefação de grãos – pela modesta quantia de 3,8 milhões de dólares. No final de 1987, tinha 11 lojas, 100 funcionários e o sonho de levar "o palco e o romance" da cultura do café italiano aos Estados Unidos.

Porém, antes de realizar a etapa seguinte da expansão inicial, Howard tinha outra prioridade em mente: conceber um pacote de benefícios para os 100 funcionários. Seus investidores privados foram informados do plano no primeiro de muitos encontros que os deixaram confusos.

"Imagina só como foi essa conversa. A gente era pequeno, estava dando prejuízo e tinha um modelo de negócios ainda não comprovado. Aí eu falo: 'Quero dar plano de saúde e participação na empresa, na forma de opções de compra de ações, para todos os funcionários'", diz Howard.

Eles acharam que essa decisão era, vamos dizer assim, equivocada.

Mas Howard apresentou a defesa da consciência social: "Quero investir no nosso pessoal e acho que consigo provar que vamos reduzir os desgastes, melhorar o desempenho e, sobretudo, montar o tipo de empresa na qual os funcionários se sentem parte de algo maior."

Assim, a Starbucks se tornou a primeira empresa nos Estados Unidos a oferecer um plano de saúde abrangente para os empregados – inclusive para aqueles que faziam meio período (desde que acima de 20 horas semanais). "E demos um jeito de fornecer participação na empresa, na forma de opções de compra de ações, para todos os funcionários, mais uma vez, inclusive para os que faziam meio período", conta Howard.

Repare que, ao apresentar o conceito pela primeira vez aos seus investidores, Howard não disse coisas como: "Quero investir no nosso pessoal porque é o correto" ou "Quero investir no nosso pessoal porque ninguém investiu no meu pai". Ele preferiu falar: "Quero investir no nosso pessoal *porque isso é bom para a empresa.*" É o tipo de lógica que os investidores conseguem apoiar.

"Quando olho para trás e vejo o que conseguimos conquistar até hoje, não tenho dúvida nenhuma – nenhuma mesmo – de que não teríamos 28 mil lojas em 76 países sem a cultura, os valores e os princípios que nos orientam. O objetivo principal da empresa é definido pela prioridade que damos ao nosso pessoal e pela garantia de sucesso. Sem isso, não estaríamos aqui. Tenho certeza absoluta."

Atualmente, essa ideia de obter um bom desempenho ao praticar o bem está longe de ser universal. E era ainda mais incomum no final dos anos 1980, quando Howard assumiu o comando da Starbucks. Na época, os integrantes do conselho não sabiam muito bem o que fazer com ele. Mas a aposta dele estava certa – o que foi confirmado pelo extraordinário crescimento de longo prazo da rede nos anos seguintes.

Vários grandes fundadores têm um propósito secundário, algo diferente do objetivo de negócios principal que estão tentando concretizar. Na verdade, podemos dizer que toda empresa de sucesso é como um cavalo de Troia, levando adiante o segundo propósito do fundador.

Neste último capítulo, vamos discutir maneiras de trazer esse segundo propósito para o primeiro plano – seja por uma manobra ao estilo cavalo de Troia, seja tornando-o uma característica fundamental da sua empresa, ou, ainda, encontrando um jeito de implantá-lo em um negócio já existente.

Se a sua empresa alcança uma grande escala, você influencia a vida das pessoas de diferentes formas. Suas decisões afetam funcionários, clientes e comunidades inteiras. Você tem a chance de participar da configuração do mundo, para melhor ou para pior. E isso gera a oportunidade e até mesmo a responsabilidade de questionar: *O que queremos defender? Como podemos melhorar a vida das pessoas? E como podemos fazer isso fortalecendo a nossa empresa?*

Não se trata de dizer a si mesmo: *Eu sou do bem, então a minha empresa vai fazer coisas boas.* Trata-se de se perguntar: *Que tipo de impacto positivo consigo produzir que, ao mesmo tempo, vá sustentar o meu negócio principal?* Essas preocupações não precisam ser meros efeitos colaterais; se você for estratégico, elas podem e devem se tornar o coração da sua empresa.

Talvez os fundadores de startups que estejam passando por uma fase difícil achem que isso é uma boa ideia para mais tarde; algo a se pensar *depois* de escalar. Mas os melhores empreendedores de escala pensam sobre o impacto social desde o primeiro dia.

Perguntas gêmeas: "Como praticar o bem?" e "Como fazer bons negócios?"

Desde o início da Starbucks, Howard Schultz imaginou um futuro em que o sucesso da empresa estaria diretamente relacionado ao dos funcionários. "Ainda guardo muitos dos diários que escrevia. Logo no começo, anotei que essa nova empresa deveria ter como plano de negócios o alcance do equilíbrio frágil entre lucro e consciência social", conta Howard.

É um equilíbrio que parece simples no papel, mas se torna complexo na prática. "Comecei a refletir sobre o que isso significava de fato."

"É importante compreender que não tínhamos dinheiro para fazer marketing tradicional, propaganda ou relações públicas. Nada disso. Então, definimos a marca com base na experiência nas nossas lojas. Dissemos desde o início que o patrimônio da marca seria definido pelo fato de os gerentes e os líderes da empresa superarem as expectativas dos funcionários – para que estes pudessem superar as expectativas do cliente", diz Howard.

"Como o café é algo muito pessoal e rotineiro, tivemos a chance de criar uma intimidade com o cliente, e isso constituiu o patrimônio da marca."

Plano de saúde e opções de compra de ações acabaram sendo apenas o pontapé inicial para Howard: ele chocou os investidores outra vez ao anunciar que iria oferecer curso universitário gratuito para vários funcionários da Starbucks.

"Quando começamos a verificar o preço de custear as mensalidades, havia bastante receio de que não conseguiríamos bancar isso", diz ele. "Mas, como sempre acontece, quando existe um grupo de pessoas inteligentes em uma sala e o ego é deixado do lado de fora, dá para falar assim: "Não vamos sair daqui enquanto não resolvermos isso." A questão era como fazer isso ter custo zero, e nós demos um jeito."

Em 2014, a Starbucks lançou uma parceria inédita com a Universidade do Estado do Arizona para custear integralmente uma graduação para todos os funcionários da Starbucks nos Estados Unidos que trabalhassem pelo menos 20 horas por semana. A empresa pagava 60% da mensalidade e a universidade cobria os 40% restantes. Como todos os cursos eram on-line, os funcionários podiam continuar no emprego e a universidade conseguia reduzir os custos.

Observe que, mais uma vez, Howard e a equipe lidaram com a questão do financiamento das mensalidades da mesma maneira que o fariam com qualquer aspecto do negócio. Ele não falou: "Educação não tem preço, então vamos assumir o custo que for." Pelo contrário, afirmou o seguinte: "Vamos descobrir como conseguir o melhor preço."

Talvez os planos de benefícios da Starbucks pareçam generosos e até extravagantes à primeira vista. Mas essa generosidade dá resultado – como aconteceu na China.

Hoje em dia, a Starbucks tem mais de 4.800 lojas na China e uma nova é aberta a cada 15 horas.

Mas nem sempre foi assim.

"Ficamos no prejuízo durante nove anos consecutivos na China, e os investidores disseram: 'Isso não está dando certo, trata-se de uma sociedade que toma chá, fechem tudo'", diz Howard.

Além do prejuízo, a Starbucks tinha dificuldades para reter os funcionários das lojas chinesas. No entanto, o fato de Howard ter priorizado durante anos o bem-estar da equipe o ajudou a identificar que, na China, os pais desempenhavam um papel decisivo no direcionamento da carreira dos filhos. A maioria dos gerentes de lojas da Starbucks na China tinha formação universitária. Howard se deu conta de que os pais pensavam: *Mandei meu filho para a faculdade, e agora ele está servindo café em vez de trabalhar para a Apple, o Google ou o Alibaba. Isso não está certo.* A insatisfação dos pais com o status de carreira dos filhos gerava alta rotatividade, atrapalhando o crescimento do negócio.

Eis a solução dada por Howard: mostrar aos pais os benefícios evidentes de um emprego na Starbucks na China e sua filosofia de priorizar as pessoas. Primeiro, a empresa estendeu o plano de saúde dos funcionários para os pais deles. Conforme esperado, a taxa de retenção disparou. Depois, para demonstrar que a empresa de fato compreendia os valores chineses centrados na família, Howard anunciou para o conselho: "Quero realizar uma reunião anual com os pais dos nossos funcionários na China."

Não se esqueça: a Starbucks abre uma nova loja na China a cada 15 horas. Quando Howard fala de encontrar "os pais dos nossos funcionários na China", isso não quer dizer uns apertos de mão simbólicos. Como se pode imaginar, era um pedido enorme para um mercado ao qual a empresa ainda estava se adaptando, e foi necessário convencer o conselho a respeito do valor dessa iniciativa para o negócio.

O evento foi um grande sucesso, tanto para os pais quanto para os funcionários chineses, e acabou virando uma comemoração anual. "O encontro com os pais é uma celebração das *famílias* que trabalham na Starbucks, do nosso foco nos filhos deles", diz Howard. "Damos uma passagem para Xangai ou Pequim para pais que nunca andaram de avião. Fazemos uma surpresa para os nossos colaboradores, que não sabem que os pais deles vão chegar, e é muito emocionante. Faço questão de estar presente todos os anos."

Embora a taxa de retenção de funcionários tenha melhorado – o que impacta positivamente a fidelidade dos clientes –, o apelo dessas reuniões com as famílias chinesas não se resume a isso. Para Howard, o foco na lealdade e na felicidade dos funcionários captura a essência da empresa: sua humanidade. "Momentos assim são carregados de emoção por conta do espírito, da cultura e dos valores da Starbucks", diz ele. "O que aprendemos com tudo isso foi que todos nós desejamos conexões humanas."

Ao ganhar escala com uma dimensão similar à da Starbucks, é inevitável que surja uma nova série de desafios. As perguntas gêmeas – "Como praticar o bem?" e "Como fazer bons negócios?" – se tornam mais complexas conforme as oportunidades, e também as responsabilidades, escalam. E fica mais difícil evitar que os clientes se tornem um valor de faturamento e os funcionários, um número de mão de obra.

Howard acha que, na maioria das vezes, a Starbucks conseguiu evitar essas ciladas porque o compromisso da empresa com a prática do bem foi estabelecido cedo – assim, ao longo do seu crescimento, esses valores ficaram vinculados de maneira clara ao sucesso da marca.

"A Starbucks não é movida pelo lucro, e sim pelos valores, cujo resultado é nos tornar muito lucrativos. Nem toda decisão de negócios deve ser comercial. Nosso desempenho financeiro está diretamente ligado aos valores duradouros e à cultura que tentamos aprimorar e preservar o tempo inteiro", diz Howard.

ANÁLISE DO REID
Qual muro você quer derrubar?

Todos nós conhecemos a história do cavalo de Troia. Um cavalo de madeira imenso, com rodas, apareceu nos portões da antiga Troia, enviado pelos gregos como oferta de paz durante uma guerra brutal que já durava 10 anos. Dentro do cavalo, à espreita, estava o grande guerreiro Odisseu e 30 guerreiros gregos de elite. O cavalo foi empurrado até a cidade. Quando anoiteceu, os soldados deixaram o esconderijo e abriram os portões para o restante do exército. E esse foi o fim para Troia.

Ok, soldados sedentos de sangue responsáveis por um massacre não são *exatamente* um bom exemplo para falar do propósito maior dos negócios. Os vírus "cavalo de Troia" que o seu departamento de TI combate também não. Mas imagine que o perímetro que você está tentando invadir não seja o muro de uma cidade soberana nem o firewall de um internauta desavisado. O que você está tentando romper é um tipo diferente de muro.

> Um muro de preconceito sistêmico.
> Ou de uma doença de difícil tratamento.
> Ou de desigualdade arraigada.
> Ou de suposições preguiçosas.
> Imagine que o exército que você quer liberar do interior do cavalo não esteja lá para infligir violência, mas para derrubar muros que limitam a experiência humana. Um cavalo de Troia será bom ou ruim dependendo da sua finalidade. E uma empresa ou uma carreira pode ser uma espécie de cavalo de Troia do bem – uma construção bem montada que leva adiante o segundo propósito do fundador. A missão da empresa é construir um grande negócio, assim como transformar positivamente a sociedade.

Crie a mudança que deseja ver

Linda Rottenberg tem um apelido: *Chica Loca*, "garota louca". Para Linda, isso é um elogio.

Ela ganhou esse apelido décadas atrás, quando morava em um país latino-americano e arrecadava recursos para empreendedores locais. Na época em que lançou a Endeavor, startups estavam surgindo e obtendo financiamento rápido nos Estados Unidos, mas em países latinos "ninguém abria novos negócios", de acordo com Linda. Aliás, ela se recorda de que, como se sabia muito pouco sobre as possibilidades do empreendedorismo, até aquele momento nem sequer existia uma palavra para "empreendedor" em espanhol.

A empresa dela pretendia mudar tudo isso.

Mas, primeiro, Linda precisava encontrar apoiadores. Ela conseguiu uma reunião de 10 minutos com um dos principais magnatas do mercado imobiliário da Argentina, Eduardo Elsztain, no escritório dele em Buenos Aires. A empresa de Eduardo já tinha sido financiada pelo bilionário George Soros. "Por isso, assim que cheguei à reunião, Eduardo falou: 'Já sei, você quer uma reunião com o George Soros. Vou ver o que posso fazer'", relata Linda.

"Respondi: 'Não, Eduardo... você é empreendedor. Eu sou empreendedora.

E a Endeavor é uma organização feita por empreendedores, para empreendedores. Quero seu tempo, seu entusiasmo... e 200 mil dólares.'"

Nesse momento, de acordo com Linda: "Eduardo se virou para o braço direito dele e falou: '*Esta chica es loca*.'" Aí Linda lembrou a Eduardo que uma vez ele havia entrado no escritório de Soros e saído com um cheque de 10 milhões de dólares. "Você tem sorte de eu só ter pedido 200 mil", retrucou Linda.

Eduardo assinou o cheque e virou presidente da Endeavor Argentina. "E hoje ele diz que foi o melhor investimento que já fez", diz Linda.

Ela decidiu assumir o adjetivo *louca* com orgulho. "Todo mundo chamava de loucura a minha ideia de criar a Endeavor, menos eu. E me dei conta de que **os empreendedores não consideram loucura o que estão fazendo – embora os outros, sim, por ser uma ameaça ao status quo.**"

A ideia de Linda – de que havia empreendedores talentosos em todo lugar e que essas pessoas tinham potencial para montar negócios inovadores e escaláveis que gerassem empregos – acabou se revelando não tão louca assim. Ela também é um ótimo exemplo de como uma empresa de sucesso pode dar uma contribuição maior para o mundo: retribuir.

Há diversas formas de retribuir à sociedade, desde programas de mentoria e investimento em outras startups até o foco em áreas específicas – regiões geográficas ou grupos com baixa representatividade –, com o objetivo de incentivar, fortalecer e tornar mais diversa a próxima geração de líderes empreendedores.

Na tentativa de Linda de desenvolver uma cultura de empreendedorismo em países latino-americanos, uma das primeiras pessoas que a Endeavor apoiou foi **Wences Casares**, um garoto que cresceu em uma fazenda de ovelhas na Patagônia. Aos 20 e poucos anos, ele criou o primeiro provedor de internet da região – depois, o controle da empresa foi adquirido, ele foi expulso dela e ficou sem nada. Mas tudo bem: Wences decidiu abrir nada mais nada menos que a primeira empresa de e-commerce da América Latina. O único problema era que ele não tinha capital.

"Quando nós o conhecemos, ele já tinha sido rejeitado por 30 investidores locais. A irmã e o melhor amigo trabalhavam para ele – o que nunca é um bom sinal. Mas, assim que o encontramos, percebemos que ele estava no caminho certo", diz Linda. A Endeavor ajudou Wences a levantar capital com a Flatiron Partners e com a Chase Capital. E recrutou para ele um CEO de operações. Um ano depois, o banco Santander comprou a empresa de Wences por 750 milhões de dólares.

Wences foi bem-sucedido em outros negócios, entre eles a criação da carteira de bitcoins Xapo, cujo objetivo é "democratizar o dinheiro", fomentando uma moeda universal mais estável. Porém, na época em que Linda Rottenberg o conheceu, Wences duvidava que alguém de fora se interessasse por suas ideias de negócios. Linda afirma que, após ajudá-lo, ele lhe confessou uma coisa. "Quando procurei Wences pela primeira vez, ele pensou que eu estava liderando uma seita. Ou seja, até ele achou que eu era louca."

Depois do grande sucesso de Wences, a notícia começou a se espalhar em países sul-americanos. "Virou um lema. As pessoas falavam: *Se o Wences conseguiu, eu também consigo*", diz Linda.

Uma cultura empreendedora começou a se desenvolver na região. É assim que o processo acontece, segundo Linda: histórias de sucesso em uma área inspiram outras pessoas a entrarem na disputa. Fora isso, tudo pode ser acelerado se esses exemplos bem-sucedidos retribuírem logo em seguida, atuando em suas comunidades e apoiando outros empreendedores locais.

"Em muitas localidades, existem dois ou três empreendedores de sucesso que criam uma empresa. Mas, se eles não retribuírem e reinvestirem no ecossistema – seja tornando-se mentores ou investidores-anjo, seja inspirando os funcionários a abrirem novas empresas –, a dinâmica para. O efeito de rede é fundamental para escalar toda uma comunidade de negócios", diz Linda.

Para estimular esse círculo virtuoso, uma das contribuições mais importantes da empresa de Linda foi favorecer o entendimento da liderança empresarial local de que é *do interesse desses líderes* apoiar o crescimento de um ecossistema empreendedor na região – pois isso fomenta talentos, gera oportunidades de colaboração com parceiros de negócios e fortalece a economia local.

Como atualmente mais líderes de empresas estão retribuindo, o empreendedorismo deve continuar a prosperar na América Latina. E é bom que finalmente exista uma palavra para descrever isso. Alguns anos atrás, Linda recebeu um telefonema do Brasil, da editora de um dicionário de português, que lhe contou que, em parte por conta do trabalho da Endeavor, eles iriam acrescentar as palavras "empreendedor" e "empreendedorismo" ao léxico. "Hoje as pessoas podem dizer: 'Olá, eu sou empreendedor'", afirma. Conforme Linda sempre acreditou: "Somos capazes de ser aquilo que conseguimos nomear."

Crie o que você quer ver

Como acontece com muitas grandes ideias, tudo começou com uma pequena dose de frustração.

Franklin Leonard foi executivo júnior da produtora de filmes de Leonardo DiCaprio, a Appian Way. E, caso "executivo júnior do Leonardo DiCaprio" pareça um trabalho divertido, a verdade é que exigia a leitura de muitos roteiros... muitos *mesmo*. Pense no roteiro como a mesa de apostas para se realizar um filme de Hollywood: é o ponto de partida para os estúdios encontrarem boas histórias e bons roteiristas. Só há um jeito de descobrir se um roteiro é aproveitável: lendo-o. Esse era o trabalho de Franklin, e ele lia *bastante*.

Vamos fazer uns cálculos rápidos: em geral, um roteiro tem de 90 a 120 páginas; a média é 106. Às vezes, em um único fim de semana Franklin lia 30 roteiros. Isso dava mais de 3 mil páginas, todas as semanas.

E era assim que se fazia na indústria cinematográfica... Franklin era apenas um dos milhares de profissionais que levavam para casa no fim de semana uma caixa lotada de roteiros.

"Veja bem, tentar enxugar gelo é um caminho possível, mas não é dos mais eficientes", diz Franklin.

A Black List foi concebida durante uma fase de frustração com esse caminho. Quase no final de 2005, Franklin fez um experimento de coleta de dados. Listou os colegas de todas as produtoras de que conseguiu se lembrar e lhes enviou um e-mail anônimo perguntando: "Entre os melhores roteiros que você leu este ano, quais não estão em produção no momento? Falo dos roteiros de que você gostou *mesmo*, os que dariam filmes que você gostaria de ver." Ele compilou os resultados em uma planilha, apontou os campeões e, sem se identificar, publicou-a com o título Black List.

A lista viralizou. Franklin começou a receber a Black List por e-mail: "Já viu isto aqui?", diziam. Ele inclusive recebeu sugestões de agentes para filmes "que vão estar na Black List do próximo ano" – o que era curioso, porque ela ainda seria compilada. Essa reação deixou claro que seus colegas em Hollywood sempre quiseram algo parecido com a lista, uma ferramenta para descobrir narrativas bem escritas, com potencial de ser transformadas em filmes premiados. Eles estavam tão frustrados quanto Franklin com essa situação no setor, a tal ponto que, apesar de se tratar de um círculo fechado, como todos sabem, compartilharam de bom grado os seus roteiros preferidos com ele, anonimamente.

"Todos em Hollywood estão tentando encontrar uma agulha no palheiro. Mesmo que encontrem, não sabem se vai servir, mas encontrar a agulha é o primeiro passo. A gente inventou um detector de metais", diz Franklin.

Será que o detector de metais achou mais alguma coisa? Bom, um número significativo de roteiros da primeira Black List era de roteiristas estreantes, de mulheres, de pessoas que não faziam parte das redes de contato de Hollywood. Inclusive *Juno*, da roteirista iniciante Diablo Cody, que se tornou um filme cultuado, estrelado por Elliot Page e Michael Cera. Ou seja, algo no processo de compartilhamento anônimo destacava histórias que fugiam do convencional.

Para Franklin, "por diversas razões, o senso comum do setor tem tudo de comum e nada de senso, e algumas convenções são especialmente perniciosas. Uma desvalorização dos roteiristas, sabe? É provável que a gente esteja faturando menos por causa disso. Poderíamos fazer filmes melhores se não pensássemos dessa maneira".

Logo após a Black List do ano seguinte ser divulgada, Franklin perdeu o anonimato – assim como o emprego na Appian Way. Mas, conforme a lista ganhava importância, ano após ano, outras portas foram se abrindo. Ele criou versões da Black List especializadas para destacar autores LGBTQIA+, não brancos e outros grupos. Também deu início a uma série de saraus em Los Angeles nos quais atores conhecidos liam os melhores roteiros do ano. O evento logo ganhou fãs.

Mas Franklin percebeu que podia fazer mais. Quase todos os roteiros da

Black List já tinham recebido algum tipo de apoio inicial dentro do sistema de Hollywood – os roteiristas eram representados por agentes ou a história já tinha sido adquirida por um estúdio, mesmo que estivesse na gaveta. Mas ele sabia que existia um universo maior de roteiristas lá fora, precisando de ajuda para cruzar os portões dos estúdios – pessoas com roteiros igualmente bons, mas que não tinham conseguido uma primeira reunião, o primeiro "sim" para ingressar na rede de contatos de Hollywood.

"Deveríamos sair e tentar encontrar essas pessoas, sem esperar que elas viessem até nós", argumenta ele.

Esta foi a grande ideia de Franklin para a sua empresa escalável: aproveitar o poder da Black List anual e criar uma plataforma para ajudar roteiristas desconhecidos, cujos trabalhos seriam lidos e analisados, e ainda colaborar para que cineastas selecionassem o melhor roteiro entre as opções.

Na plataforma da Black List, qualquer um pode enviar um roteiro para o site após pagar uma pequena taxa. Por um valor acessível, os roteiristas solicitam a análise de um trabalho. "E aí compartilhamos as informações a respeito dos bons roteiros, os que foram avaliados positivamente pelos nossos leitores. Por conta da credibilidade conquistada ao longo dos últimos oito anos, as pessoas podem confiar na nossa palavra", diz Franklin.

Por que vale a pena derrubar os portões de Hollywood para possibilitar a entrada de mais roteiristas de fora do sistema? Para fazer os filmes que Franklin gostaria de ver, aqueles com grandes histórias contadas com sinceridade, com as quais as pessoas se identificam.

"Eu, pessoalmente, daria oportunidade a alguém que leva uma 'vida normal', e não para quem conseguiu ir para Hollywood porque os pais já trabalharam lá ou porque vive de herança, seja lá o que for. Pela minha experiência, gente comum tem mais condições de contar uma história humana e comovente."

Se a Black List fosse um cavalo de Troia, a parte externa dele teria uma placa grande com os dizeres: ROTEIROS EXCELENTES! ROTEIROS QUE RENDEM ÓTIMOS FILMES! ROTEIROS QUE DÃO LUCRO!

No interior desse cavalo de Troia está a visão de uma sociedade mais inclusiva – tanto em relação aos filmes que vemos na tela quanto à indústria responsável por eles. Como homem negro da Geórgia, cujo tataravô foi escravizado, Franklin sente uma afinidade profunda com essa visão inclusiva.

"Se eu chegasse aqui e dissesse *Isso era parte de um grande plano*, estaria mentindo. Achei que era uma busca egoísta por uma lista de bons roteiros para eu ler e que minha iniciativa era necessária para conseguir o que eu queria."

Por ter se mantido fiel ao mantra de criar o que queria ver, ele gerou um círculo virtuoso mais abrangente. "Ficou nítido que o trabalho da Black List é sobretudo desbloquear essas redes de contato para pessoas talentosas. Isso é bom tanto para elas quanto para os aspectos econômicos dessa rede fechada, que sai prejudicada sem sequer perceber a quantidade de dinheiro que deixa de ganhar."

Fundadores falam a mesma língua

Durante a infância, na Guatemala, **Luis von Ahn** nem sonhava em fundar um aplicativo digital de aprendizado de línguas utilizado por multidões. Tampouco sonhava ser fundador de uma startup unicórnio. Ele só queria ser professor de matemática.

Como as melhores faculdades de matemática da época ficavam nos Estados Unidos, quando estava no último ano do ensino médio Luis fez planos de estudar lá. "Para ingressar em uma universidade americana, é necessário fazer um exame de proficiência em inglês", conta. Ele queria realizar o TOEFL (Test of English as a Foreign Language), mas se deparou com um pequeno detalhe: não havia mais datas disponíveis para fazer a prova na Guatemala.

"Fiquei desesperado. Achei que não daria mais para me candidatar à vaga na faculdade."

Luis buscou alternativas e descobriu que havia horários disponíveis para fazer o TOEFL em um país vizinho, El Salvador. "Para minha sorte, eu tinha recursos para pegar um voo para El Salvador e fazer o teste", diz Luis. Só que isso não era algo simples. "A Guatemala é um país perigoso. Na época, El Salvador era ainda mais. Mas eu precisava arriscar. Precisava fazer a prova", conta ele.

"Na hora, pensei: *Vou fazer algo para acabar com o TOEFL.*"

Luis gabaritou o TOEFL, foi admitido na Universidade Duke e se mudou para os Estados Unidos. E deixou de lado a vontade de acabar com o tal exame de proficiência, ao menos por um tempo.

Alguns anos depois, quando trabalhava como professor de ciência da computação na Carnegie Mellon, sua intuição veio à tona. Ele tinha se especializado em um tipo específico de *crowdsourcing* e queria inventar uma ferramenta que tirasse maior proveito do esforço coletivo. "Eu queria fazer algo relacionado à educação que contribuísse para um país como a Guatemala, por isso pensei no aprendizado de línguas", diz Luis.

Após descobrir que, no mundo todo, falantes não nativos de inglês gastavam, juntos, entre 5 e 10 bilhões de dólares por ano para aprender e comprovar a proficiência no idioma, ele pensou em desenvolver algo que possibilitasse o aprendizado da língua de qualquer lugar, de graça. E assim nasceu o **Duolingo**.

Hoje, o usuário pode estudar no aplicativo, com acesso a lições curtas, e é incentivado por conquistas e dicas. São mais de 300 milhões de pessoas que completam mais de 7 bilhões de exercícios por mês. Boa parte dos conteúdos é criada por usuários apaixonados pela ferramenta. É por isso que, além de idiomas como espanhol, chinês e árabe, também estão disponíveis línguas mais exóticas como esperanto, navajo... e até mesmo klingon.

Ao ser lançado, o Duolingo só oferecia espanhol e alemão (porque Luis criou o curso de espanhol e seu cofundador suíço, o de alemão). O produto despertou alguma atenção inicial, mas Luis sabia que eram necessários mais idiomas para obter um crescimento maior. "Aí me ocorreu que talvez desse para utilizar o *crowdsourcing* e fazer com que as pessoas nos ajudassem a disponibilizar mais cursos."

Luis fez uma tentativa: quando lhe escreviam para perguntar se ele oferecia o curso de um idioma específico, a resposta era: "Não, não temos. Você pode nos ajudar a criá-lo?" As pessoas começaram a dizer que sim, então Luis compartilhou suas ferramentas para elaborar cursos de idiomas para o Duolingo. Na primeira semana, cerca de 50 mil pessoas se candidataram para acrescentar um idioma. Essas contribuições foram tão valiosas que hoje o Duolingo é aclamado como um dos melhores exemplos de utilização bem-sucedida do *crowdsourcing* nos negócios.

Luis conseguiu desenvolver o aplicativo em pouco tempo porque as pessoas não só aceitaram a missão de tornar o aprendizado de idiomas mais acessível em todo o mundo, mas também quiseram fazer parte dela. Podemos dizer que, no Duolingo, praticar o bem foi incorporado como ingrediente principal.

Luis deu tudo de si para cumprir essa missão. Inclusive, preparou um contrato para assegurar a propriedade do conteúdo aos colaboradores não remunerados que o ajudaram a elaborar cursos de idiomas. E também tem se dedicado a manter a gratuidade dos cursos, para respeitar a promessa de disponibilizar o aprendizado para todos.

"Não queríamos cobrar pelo conteúdo, embora o modelo-padrão para se ganhar dinheiro na educação seja cobrar", diz ele. Como alternativa, Luis inseriu apenas um anúncio automático no fim da aula. Ele achou que poderia faturar algum dinheiro com isso. "Agora esses pequenos anúncios programáticos geram dezenas de milhões de dólares." Depois, ofereceu uma assinatura que eliminava os anúncios. "Em pouco tempo, a assinatura rendeu mais dinheiro do que os anúncios", afirma. Atualmente, o Duolingo é o aplicativo educacional de maior faturamento, e Luis jamais quebrou a promessa de não cobrar pelo conteúdo.

Um dos produtos que talvez deixem Luis mais satisfeito é a versão do próprio Duolingo para o TOEFL – aquele exame anacrônico de inglês que ele e outros milhares de pessoas precisaram fazer para estudar nos Estados Unidos. A taxa é barata (49 dólares) e, para realizá-lo, não é necessário viajar para lugar nenhum.

Todos os capítulos deste livro apresentam empresas que têm a generosidade no DNA. O foco da startup de **Sallie Krawcheck**, a Ellevest, é reduzir a "desigualdade de gênero nos investimentos", ao ajudar as mulheres a investirem mais e de modo mais inteligente. **Payal Kadakia**, da ClassPass, desenvolveu seu negócio com base na visão de ajudar as pessoas a se tornarem mais ativas e descobrirem quais atividades as motivam. **Anne Wojcicki**, da 23andMe, lançou uma empresa de testes genéticos com o objetivo de dar aos clientes mais controle sobre as suas informações de saúde. E **Charles Best** lançou o DonorsChoose com o propósito claro de promover o financiamento de projetos escolares interessantes, ao conectá-los a doadores de recursos.

Conforme essas organizações que nascem com uma missão generosa começam a escalar, é comum a prática do bem se expandir e se multiplicar. Um exemplo disso é o Bumble, a startup de relacionamento on-line de **Whitney Wolfe Herd**. Como vimos no Capítulo 3, um dos motivos que a fez lançar a plataforma foi o desejo de aperfeiçoar a experiência de namoro na internet para as mulheres, dando a elas um controle maior da situação (incluindo o poder de tomar a iniciativa).

Mas Whitney e o Bumble foram além quanto ao empoderamento das mulheres, com o lançamento do Bumble Fund – que oferece investimentos em empresas americanas, no estágio inicial, fundadas e lideradas por mulheres não brancas ou pertencentes a grupos minoritários.

Enquanto isso, o Bumble continua a se expandir no mundo todo, com a proposta do aplicativo – e sua mensagem de empoderamento feminino – para mulheres de diferentes culturas.

"O aspecto mais importante do meu trabalho é adentrar diferentes culturas e entender o modo de pensar das mulheres em cada uma delas. Até agora, o local mais interessante para a nossa equipe foi a Índia, cuja cultura historicamente reprime as mulheres quanto ao namoro e ao amor e determina como será a vida delas, não só no aspecto afetivo, desde muito novas", diz Whitney.

Ela reconhece que o Bumble é apenas um pequeno passo para estimular mudanças culturais na Índia. Ainda assim, "trazemos à tona algo que já estava dentro das pessoas. Desde que chegamos à Índia, um país no qual atualmente as mulheres têm mais poder do que nunca, as vozes delas estão enfim sendo ouvidas".

Embora o foco do Bumble continue sendo criar um ambiente de encontros confortável e seguro para as mulheres, o segundo propósito de Whitney mudou após conquistar 100 milhões de usuários, e foi além do mundo do namoro e do networking entre duas pessoas.

"Acho que muita gente almeja fazer parte de uma comunidade", diz Whitney. "A solidão é uma epidemia nos dias de hoje. E jamais será possível curar isso apenas apresentando uma pessoa a outra."

O novo foco dela é: *como criar um ambiente que não somente seja mais seguro para conhecer potenciais parceiros românticos, mas também se concentre de forma mais ampla na comunidade?* Ao olhar para o futuro, ela afirma: "Acho que isso vai acontecer tanto dentro quanto fora do Bumble, no que diz respeito à nossa presença física no mundo."

ANÁLISE DO REID — Aproveite o poder das multidões para fazer o bem

Acredito que o *crowdsourcing* pode fazer a sua empresa escalar de modos inesperados – contanto que você alinhe sua missão à motivação do seu público.

Luis von Ahn descobriu que o *crowdsourcing* é um recurso extremamente valioso. Na verdade, foi o recurso que fez o Duolingo disparar rumo à larga escala. E ele constatou isso ao conquistar uma multidão de usuários apaixonados, que se encantaram tanto com a missão da empresa (oferecer um modo gratuito de aprender um idioma) que o ajudaram a cumpri-la.

Um efeito parecido ocorreu quando Charles Best criou a primeira plataforma de *crowdsourcing*, o DonorsChoose.org, em 2001. Charles sabia que havia muitas pessoas apaixonadas e dispostas a apoiar professores como ele; elas só precisavam sentir uma conexão com os projetos de sala de aula que poderiam financiar. A missão pessoal de Charles de praticar o bem se alinhava perfeitamente à motivação dos interessados nela. Aliás, se alinhava de tal forma que ele também conseguiu recrutar uma legião de professores com experiência com o DonorsChoose para autenticar todos os pedidos de projetos de outros colegas e, assim, economizou tempo e dinheiro.

Esse é o tipo de alinhamento necessário para o *crowdsourcing* funcionar. *Crowdsourcing* é uma maneira de explorar e escalar habilidades não disponíveis internamente. Quando dá certo, abre oportunidades extraordinárias. Possibilita escalar de modo mais rápido e abrangente do que a sua empresa jamais conseguiria por conta própria. Mas, se errar nesse alinhamento, o resultado pode ser desde uma pequena falha até um grande desastre.

Mobilizar pessoas que compartilham da sua missão a se juntar à sua causa é o Santo Graal – ou talvez a Pedra de Roseta, no caso de Luis – do *crowdsourcing*. Para mantê-las unidas, você precisa ter certeza de que está direcionando os esforços delas para algo que gere engajamento e faça um bom uso dessa paixão.

Porém tenha isto em mente ao entrar em contato com os usuários e se oferecer para ser parceiro deles em uma missão: você acabou de aumentar os riscos. Caso os decepcione, eles vão deixar de acreditar no seu comprometimento... e no seu produto. E essa multidão poderosa que você penou tanto para reunir vai se dispersar – assim como a vontade de trabalhar com você.

O bem como recurso extra

Sim, este capítulo começa sugerindo que você deveria se ocupar com a missão social da sua empresa desde o primeiro dia. Mas também existem casos em que isso surgiu como um recurso extra.

O Tasks for Good, do TaskRabbit, é um exemplo de prática do bem inserida da maneira certa. Após melhorar o relacionamento da empresa com os *taskers*, **Stacy Brown-Philpot** queria acrescentar mais um recurso de serviço comunitário na plataforma.

Quando Stacy virou CEO do TaskRabbit, a missão da empresa de revolucionar as tarefas do dia a dia a impressionou bastante. Mas, aos poucos, ela enxergou a possibilidade de se dedicar a um segundo propósito: *como usar a tecnologia para gerar mais empregos?* Assim, começou a estudar como tornar o TaskRabbit mais acessível para quem não tem diploma de ensino médio ou acesso a tecnologias caras.

Em 2016, Stacy se tornou bolsista do programa Henry Crown Fellowship, do Instituto Aspen. Todos os bolsistas foram convidados a lançar um empreendimento destinado a aumentar o impacto que exercem na sociedade. A ideia de Stacy, o TaskRabbit for Good, deu acesso à plataforma TaskRabbit para pessoas e organizações sem fins lucrativos que antes enfrentavam barreiras para utilizá-la.

Além da parceria com entidades locais para ajudar pessoas carentes a ganharem uma renda importante como *taskers*, o TaskRabbit for

Good propôs aos demais *taskers* que aceitassem entrar em contato com organizações sem fins lucrativos da sua região, dedicadas a amparar moradores de rua, gerar empregos e coordenar operações de socorro em desastres, as quais precisavam de voluntários durante algumas horas no fim de semana ou nas semanas seguintes. Com isso, não apenas os *taskers* ganharam um jeito fácil de contribuir para causas sociais relevantes para eles, como também essas organizações passaram a receber voluntários sem o custo de coordenação e administração – a plataforma TaskRabbit faz isso por elas.

"Enviamos voluntários para casos de socorro após um desastre, porque o TaskRabbit tem a ver, sim, com ajudar as pessoas a ter uma renda importante, mas também temos o objetivo de impactar a comunidade, e isso significa ajudar quem não tem condições de pagar pelo serviço", diz Stacy.

O TaskRabbit for Good foi um desdobramento natural do TaskRabbit: ele aproveitou os recursos existentes e a experiência da empresa e os aplicou em uma área relacionada, na qual identificou uma carência. Isso mostra que mesmo para empresas que oferecem um produto não diretamente associado a melhorar o mundo pode valer a pena dar uma olhada nas alternativas – porque pode haver um propósito oculto, à espera de ser descoberto e revelado.

Sem dúvida, foi o que aconteceu com **Kevin Systrom**, do Instagram. Ele afirma que, como empreendedor, seu objetivo de vida sempre foi fazer algo maior, para além de apenas proporcionar fotos mais bonitas para o mundo.

Após o Facebook ter comprado o Instagram, Kevin e seu cofundador, Mike Krieger, começaram a refletir sobre o legado deles. Ambos se sentiam gratos pelo sucesso da empresa e pelo crescimento diário dela. Mas também identificaram uma oportunidade única diante deles: aproveitar a plataforma gigante para realizar mudanças sociais. Então se reuniram e se perguntaram: *Que tipo de impacto podemos ter no mundo que vá além do nosso produto?*

Kevin e Mike sabiam muito bem que os jovens passavam bastante tempo no Instagram. Essa geração descobria o mundo através do aplicativo, usando-o para se expressar artisticamente e interagir com amigos, parentes e colegas de classe. No entanto, os dois cofundadores se incomodavam com as interações maldosas.

Essa era uma preocupação pessoal de Kevin e Mike, porque tanto um quanto o outro planejavam ter filhos; aliás, a filha de Kevin, Freya, nasceu nessa época. Kevin se questionou: *Que tipo de legado queremos deixar para que, quando a Freya crescer e for usar as redes sociais, ela não precise passar pelas situações enfrentadas pelos jovens de hoje na internet?*

Os cofundadores prometeram encontrar um jeito de tornar a internet um ambiente mais gentil. Kevin lançou um desafio para a equipe: "Quais ferramentas vocês podem desenvolver, a partir do aprendizado de máquina, para o Instagram contribuir para uma internet mais gentil?" No começo, todos só se entreolharam e encolheram os ombros. Mas Kevin se apegou à ideia e falou para a equipe: "Os problemas que precisamos enfrentar são exatamente os difíceis."

A equipe descobriu que a tecnologia de aprendizado de máquina e de inteligência artificial utilizada para filtrar spam também poderia detectar a prática de bullying ou assédio. Da mesma forma que identificava um comentário de spam, o mecanismo também conseguia localizar quem estava interagindo de maneira maldosa.

O funcionamento é até simples. Primeiro, o Instagram obtém uma grande quantidade de dados de usuários avisando: *Ei, acho que tem bullying nesse post ou comentário*. Depois, funcionários treinados examinam esses sinais de alerta para decidir quais parecem legítimos e os enviam para uma rede neural.

Por fim, os algoritmos do Instagram aplicam critérios como o grau de proximidade entre as pessoas envolvidas, as interações prévias entre elas e o número de seguidores de cada uma. A combinação desses indicadores, entre outros, ajuda a determinar se de fato houve prática de bullying em tal comentário ou post. Se isso for confirmado, o Instagram não vai mostrar as postagens do agressor. "Notamos que isso faz o agressor não querer ser o *único* a praticar bullying", diz Kevin. "É a teoria das janelas quebradas: quando há um monte de janelas quebradas ou de pichações nas paredes, a gente pensa: *Ah, tudo bem se eu também fizer isso*. Mas, quando ninguém mais está fazendo bullying, ninguém quer ser a única pessoa a agir assim. Ao contermos essa prática, vimos que isso gera um efeito de escala positivo."

Esse filtro contra o bullying possibilita que o Instagram monitore o ambiente da plataforma por meio de tecnologia e métricas. "De modo gradual, acho que isso está tornando a internet um pouco mais gentil. A parte mais difícil ainda é saber como medir a gentileza", diz Kevin. Ele esclarece que não tem certeza se já resolveu essa questão totalmente, mas tem esperança de que, caso o Instagram consiga fazê-lo, a plataforma possa compartilhar com outras empresas as ferramentas e os algoritmos em prol da civilidade.

Kevin jamais imaginou que a sua empresa de mídia social fosse enfrentar esse tipo de desafio. Mas agora ele vê essa campanha contra o bullying como uma das suas principais conquistas.

Pivotando para o bem

Muitos empreendedores pensam, desde o começo, em fazer algo positivo para o mundo. Não foi o caso de **Scott Harrison**.

Pelo contrário, ao iniciar a carreira, Scott estava bastante focado em uma coisa: curtir a vida. Pelos critérios de algumas pessoas (incluindo ele próprio, na época), vivia um sonho.

Decidido a se rebelar contra a sua educação conservadora, Scott saiu de casa aos 18 anos, em busca de dinheiro, glamour e diversão. Encontrou o que queria ao trabalhar como promotor de boates, atuando em 40 estabelecimentos. "Eu sempre estava com a garota mais bonita do lugar. Nem acreditava que era possível ser pago para beber em Nova York, mas eu era", conta ele.

O agito e a badalação foram legais durante um tempo, mas, após uma década, Scott percebeu que todos esses bons momentos não estavam lhe fazendo muito bem. Ele começou a se questionar sobre outros rumos que poderia ter tomado.

Então fez a si mesmo uma pergunta interessante: *Como seria a minha vida se ela fosse o oposto do que é?*

"Pensei: *bom, eu sou esse promotor de boate egoísta, hedonista e viciado em drogas que praticamente nunca fez nada pelos outros*", conta Scott. "Então, como seria ajudar pessoas carentes? E se eu largasse o emprego e fizesse um ano de serviço humanitário?"

Ele não só se questionou, mas também agiu. Vendeu a maior parte dos seus pertences, saiu do apartamento em Nova York e buscou uma oportunidade em todas as instituições beneficentes que conhecia. Após meses de rejeição, a Mercy Ships – que despacha navios com uma equipe médica para países em desenvolvimento – aceitou levá-lo em uma missão. Quer dizer, *caso* ele estivesse disposto a pagar à Mercy Ships 500 dólares por mês e se mudar para a Libéria do pós-guerra.

Qual foi a resposta de Scott? "Perfeito: é o oposto da minha vida. Aqui está o meu cartão de crédito. Quando eu começo?"

Três semanas depois, Scott estava morando em um navio-hospital de 500 pés, com um grupo de cirurgiões maxilofaciais. Como ficou responsável pela função de fotojornalista, seu trabalho era documentar cada paciente, durante o pré e o pós-operatório. Era um trabalho que trazia angústias, mas também o estimulava. A inclinação de contar histórias falou mais forte, e Scott se sentiu compelido a compartilhar essas experiências com quem ele conhecia.

Enviou fotos de tumores faciais enormes para milhares de pessoas das suas *mailing lists* de boates. Nem todo mundo queria ver essas imagens chocantes na caixa de entrada. Mas um número surpreendente de amigos de longa data se comoveu com o que viu e se interessou em ajudar de alguma forma. "Muitos deles falaram: 'Eu não fazia ideia de que existiam esses lugares com pessoas doentes e sem acesso a tratamentos médicos.'"

Scott sabia que estava no caminho certo. "Desde cedo, descobri que as pessoas se comoviam com as fotos de um jeito que não acontecia com as palavras."

Na época em que colaborou com a Mercy Ships, ele se deparou com outro problema angustiante, cuja solução era relativamente simples.

"A primeira vez que vi a crise da água foi na Libéria", conta ele. A Mercy Ships estava doando uma pequena quantia em dinheiro para ajudar as pessoas a construírem poços, e Scott foi enviado para tirar fotos. "Olhei para a água que o pessoal estava bebendo... e nunca tinha visto nada assim." Para ele, parecia um "leite achocolatado espesso". Ele soube que metade da população do país bebia água insalubre, fonte de muitas doenças que assolavam a Libéria.

Foi assim que encontrou uma causa. Entretanto, conforme traçava um plano para criar uma organização sem fins lucrativos, ouviu inúmeras vezes a mesma opinião indiferente dos amigos de Nova York. "Todos eles diziam: 'Ah, não faço doações para instituições beneficentes. Elas são ineficazes, burocráticas, e é provável que o diretor só queira embolsar milhões de dólares e sair por aí de Mercedes-Benz.'"

Scott viu uma oportunidade nessa descrença. Ele iria abrir uma organização sem fins lucrativos destinada a distribuir água limpa *e* a inspirar a generosidade ao enfrentar o ceticismo de frente.

A entidade criada por Scott, a Charity: Water, era baseada em um plano de três frentes. A organização iria se comprometer com uma transparência total e radical sobre o destino de cada centavo doado; ele garantiria que 100% das doações fossem diretamente para os projetos relacionados à água; e criaria uma marca que inspirasse – usando fotos e vídeos para contar histórias verdadeiras e envolventes, que todos desejariam compartilhar com outras pessoas.

A positividade seria peça fundamental da Charity: Water. "A organização seguiria estes dizeres: *Esperança, e não culpa. Convocar, inspirar.* Tiraríamos fotos de pessoas obtendo água limpa – não de uma criança bebendo água poluída. Diríamos: 'Este é o nosso propósito, estamos providenciando esta celebração revigorante, e existe o *antes da água* e o *depois da água*. Quer fazer parte dessa solução?'"

Como divulgador-mor da sua organização, Scott sabia que, com a Charity: Water, ele precisava dar a partida em um círculo virtuoso global. Para começar, fez um balanço dos recursos à sua disposição. Tinha as fotografias. Tinha o compromisso com a transparência. E uma lista de e-mails de pessoas influentes.

Aí pensou em um jeito de fazer um bom uso de algo que todos nós temos uma vez por ano, querendo ou não: *o aniversário*. A ideia era que, em vez de presentes, as pessoas pedissem aos amigos e entes queridos que fizessem doações em seu nome para a Charity: Water.

A proposta para possibilitar esse tipo de doação era simples. Só quem fosse escolhido receberia o pedido. E isso faria diferença porque as pessoas criam uma relação emocional mais forte entre si, e não com marcas ou entidades beneficentes.

"A ideia deu certo quando pessoas de todas as idades começaram a abrir mão dos presentes de aniversário", diz Scott. Essa iniciativa acabou se tornando um dos métodos de arrecadação de recursos característicos da Charity: Water. Em 2014, a organização arrecadou 45 milhões de dólares e ajudou 1 milhão de pessoas a obter água limpa – aproximadamente 2.500 por dia.

As doações para a Charity: Water aumentaram durante anos... até estagnarem. "O problema era que os doadores se comprometiam em um aniversário e depois falavam: *Consegui, colaborei com um poço, arrecadei os meus mil dólares.* E isso não se repetia no ano seguinte", explica Scott.

Foi um grande obstáculo, mas ele olhou em volta e encontrou uma nova inspiração em um fenômeno cultural relacionado aos assinantes do número crescente de serviços de entretenimento na internet. Scott se perguntou: *E se eu criasse um programa de assinatura só para o bem, no qual muitas pessoas contribuem um pouco mensalmente, sabendo para onde vai 100% do dinheiro?*

Scott apelidou essa ideia da assinatura mensal de The Spring (A Nascente). Com a proximidade do aniversário de 10 anos da Charity: Water, ele concebeu um grande plano para apresentar a The Spring em um vídeo on-line de 20 minutos, o qual narrava toda a jornada da organização.

Dizer que esse vídeo circulou é pouco: já foram 10 milhões de visualizações, e esse número continua crescendo. O programa de assinaturas se expandiu para mais de 100 países.

Esse pivô do modelo de negócios da Charity: Water, das doações anuais (quando tinham sorte) para as assinaturas mensais, levou a um crescimento das arrecadações de 35% ao ano. Como assinantes de 100 países pagam uma média de 30 dólares por mês, o valor total passa dos 70 milhões de dólares por ano. Uma década e meia após pivotar de festeiro para visionário da caridade, a paixão pessoal de Scott Harrison financiou 56 mil projetos de água em 29 países e levou água potável para mais de 10 milhões de pessoas.

A história de Scott é a prova de que, quando se pretende escalar as boas intenções, uma das principais ferramentas é a capacidade de contar uma história cativante e inspiradora (se houver imagens, melhor ainda). "O verdadeiro poder desse tipo de narrativa é criar um ciclo que alimenta o desejo das pessoas de compartilhar. Elas ativam as suas redes de contato para a causa, e a história inspiradora se dissemina", diz Scott.

Mais uma lição de Scott para nós? Mesmo que não comece praticando o bem, você ainda pode chegar lá.

Libertando o espírito humano

Quando se trata de retribuir à sociedade, ninguém faz melhor do que **Robert F. Smith**. Pelo menos deve ter sido isso que os alunos da Morehouse College pensaram. Como fundador e CEO da Vista Equity Partners – e um dos investidores mais bem-sucedidos dos Estados Unidos –, Robert foi convidado para fazer o discurso de formatura de 2019 na Morehouse, uma faculdade historicamente negra. Durante a cerimônia, ele anunciou, sem ninguém esperar, que pagaria do próprio bolso a dívida estudantil de todos os formandos.

E esse não foi o único exemplo da sua extrema generosidade: Robert também provocou um efeito cascata em 2016, quando doou 20 milhões de dólares para colaborar com a construção do Museu Nacional de História e Cultura Afro-Americana do Instituto Smithsonian.

A paixão de Robert brotou quando ele era bem novo e morava em um bairro negro muito unido no Colorado, na época de integração nos ônibus escolares. Quando entrou no primeiro ano, Robert foi colocado em um ônibus que percorreu um trajeto de 45 minutos até uma escola cujos alunos não se pareciam em nada com as crianças que ele conhecia. Mas logo descobriu que, assim como ele, todas gostavam de correr, se divertir e contar piadas.

"Não nos víamos com base na cor da pele ou na situação econômica. Descobrimos que tínhamos mais semelhanças do que diferenças. Crescemos juntos, e fui a festas de aniversário, celebrações de bar mitzvah, essas coisas todas. Isso criou uma conexão humana maravilhosa", diz ele.

Apenas um ônibus ia até o bairro de Robert. Um tempo depois, ele soube que vários ônibus tinham sido selecionados para forçar o fim da segregação nas escolas da região, mas alguém queimou um terço dessa frota antes mesmo de o processo começar. Então, um único veículo passava pelo bairro de Robert, e somente as crianças de alguns quarteirões tinham a oportunidade de ir para a escola naquele ônibus. Olhando em retrospectiva, Robert considera esse um ônibus "da sorte".

"Quando olhamos para todas as crianças que andavam naquele ônibus e a vida que têm agora e as comparamos com as da minha vizinhança, que não entraram nele, vemos uma diferença imensa em termos do avanço socioeconômico, das oportunidades de estudo, do que oferecem para a comunidade onde vivem hoje", diz ele.

Talvez a experiência mais impactante para Robert durante a juventude tenha sido o dia em que a sua mãe o levou a Washington, aos 7 anos, para ver o reverendo Martin Luther King Jr. proferir o discurso "Eu tenho um sonho".

"Aquilo teve um forte impacto sobre mim. Entendi que a nossa comunidade lutava por algo e que era importante nos juntarmos àquela luta. Hoje, acho que isso é parte da minha alma. Ou seja, preciso retribuir e ajudar a minha comunidade a avançar neste país maravilhoso chamado Estados Unidos."

No ensino médio, Robert descobriu que havia um Bell Labs perto de Denver e ligou para lá pedindo um estágio de verão, embora ainda faltassem seis meses. E lhe responderam: "Se você estiver entre o primeiro e o último ano da faculdade, por que não vem até aqui e se candidata?" Robert revelou que ainda estava no ensino médio e, para a maioria dos garotos, a história teria terminado aí. Só que Robert continuou telefonando para o Bell Labs todas as semanas, ao longo de cinco meses. Por fim, eles cederam e o contrataram para um estágio.

A essa altura, já tinha ficado bastante claro que não dava para deter Robert F. Smith.

Após fazer um MBA na Universidade Columbia, Robert foi trabalhar no banco de investimento Goldman Sachs, na área de consultoria em fusões e aquisições bilionárias para empresas de tecnologia como Microsoft, Apple e Texas Instruments. Ele deixou o Goldman em 2000 para fundar a Vista Equity Partners.

O que o mundo viu nos 20 anos seguintes foi o incrível desempenho financeiro da Vista. Quem conhecia a empresa por dentro sabia que Robert estava igualmente focado em montar uma empresa com *diversidade* e de *sucesso* e que tais missões não eram conflitantes; pelo contrário, pareciam se reforçar mutuamente. Para as contratações, a Vista desenvolveu uma metodologia para identificar e fomentar habilidades e talentos inatos, de forma a reconhecer o potencial de quem não tivesse frequentado as melhores faculdades ou tivesse uma origem mais humilde. O resultado foi uma força de trabalho diversa, que proporcionou uma ampla gama de competências e perspectivas para a empresa – hoje, uma firma de investimento líder de mercado que gerencia 57 bilhões de dólares em ativos.

Robert descreve isso como uma "perspectiva holística dos negócios" e afirma que ela tende a despertar o pensamento criativo e resultados melhores na Vista. Ele acredita que negócios e comunidades vão se beneficiar caso as empresas, sobretudo nos setores financeiro e de tecnologia, consigam construir ativamente portais de acesso, com base na educação e em treinamentos, para pessoas de todas as etnias, raças e gêneros. Robert chama isso de "dinâmica da Quarta Revolução Industrial".

Ao mesmo tempo, Robert serve como modelo do fundador que enxerga além da empresa para colaborar com a comunidade de outros modos – muitos deles inspirados por um almoço com a viúva de Stephen Biko, um ativista contra o apartheid na África do Sul, no qual eles discutiram o conceito de *ubuntu* – termo em banto para "amor pela humanidade". É uma palavra e um conceito poderoso que estava na cabeça de Robert no dia em que ele fez uma promessa aos formandos do Morehouse College. "Pensei na comunidade de jovens afro-americanos em Morehouse. Eles carregam um fardo injusto neste país, em diversos níveis. Eu me perguntei: *Como posso ajudá-los?* Um jeito seria aliviar as dívidas, não só as deles mas também as de familiares, caso da maioria", afirmou Robert.

No dia da cerimônia, em 2018, ao anunciar as verbas para quitar os empréstimos dos 396 recém-formados, ele declarou: "Em nome das oito gerações da minha família que passaram a vida neste país, vamos dar uma força a vocês." Mais adiante, completou: "Agora, meus jovens irmãos, pensem em como praticar o *ubuntu*. Como vão retribuir para a sua comunidade?"

Ele revela quais são as suas expectativas: "Espero que 25% deles decidam ser professores e ensinem programação e engenharia nas suas comunidades. Espero que outros 25% se tornem engenheiros químicos brilhantes – porque gosto deles, na maioria das vezes. Espero que 25% virem médicos e tratem das disparidades de acesso à saúde enfrentadas pela nossa comunidade neste país. E espero que os 25% restantes usem a força e as capacidades que têm para se eleger e mudar as políticas... para não termos apenas um ônibus no bairro."

Robert acredita que, quando investimos nas pessoas, "liberamos o espírito humano. E, quando conseguimos fazer isso e vemos esse espírito se tornar a sua melhor versão, é a sensação mais incrível do mundo".

TEORIAS DO REID PARA SABER PRATICAR O BEM

Pense na sua empresa como um cavalo de Troia
A transformação social não deve ser somente um efeito colateral da sua empresa – se você pensar de modo estratégico, o bem-estar social pode e deve se tornar o coração do seu negócio. Não se trata de dizer: *Sou uma pessoa do bem, então a minha empresa vai fazer coisas boas*. Trata-se de perguntar: *Como posso gerar um impacto positivo que também vai sustentar a minha atividade principal?*

Inclua a generosidade desde o primeiro dia
Se a missão da empresa estiver enraizada na generosidade – e se você conseguir comunicá-la com eficácia para o mundo e depois fizer jus a ela –, isso pode se tornar uma das forças motrizes da escala.

Sempre é possível pivotar para o bem
Não é obrigatório começar praticando o bem, porque é possível mudar depois. Talvez haja solavancos no meio do caminho, conforme você fizer alterações para ajustar o seu modelo de negócios. Porém, se quiser escalar as boas intenções, uma das suas ferramentas mais poderosas é a capacidade de contar uma história envolvente e inspiradora para descrever o futuro que almeja.

Quando o bem é um recurso extra
Mesmo para empresas cujo produto não está associado a contribuir para um mundo melhor, pode valer a pena dar uma olhada nas possibilidades

– porque talvez haja um propósito oculto à espera de ser descoberto e revelado. É sempre bom estar atento, nesse sentido, aos funcionários e ao envolvimento com as comunidades locais.

Retribuição
Retribuir é um dos modos mais importantes de uma empresa de sucesso contribuir para a sociedade. Isso inclui programas de mentoria, investimento em outras startups ou foco em áreas específicas – regiões geográficas ou grupos com pouca representatividade –, com o objetivo de incentivar, fortalecer e tornar mais diversa a próxima geração de líderes empreendedores. O programa 1-1-1 de Marc Benioff na Salesforce é um modelo de comprometimento.

Acima de tudo, não cause mal à sociedade
Empreendedores têm uma responsabilidade perante a sociedade, cuja infraestrutura é imprescindível para que possamos criar empresas e colher os frutos do sucesso. Devemos seguir o princípio do juramento de Hipócrates: Acima de tudo, não cause mal. Como empreendedores, devemos nos esforçar para deixar uma sociedade melhor do que aquela que encontramos.

AGRADECIMENTOS

Em primeiro lugar, um agradecimento a todos os convidados do podcast *Masters of Scale* e do *Masters of Scale: Rapid Response* – em especial, aos assistentes e às equipes de comunicação que trabalham com afinco, pessoas maravilhosas que conseguiram espaço para uma entrevista de uma hora e meia em agendas apertadíssimas, que coordenaram a entrega e a coleta de microfones higienizados durante a pandemia... e que, com toda a alegria, compartilharam cada episódio com o mundo.

Equipe do *Masters of Scale* (todos os profissionais que já passaram pelo podcast)

Produtores executivos: June Cohen e Deron Triff
Supervisor de produção: Jai Punjabi
Editor-geral: Bob Safian
Produtores atuais e antigos: Jordan McLeod, Cristina Gonzalez, Marie McCoy Thompson, Chris McLeod, Dan Kedmey, Jennie Cataldo, Ben Manilla, Steph Kent e Halley Bondy
Roteiristas: Adam Skuse e Katharine Clark Gray
Editora-chefe: Emily McManus
Diretor musical: Ryan Holladay

Música: Daniel Nissenbaum, Daniel Clive McCallum e os Irmãos Holladay
Edição de áudio: Keith J. Nelson, Stephen Davies e Andrew Nault
Mixagem e masterização: Bryan Pugh e Aaron Bastinelli
Produção: Adam Hiner e Chaurley Meneses
Apoio à produção: Colin Howarth, Eric Gruber, Chineme Ezekwenna
Designers: Sarah Sandman, Kelsie Saison e Tim Cronin
Crescimento de público: Anna Pizzino e Ben Richardson
Agradecimentos especiais: Mina Kurasawa
E a toda a nossa equipe da WaitWhat e ex-alunos!

Um obrigado para a equipe da Greylock Partners e do escritório de Reid Hoffman: Elisa Schreiber, David Sanford, Greg Beato, Chris Yeh e Saida Sapieva.

Um obrigado a Christy Fletcher e sua equipe na Fletcher & Co., pelo brilhantismo ao promover esta ideia, nos dar assessoria e fazer este livro chegar a muitas mãos.

Um obrigado a Warren Berger e Laura Kelly, cujo trabalho e visão ajudaram este livro a tomar a sua forma final. E a Cary Goldstein, pelo trabalho cuidadoso de edição e orientação ao longo do percurso.

SOBRE OS AUTORES

Como empreendedor e executivo, REID HOFFMAN desempenhou um papel fundamental no desenvolvimento de muitas das empresas líderes em tecnologia de consumo da atualidade; como investidor, ele tem sido fundamental para o sucesso de empresas emblemáticas, como Facebook e Airbnb, e ajudou novatas do crescimento rápido, como Aurora e Convoy, a escalarem.

Sua compreensão única do comportamento do consumidor e perspicácia para orientar startups, desde a concepção até um processo acentuado de blitzscaling, fizeram dele um consultor, sócio e investidor muito requisitado. Reid foi observador do conselho do Airbnb e atualmente é conselheiro das empresas Apollo Fusion, Aurora, Blockstream, Coda, Convoy, Entrepreneur First, Microsoft, Nauto, Neeva e Xapo, além de outras em estágio inicial, cujos nomes serão mantidos em sigilo por enquanto. O foco principal de Reid são negócios com efeitos de rede.

Em 2003, ele cofundou o LinkedIn, a maior rede social focada em carreira do mundo, com mais de 650 milhões de usuários e um modelo de receita diversificado que inclui assinaturas, publicidade e licenciamento de software. Antes do LinkedIn, Reid atuou como vice-presidente executivo do PayPal, do qual foi membro fundador do conselho e responsável pelo relacionamento externo da empresa. Reid ingressou na Greylock em 2009 para se dedicar ao investimento inicial em produtos que podem atingir centenas de milhões de participantes. Ele atua em vários conselhos de entidades sem fins lucrativos, entre eles Kiva, Endeavor, CZI Biohub, Do Something, New America, Instituto Stanford para IA Focada em Seres Humanos e 100&Change da Fundação MacArthur. Reid já recebeu vários prêmios por suas ações filantrópicas, como o CBE da rainha da Inglaterra e o Prêmio Salute to Greatness do Centro Martin Luther King.

Reid fala em público com frequência e é conhecido por ser acessível e conseguir explicar temas complexos com lucidez. Ele é coautor de *blitzscaling* e de dois best-sellers: *Comece por você* e *The Aliance* (A aliança). Há alguns anos, apresenta o podcast *Masters of Scale*.

...

JUNE COHEN é cofundadora e executiva-chefe da WaitWhat, uma empresa de criação de mídia que produz podcasts, eventos ao vivo, cursos profissionais e muito mais, com base em um modelo de negócios original, que promove uma integração horizontal de marcas fortes, como o premiado podcast sobre negócios *Masters of Scale*, o show de tecnologia somada à ética *Should This Exist?*, o podcast sobre criatividade *Spark & Fire* e o sucesso inigualável *Meditative Story*. Antes de cofundar a WaitWhat, em janeiro de 2017, June esteve à frente do setor de mídia do TED e foi responsável por implementar todas as suas operações de mídia digital. Em 2006, ela lançou o TED Talks na internet. Em 2009, apresentou o Projeto TED de Tradução Livre, a maior iniciativa de legendagem do mundo, com 120 idiomas, 20 mil tradutores e 100 mil traduções. Ela foi coapresentadora da Conferência TED anual, ao lado de Chris Anderson, e cofundadora da TEDWomen anual, com Pat Mitchell. Sob sua liderança, os projetos de mídia do TED receberam dezessete Webbies, oito prêmios iTunes de Melhor Podcast do Ano, um Prêmio Nacional de Design e um Peabody. Antes do TED, June foi vice-presidente de conteúdo do HotWired.com, o site pioneiro da revista *Wired*, que introduziu muitas das convenções hoje em dia comuns na internet (sim, ela ajudou a apresentar ao mundo o anúncio em banner!). Também é autora de *The Unusually Useful Web Book* (O livro digital excepcionalmente útil). Quando cursava faculdade, liderou a equipe de Stanford que desenvolveu a primeira revista multimídia em rede do mundo, em 1991. June se formou em Stanford, onde foi editora-chefe do *The Stanford Daily*.

...

DERON TRIFF é cofundador da WaitWhat, uma empresa de criação de mídia que produz podcasts, eventos ao vivo, cursos profissionais e muito mais, com base em um modelo de negócios original, que promove uma integração horizontal de marcas fortes, como o premiado podcast sobre negócios *Masters of Scale*, o show de tecnologia somada à ética *Should This Exist?* e o sucesso inigualável *Meditative Story*. Antes de cofundar o WaitWhat, em janeiro de 2017, Deron Triff trabalhou ao lado de June Cohen na equipe executiva do TED, onde fomentou quase cem parcerias que fizeram a audiência do TED subir para mais de cem milhões por mês. Sua paixão e habilidades únicas para firmar parcerias criativas resultaram em sucessos como *TED Radio Hour*, na NPR; *TED Weekends*, no *The Huffington Post*; *TED in Cinemas*, com o Fandango; *TED shows*, na Netflix; TED English, com o National Geographic Learning; além de colaborações com países da Ásia, da América Latina, do Oriente Médio e da Europa, bem como um consórcio com a Simon & Schuster para relançar o TED Books. Antes do TED, Deron atuou como vice-presidente de empreendimentos digitais da PBS, onde lançou a rede de TV a cabo infantil Sprout. Ele possui um MBA da Universidade McGill, de Montreal.

mastersofscale.com
@mastersofscale
Instagram: @mastersofscale

CONHEÇA ALGUNS DESTAQUES DE NOSSO CATÁLOGO

- BRENÉ BROWN: *A coragem de ser imperfeito – Como aceitar a própria vulnerabilidade, vencer a vergonha e ousar ser quem você é* (600 mil livros vendidos) e *Mais forte do que nunca*

- T. HARV EKER: *Os segredos da mente milionária* (2 milhões de livros vendidos)

- DALE CARNEGIE: *Como fazer amigos e influenciar pessoas* (16 milhões de livros vendidos) e *Como evitar preocupações e começar a viver* (6 milhões de livros vendidos)

- GREG MCKEOWN: *Essencialismo – A disciplinada busca por menos* (400 mil livros vendidos) e *Sem esforço – Torne mais fácil o que é mais importante*

- HAEMIN SUNIM: *As coisas que você só vê quando desacelera* (450 mil livros vendidos) e *Amor pelas coisas imperfeitas*

- ANA CLAUDIA QUINTANA ARANTES: *A morte é um dia que vale a pena viver* (400 mil livros vendidos) e *Pra vida toda valer a pena viver*

- ICHIRO KISHIMI E FUMITAKE KOGA: *A coragem de não agradar – Como a filosofia pode ajudar você a se libertar da opinião dos outros, superar suas limitações e se tornar a pessoa que deseja* (200 mil livros vendidos)

- SIMON SINEK: *Comece pelo porquê* (200 mil livros vendidos) e *O jogo infinito*

- ROBERT B. CIALDINI: *As armas da persuasão* (350 mil livros vendidos) e *Pré-suasão – A influência começa antes mesmo da primeira palavra*

- ECKHART TOLLE: *O poder do agora* (1,2 milhão de livros vendidos) e *Um novo mundo* (240 mil livros vendidos)

- EDITH EVA EGER: *A bailarina de Auschwitz* (600 mil livros vendidos)

- CRISTINA NÚÑEZ PEREIRA E RAFAEL R. VALCÁRCEL: *Emocionário – Um guia prático e lúdico para lidar com as emoções* (de 4 a 11 anos) (800 mil livros vendidos)

sextante.com.br